吴汝纶文集

上

吴汝綸　著
朱秀梅　校點

中國近代文學叢書

上海古籍出版社

圖書在版編目(CIP)數據

吴汝綸文集/(清)吴汝綸著;朱秀梅校點.—上海:上海古籍出版社,2017.6
(中國近代文學叢書)
ISBN 978-7-5325-7975-4

Ⅰ.①吴… Ⅱ.①吴… ②朱… Ⅲ.①古典文學—作品綜合集—中國—清後期 Ⅳ.①I214.92

中國版本圖書館 CIP 數據核字(2016)第 043004 號

中國近代文學叢書
吴汝綸文集
(全二册)
吴汝綸 著
朱秀梅 校點
上海世紀出版股份有限公司
上 海 古 籍 出 版 社 出版
(上海瑞金二路 272 號 郵政編碼 200020)
(1)網址:www.guji.com.cn
(2)E-mail:guji1@guji.com.cn
(3)易文網網址:www.ewen.co
上海世紀出版股份有限公司發行中心發行經銷
常熟人民印刷有限公司印刷
開本 850×1168 1/32 印張 25.375 插頁 8 字數 432,000
2017 年 6 月第 1 版 2017 年 6 月第 1 次印刷
印數:1—1,500
ISBN 978-7-5325-7975-4
I·3015 (平裝)定價:98.00 元
如有質量問題,請與承印公司聯繫

吴汝綸像

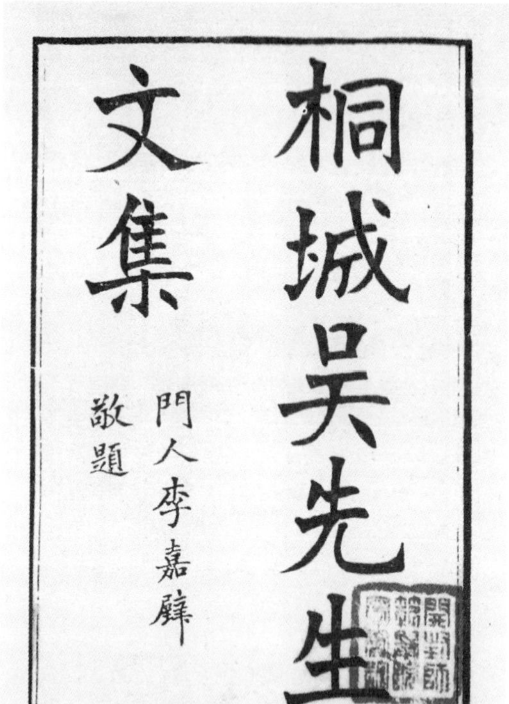

桐城吴先生文集

門人李嘉[illegible]敬題

吴氏家刻《桐城吴先生文集》

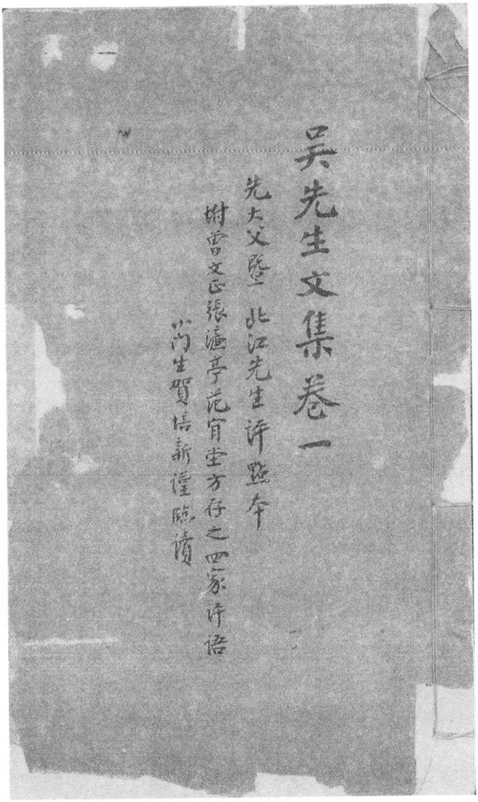

吳闓生評點本《桐城吳先生文集》

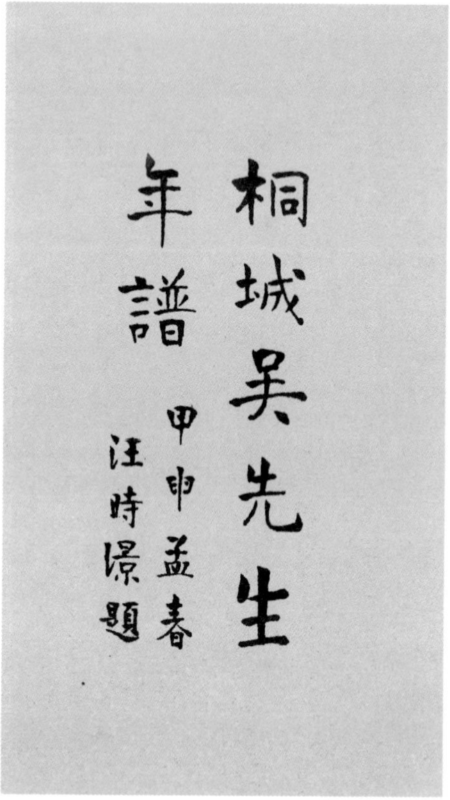

桐城吳先生年譜

甲申孟春

汪時璟題

雍睦堂本《桐城吳先生年譜》

序言

錢仲聯

叢書是一種彙集各種同類性質或不同類性質以及多種性質的重要著作而輯印聚集在一編的大部頭書。正式啓用「叢書」這一名稱，盛於明清兩代。在此以前，雖有叢書性質而並不稱爲叢書的，如宋人所輯的《百川學海》等，還不算在内。叢書從正式啓用此名到發展，越來越多，有以時代爲範圍的，如《漢魏叢書》、《唐宋叢書》；有以輯佚書爲範圍的，如《漢學堂叢書》；有以史學方志考訂研究爲專題的，如《廣雅書局叢書》、《史學叢書》之類；有仿刻或翻刻以至影印宋元古籍版本爲宗旨的，如《士禮居叢書》、《古逸叢書》、《續古逸叢書》之類；有以校勘古籍爲宗旨的，如《抱經堂叢書》、《經訓堂叢書》、《岱南閣叢書》之類，這都是彙輯多家著作於一編者。此外，又有刊一人獨撰著作的，如清王初桐《古香堂叢書》、張雲璈《雲影閣叢書》、焦循《焦氏叢書》、朱駿聲《朱氏叢書》、丁晏《頤志齋叢書》、胡薇元《玉津閣叢書甲集》、況周儀《蕙風叢書》、易順鼎《琴志樓叢書》、吴之英《壽櫟廬叢書》、曹元忠《箋經室叢書》、章炳麟《章氏叢書》等，僂指不可盡。現在上海古籍出版社在負責編輯的《中國近代文學叢書》，便是屬於《漢魏叢書》、《唐宋叢書》等以時代爲範疇的一種大型叢書。

叢書而以「近代文學」爲幟，從名稱上看便知爲近代，而現代、當代不在內。近代的範圍，現在學術界公認爲始於一八四〇年鴉片戰爭以後，迄於「五四」新文學改革運動以前。但這一階段的文學家，有生略早於一八四〇年，死或更在「五四」以後較長一段時間，而其人主要的文學成就或成名，則在此時期内的，一般也認爲應包括在内，當然也包括了「同光體」、「彊邨詞派」、「南社」等流派。它不是簡單地類同於《近代文學大系》那類「大系」式的分類選本（當然，可以包括有價值的選本在内），而是近代各種舊體文學專著的精華，或已刊而流傳不廣，現多已絶版者，或至今未刊者，或所刊不全者（如近代著名文學家黄人的《石陶梨煙室詩詞》，聞近有人從全國的期刊、各地的圖書館、藏書室等處，收集不少已刊的黄人集子以外的東西），一種一種地校刊或影印問世。近代文學介於古代文學和現代文學之間，其在文學史上承上啓下、繼往開來的地位和作用，自是無須贅言，至於近代舊體文學的樣式，到今天還有不少愛好而能寫作很高明的人，便可證明它的生命力依然存在，如新文學的巨擘俞平伯、沈尹默諸先生晚年都不寫新體白話詩而改寫古體詩詞便可爲證，駢文、散曲等，專門名家也很多。這裏，不是在討論新舊文學高低的較量，所以不多饒舌，祇是闡説一下「叢書」而名「近代文學」的簡略内涵。由於編者的學力視野有限制，這部叢書，無疑會存在取捨、標點等方面的不足，統待讀者指正。

二〇〇二年三月三日九五叟錢仲聯書於蘇州大學

序

關愛和

吴汝綸是桐城派的最後一位大師。鴉片戰爭爆發之年(一八四〇),吴汝綸出生於安徽桐城的一個耕讀之家。一八六五年,二十六歲的吴汝綸取進士第八名,以内閣中書身份被兩江總督兼南洋大臣曾國藩選入幕府,襄助軍務。一八七一年被薦任直隸深州知州,不久丁父憂。一八七六年,在天津入直隸總督兼北洋大臣李鴻章幕府。一八七九年代理天津知府,一八八一年出任冀州知州。一八八八年辭官,就任保定蓮池書院主講。一九〇二年因吏部尚書兼學部大臣張百熙保薦,被任命爲京師大學堂教習,加五品京卿銜,堅辭。張百熙跪求,吴汝綸改請去日本考察學制。歸國後回家省親,一九〇三年二月病逝於桐城。

吴汝綸的家鄉桐城,是一個古文傳統深厚、古文大家迭出的地方。吴汝綸出生時,「天下文章,其在桐城乎」的説法已流傳百餘年,鄉邦文化的基因在血脈中流淌。吴汝綸早年得志,出入曾國藩、李鴻章幕府之中,親聞南北大臣謦欬,親歷太平天國、洋務運動,參與曾、李奏章公文的撰寫修定,處在時代風雲的中心。然而却官場蹉跎,入仕二十年,任職直隸數州,未嘗遷官增秩,最終品服如初。旋以壯盛之年，急流勇退，主持書院，教授生徒。經甲午戰爭、庚子事變，自稱「無復問世之志」的吴汝綸，爲嚴復《天演論》作序，推闡進化論，張揚新學。在西風東漸汹汹逼來之際，益信天下大計當以作育人才爲先。毅然請求考察日本學制，並多有收穫。但可惜生年不永，壯志未酬。吴汝綸去世後的第三年，即一九〇五年，科舉制度廢除，學堂教育鵲起，中國現代教育的帷幕隨之拉開。吴汝綸的弟子馬其昶作《吴先生墓誌銘》，有「始爲吏，繼爲師」的話。以「爲吏爲師」概括吴汝綸的一生，是十分熨帖的。晚清甲午之後，在民族危亡的背景下，西學東漸由涓涓細流而漸成鋪天蓋地之勢。二十世紀初年，中國思想與文學的重建由此拉開帷幕。在中國思想與文學的重建過程中，古與今的貫通接續，依然普遍存在於士林之中，但中與西的衝突融合，則更深刻地攪動著文人士大夫的精神和感情世界。在那個特定時代之中，吴汝綸深感「朝廷不改，國必亡；士學不改，種必亡」的政治與文化危機的存在。通過吴汝綸，我們可以洞悉晚清士大夫守先待後的精神與情感。

一

桐城派形成於雍、乾，極盛於嘉、道，綿延於同、光，籠罩文壇二百餘年，至「五四」時期才臻於消亡，是有清一代延續最長久，人數最多，影響最大的散文流派。桐城派的創始者方苞以「學行繼程、朱之後，文章在韓、歐之間」作爲行身祈嚮，即有承接孔孟程朱之道統、韓柳歐蘇之文統之意，他創立「義法説」，認爲文章應「本經術而依事物之理」，講求體要、詳略、規模、法度，提倡清正雅潔的古文風格。方苞之後，其同邑後學劉大櫆、姚鼐，各以自己的寫作經驗與閲讀體會豐富發展了「義法」之説，共同奠定了桐城派古文理論的基礎。方、劉、姚又以言簡有序、清淡雅潔的散文創作名噪一時，贏得「天下文章，其在桐城」的贊譽，桐城派之名，遂大行於天下。姚鼐晚年，講學於江南各地，編輯《古文辭類纂》七十四卷，於唐宋八大家之後，明僅録歸有光，清僅録方苞、劉大櫆，以標榜古文源流及傳緒之所在。此書流傳甚廣，影響頗大。方、劉、姚之後，桐城派衣鉢代有傳人，大體恪守「學繼程、朱，文宗韓、歐」的基本宗旨。桐城派作家對士風、學風、人心、教化等問題始終保持特有的敏感，他們關心社會的發展和人間政治秩序的安排，並表現出積極參與的熱情。桐城派作家崇尚《左》、《史》及唐宋八大家以來的古文傳統，注意不斷地體悟、總結、發現並揭示單行散體之文（旁及詩、賦）的寫作經驗和創作規律，豐富與發展已有的理論體系。桐城派作家總體上保持清正雅潔的創作風格，追求文從字順、言簡有序，純淨秀美，於平易瑣細中見情致的文章風範，在各種散文體裁，尤其是雜記序跋、碑誌傳狀之文中顯示出才華和優長。

洋務運動方興未艾的咸、同年間，姚鼐門下弟子梅曾亮、管同、劉開、方東樹相繼去世，對桐城派發展施以援手的是曾國藩。在桐城派文人中，曾國藩以姚鼐爲師、梅曾亮爲友。曾氏《聖哲畫像記》中有「國藩之粗解文字，由姚先生啓之」之言，在《復吴敏樹》文中，推姚鼐古文爲「百餘年主盟」，而置身於姚鼐私淑弟子之列。晚年在軍營中,他還多次夢中與姚先生談文,由此可見他對桐城古文癡迷之深。曾國藩曾用爲人還是爲己的標準評價清代學術,在治古文之學時,曾國藩爲己爲人的界線也是十分清楚的。桐城派古文義精詞俊,清通淵雅,理論上示人途徑又多詣極之語,這是曾氏私淑姚鼐、推服梅曾亮的原因。但桐城古文也有空疏、窳弱、取範狹窄、立論偏頗之處。曾國藩在古文創作與理論上,以自己的審美識度、審美經驗爲基本點,改造桐城派古文,增强古文表情達意的功能,擴大古文的應用範圍,使之更適應鴉片戰爭之後社會發展的需求。曾國藩對桐城派古文的改造與發展,被曾門弟子概括爲「擴姚氏而大之」。

所謂「擴姚氏而大之」,曾國藩以爲姚鼐於古文「深造自得,詞旨淵雅」,其不厭人意者,惜少雄直之氣、驅邁之勢。雄直之氣的形成,與作者的氣質、才力有關,作者須具有宏大剛毅、堅勁有爲之氣質,有列子禦風、噴薄而出之才力,又須有訓詁精確、聲調鏗鏘的選字造句功夫。欲救柔弱之弊而爲雄奇之文,則需熟讀揚、韓文,而參以兩漢古賦,需要打破取範八家、奇句單行的爲文戒律,打破桐城派所苦心營造的樸素淡雅、紆餘悠長的文派風格。

再看「並功、德、言於一途」。隨著鴉片戰爭前後社會時局的變化和士風學風的轉換,桐城派古文自姚門弟子以後,便自覺地强化了社會功能。曾國藩以書生率軍,對古文與事功的關係,有著名的「堅車行遠」論。「堅車行遠」論,在把文事辭章之學視爲士儒側身天地、有所作爲的必備功夫之外，還把其看作是實現某種政治功利與人生目的的手段，是一種極富現實指導性的理論。事功變幻無常，而文章爲道德之鑰、經濟之輿，不可不早作準備。曾國藩以爲：爲學之術有四，曰義理、考據、辭章、經濟，對應於孔門德行、文學、言語、政事四科。並功、德、言於一途，其於辭章，則意味著要在闡明性道的同時，增加討論經世方略、探求自强之路的內容；在抒寫情志之外，留意於記叙事功、摭談掌故之作，使得古文之學，真正成爲議論軍國、臧否政治、慷慨論天下事的利器，成爲開啓蒙昧、昌言建策，道問學與新新民的堅車，並爲據亂升平、建功立業者留下文字的記載，讓事功憑藉文字不朽。並功、德、言於一途，可以在一定程度上克服桐城派文不長於持論，以虚義相演的弊端，但同時也使桐城派樸素雅潔的文人之文，逐漸變爲縱横捭闔的政治家之文。

作爲政治家，曾國藩持「堅車行遠」説，希望並功、德、言於一途；作爲古文家，曾國藩又深知文章能否行遠，又別有能事在。性理、經濟摻雜入文，難以成就自然之文、藝術之文。桐城派「學行程、朱，文章韓、歐」的命題中，蘊含著追求文道並至而顧此失彼的緊張。曾國藩論吴敏樹《書西銘講義後》之類的文字，以爲「然此等處，頗難著文。雖以退之著論，日光玉潔，後賢猶不免有微辭。故僕嘗稱古文之道，無施不可，但不宜説理耳」。古文不宜説理，一是指從先秦兩漢脱胎而來的奇句單行的散體之文，經唐宋古文家的改造，偏嚮於文人情趣、情致一路，長於叙寫而短於持論。二是指演繹性理講求周嚴精當，持論篤重，而古文則別求文境、聲音與色彩。與其不善兼取而足以相害，不如從一而擇，以免失措乖張。曾國藩論劉蓉之作云：「鄙意欲發明義理，則當法《經學理窟》及各語録劄記，欲學爲文，則當掃蕩一副舊習，赤地新立。將前此所業，蕩然若喪其所有，乃始別有一番文境。望溪所以不得入古人之閫奥者，正爲兩下兼顧，以致無可怡悦。」曾國藩有關義理、文章不可兼得的感慨，透露出古文作者徘徊於義理、辭章之間顧此失彼的尷尬與痛苦。而曾氏與文友「掃蕩一副舊習，赤地新立，將前此所業，蕩然若喪其所有」的相約，又透露出古文家決心與這種尷尬與痛苦告別的覺悟。這種覺悟來自於對文學史上道與文不能不離爲二的正視，也來自於對擺脱一切有形成規、無形束縛，而自任性情、放馬由繮創作境地的渴望。堂堂正正以古文爲業的想法，相對於「堅車行遠」説而言，又更加古文家化了。

吴汝綸少習舉業，對鄉邦文化，自然是耳濡目染，但真正留心文章之學，還是在進入曾國藩幕府之後。一八五八年曾國藩對古文辭之興趣日趨濃厚。張裕釗、吴汝綸、黎庶昌、薛福成，都是在此之後，因文得知於曾氏，而被延入幕府的，世稱「曾門四弟子」。曾門四弟子以文字得知于曾國藩，都在才華未展露之時，日後各有成就，而無不將在曾氏幕府中的閲歷看得十分重要，十分珍貴。薛福成有《叙曾國藩幕府賓僚》一文，將賓僚分爲四類：黎庶昌、吴汝綸列名「幾從公治軍書、涉危難、遇事贊畫者」；吴敏樹、張裕釗列名於「以宿學客戎幕，從容諷議」，「並不責以公事者」。薛福成《跋曾文正公手書册子》描述軍次生活道：「文正每治軍書畢，必與群賓劇談良久，雋詞閎義，濤海猋至，問以識略文章相勖勉。或長日多暇，則索書之紙，雜陳几案，人人各饜其意去。」薛福成爲黎庶昌《拙尊園叢稿》作序，回憶初入幕府，曾氏以文事相勉勵時的情景道：

居常誨人，以爲將相者，天下公器，時來則爲之，雖旋乾轉坤之功，邂逅建樹，無異浮雲變幻於太虛，怒濤起滅於滄海，不宜嬰以成心。文者，道德之鑰、經濟之輿也。自古文、周、孔、孟之聖，周、程、張、朱之賢，葛、陸、范、馬之才，鮮不藉文以傳。苟能探厥奥妙，足以自淑淑世，舍此則又何求？當是時，幕府豪彦雲集，並包兼羅。其治古辭者，如武昌張裕釗廉卿之思力精深，桐城吴汝綸摯甫之天資高雋，余與蒓齋咸自愧弗逮遠甚。

吴汝綸對六年的幕僚生活，也多有回憶記述。其《姚公談藝圖記》寫道：

曾文正公在江南時，大亂新定。往往招携賓客，泛舟秦淮，徜徉玄武、莫愁之間，登眺鍾阜、石頭，流連景物，飲酒賦詩，以相娱娭。汝綸於時間厠末座，實嘗躬與其盛。

《題玉露禪院》寫道：

始吾在是莽，公事稀簡，日從文正諸客娭遨。每飯罷，輒連鑣走馬，始出皆垂策緩行，已忽縱轡怒馳，爭先鬭捷，取獨出絶塵爲快。有墜馬者，則皆跑足迴旋，叢集而譁笑之。是時諸客中吾年最少，意氣之盛，豈復有度量。

曾國藩及門客弟子「並功、德、言於一途」、「擴姚氏而大之」的努力，使他們的價值取向顯示出與桐城派的不同，後人將曾國藩和曾門弟子稱之爲湘鄉派。湘鄉派遵循以文見道、堅車行遠的理論，在文章題材方面明顯增加了講求經世要務，記述當代掌故，鋪叙文治武功的内容。在藝術表現方面，湘鄉派重義而不輕詆於法，求雅而不拘泥於潔，其行文風格意欲繼承方、姚之熨帖而去其柔弱。湘鄉派與桐城派有所不同，又有著割捨不開的聯繫。曾門四弟子中，薛福成、黎庶昌致力於事功，且將文字功夫看作行遠之堅車，刻意揣摩鍛煉，屬意於「並功、德、言於一途」。張裕釗孜孜於文事，以著述授徒窮其一生，尋覓以柔筆運剛氣的雅健之道，以補救桐城派的柔弱不振，屬意於「擴姚氏而大之」。四弟子中，後死而對桐城派的發展影響最大的是吴汝綸。

曾門四弟子中，唯吴汝綸是桐城人。其對鄉邦古文傳統，充滿著敬意與自豪之感。在《祭方存之文》中云：「吾縣文學，聳德聖清。淵源所漸，自方侍郎。韓歐之文，洛閩之藴。並爲一條，壇宇維峻。」以桐城文學爲清代之冠而引爲驕傲。一八八八年，面對「陵夷至於道光之季，稍衰微矣」的桐城之學，吴汝綸作《孔叙仲文集序》以爲：去僞存真，傳承古文傳緒，「幸生桐城，自少讀姚氏書」的鄉里後生有著義不容辭的責任。對湘鄉派「擴姚氏而大之」的寫作取向，吴汝綸雖贊成，但也有保留的態度。其一八八七年《與姚仲實》論湘鄉派對桐城派的改造變化時説：

桐城諸老，氣清體潔，海内所宗，獨雄奇瑰瑋之境尚少。蓋韓公得揚、馬之長，字字造出奇崛，歐陽公變爲平易，而奇崛乃在平易之中。後儒但能平易，不能奇崛，則才氣薄弱，不能復振，此一失也。曾文正公出而矯之，以漢賦之氣運之，而文體一變，故卓然爲一代大家。近時張廉卿又獨得於《史記》之譎怪，蓋文氣雄俊不及曾，而意思之詼詭，辭句之廉勁，亦能自一家。是皆由桐城而推廣，以自爲開宗之一祖，所謂有所變而後大者也。説道説經，不易成佳文。道貴正，而文者必以奇勝。經則義疏之流暢，訓詁之繁瑣，考證之該博，皆於文體有妨。故善爲文者，尤慎於此。

平易中而有奇崛，是桐城文變而後大的選擇。「擴姚氏而大之」，不失爲有益的嘗試；説道説經，不易成佳文，是曾國藩的體會告誡之言。「並功、德、言於一途」，是古文家需要謹慎實施的行爲。

游走於湘鄉派與桐城派之間的吴汝綸，以文字得知於曾國藩、李鴻章。曾國藩初見吴汝綸後，即在《日記》中稱贊吴汝綸「古文、經學、時文皆卓然不群，異材也」。薛福成《叙曾國藩幕府賓僚》把吴汝綸列入「從公治軍書，涉危難，遇事贊畫者」一類。吴汝綸在河北官任及主蓮池書院期間，李鴻章作爲直隸總督，常將章奏之事委托，因此吴汝綸的兒子吴闓生有「曾李奏議，大率出先公之手」的說法。吴汝綸自己也有「生平知遇，前惟曾文正，後惟李相」之語。此時的吴汝綸，對桐城派古文理論，並不甚深究措意。至於章奏之外的文章之學，吴汝綸更是低調，退避唯恐不及。其《答許仙屏河帥》以爲：「獨某孤負大賢期待，少不努力，老而無成，既無吏能，退而讀書，文采又不足自發其意，殊自悼也。」又有《答黎蒓齋》自白：「垂詢近作，闊別廿餘年，風塵擾擾，歲月遽逝，終年不作一文。偶有所作，自知其陋，輒棄稿不復存録，以此絶無可呈請大教者；近十年來，自揣不能爲文，乃遁而説經。」「所以嘵嘵者；要令故人知我無志於文，乃別出他途以自溷耳。」「天下多事，吾輩沾沾於此，真乾坤腐儒也。」

儘管不以古文家自期，但桐城鄉里後生，曾門親聞謦咳、兼辦李鴻章文字事務的特殊經歷，最終還是成就了在北方享有盛譽亦吏亦師的吴汝綸。吴汝綸主蓮池書院後，布教北方，門下注籍弟子有上千之多，有文名者如賀濤、馬其昶、姚永朴、姚永概。張裕釗門下有文名者有范當世、朱銘盤、查燕緒。張、吴門下弟子，相互通流，所以上述後學，道其師傳，大都並稱張、吴。張、吴弟子中，馬其昶、姚永朴、姚永概是桐城人，范當世、馬其昶爲姚家姻親。范、馬、二姚均以古文名世，一八九四到一八九七年間，在薛福成、張裕釗、黎庶昌三位同門師兄先後去世後，吴汝綸又親歷了震撼國人心靈的戊戌變法、庚子事變等歷史事件。洋務運動宣告破産，湘鄉派討論經世要務、摭談當代掌故的古文成爲棄屣，歐風美雨洶洶逼來，中國思想與文學重建的合力，使吴汝綸成爲桐城古文的末代傳人。甲午戰後，在古與今、中與西的衝突融合中，吴汝綸一方面主張輸入西學，從改革教育入手，成就富國强民之夢想； 另一方面希望保存國學、重建向上進步的民族文化與文學。於是，維護桐城派古文價值體系，致力於並功、德、言於一途的湘鄉派向氣清、體潔、語雅爲特點的桐城派文的復歸，便成爲吴汝綸保存國學，重建文化與文學理想的重要一環。

二

吴汝綸在曾、李幕府多年，耳濡目染，對興辦洋務、富國强兵抱有一腔熱忱。但對世界大勢，則道聽塗説者居多，真知灼見者甚少。甲午以前，其對富國强兵的認識大體拘囿於中體西用的思想範圍内。吴氏寫於一八七七年的《送曾襲侯入覲序》述寫中外政治文化之不同云：

岸大海，憑島嶼，裂土而治者以百千數。中國恃海爲險，自古絶不通。聖清有天下，聲教桄被，東首致水，土物款關求市者卅有餘國。其强大者輒遣使詣闕下，置邸第，通聘好，以號令其人，邊吏失控馭，得自直於天子，不能以一國之法治也。其人好深湛之思，其爲學無所謂道也，器數名物而已。其爲治無所謂德厚也，富强而已。其術業父子世繼，以底其成。其政令上下共聽，以謀其當。其法由至粗者推之極於至精，以至近馭至遠，以至輕運至重。自天地之氣,萬物之質,皆剖析而糅合之,以成其用。其上之所教,下之所學,一也。其飲食、衣服、語言,與中國絶殊,中國之人不習也。其於中國聖人所謂父子、君臣、夫婦之禮,道德之説,詩書之文,渺然不知其何謂,若爰居之於九奏也。學士大夫尤簡賤之,以爲中國至尊,外國至卑,彼安有善哉?

吴汝綸雖然不贊成學士大夫中國至尊、外國至卑的看法,但把外國學術理解爲可以爲我所用的器數名物之學,又以爲中國的「父子、君臣、夫婦之禮,道德之説,詩書之文」是立國之本,仍是中體西用説的一種演繹。基於這樣的認識,吴汝綸一八八四年讀到薛福成的《籌洋芻議》的《變法》篇時認爲:

法不可盡變。凡國必有以立。吾,儒也,彼外國者,工若商也。儒雖貧,不可使爲工商。爲之而工商不可成,而儒已前敗,失其所以立矣。使彼之爲法者而生乎吾之國,其所爲作也,故且異乎是,吾獨奈何而盡從之?然則將一守吾故而不變乎?是又不然。吾之法,聖法也,其本自堯、舜、禹、湯、文、武。由堯、舜、禹、湯、文、武而秦漢,而唐,而宋,而明,而逮乎今,每變而益敝。而彼乃始開而之乎完,以吾之敝,當彼之完,其必不敵者,勢也,是烏可不變?夫法不可盡變,又不可一守吾故而不變,則莫若權乎可變不可變之間,因其宜而施之。(《籌洋芻議序》)承認堯、舜、禹、湯、文、武之法，至今變而益敝，而西方之國正處上升時期。以吾衰敝，當彼上升，吾之法必當有所變； 但吾以儒立國，儒家立國之本，不可動摇，則吾之法又不可盡變。這種中體西用的文化立場，吴汝綸始終未曾改變。

甲午之戰打破了中國人建立在民族主義理想之上的自强之夢，戰爭的巨額賠款加深了中國半殖民地的程度，並引發了其他帝國主義國家瓜分中國的狂潮。「要救國，只有維新； 要維新，只有學外國」，成爲全民族的共識。西學的介紹與引入以前所未有的聲勢席捲中國，政治變法也在醖釀之中。對於西學與變法，吴汝綸以爲：「今國家方議變法，變法莫急於治生，恨學未易明耳。」(《弓斐安墓表》)「今外國之强大者，專以富智爲事，吾日率窮且愚之民以與富智者角，其勢之不敵，不煩言而決矣。而所以富智民者，其道必資乎外國之新學。」(《送季方伯序》)這些認識是其走上教育救國之路的思想基礎。

甲午海戰之後在政治變法的熱潮中，曾國藩、李鴻章興辦洋務的行爲遭到譏諷，有人還以李鴻章的「孝子慈孫」之説攻擊吴氏。吴汝綸在《與陳右銘方伯》書中憤憤而言曰：「近來世議，以罵洋務爲清流，以辦洋務爲濁流。某一老布衣，清濁二流，皆擯棄不載，頃故以未入流解嘲也。」這種未入流的自嘲，使吴汝綸自覺不自覺地與政治變法的主流保持著距離。一八九八年四月，百日維新正在緊鑼密鼓地籌畫之中，吴汝綸在《與閻鶴泉》信中說：「時局益壞，恐遂爲波蘭、印度之續，士大夫相見，空作楚囚對泣狀。南海康、梁之徒，日號泣於市，均之無益也。惟亟派畝捐立縣鄉學堂，庶冀十年五年，人才漸起乎。無人才，則無中國矣。」庚子事變後，京師淪陷，兩宫西逃。亂象叢生之中，吴汝綸益發堅定了教育救國的理念。其在庚子年《答李季皋》的信中說：「竊謂中華黄炎舊種，不可不保，保種之難，過於保國。蓋非廣立學堂，遍開學會，使西學大行，不能保此黄種。」在《與張春元》中又說：「此時國力極弱，由於上下無人。人才之興，必由學校。我國以時文爲教，萬不能保其種類，非各立學堂，認真講求聲光電化之學，不能自存。」

吴汝綸對西學的閱讀涉獵，來自於中文譯書和報紙。其《日記》中有關西學的閱讀摘録，最早是在一八八九年前後，内容涉及政治、學術、教育衆多方面。如《日記》中對西方工業革命評論說：「歐西之文明，執天力用之於人工，化學經之，機學緯之。」「輪船、鐵路、磁電、凹凸之鏡、精煉之玻璃與銅鐵之齒輪，皆造化之神功也。」對西方中世紀以後科學從宗教中脱穎而出的過程，有「中古學術，崇信基督經典，尊之爲聖權。近世始脱聖權之羈絆，宗教、學術劃爲二事，科學始興」（《日記》卷八）的認識。又試圖區分歸納、演繹之法，以爲「從衆原理以納一原理者」，所謂歸納法；「從一大原理以演衆小原理者」，則爲演繹法（《日記》卷八）。紛紛紜紜的西學讓吴汝綸感受到外面世界的精彩。

西學亟待講求，中學又將如何對待？這是困擾吴汝綸的重大問題。在二十世紀初年西風東漸的背景下，吴汝綸繼續堅持中體西用的文化立場。一九〇一年吴氏在《答賀松坡》的信中寫道：「鄙意西學當世急務，不可不講；中學則以文爲主，文之不存，周孔之教息矣。」吴汝綸認爲，中國學術中的經典，應該成爲新學的基礎：「中學之當廢者，乃高頭講章、八股八韻等事，至如經史百家之業，仍是新學根本。」（《與張溯周》）「今歐美諸國，皆自詡文明，明則有之，文則未敢輕許。僕嘗以謂周孔之教，獨以文勝……今世富强之具，不可不取之歐美耳。得歐美富强之具，而以吾聖哲之精神驅使之，此爲最上之治法。」（《覆齋藤木》）周孔之教存之於文，是因爲中國文字，「綴字爲文，而氣行乎其間，寄聲音神采於文外，雖古之聖賢豪傑去吾世甚邈遠矣，一涉其書，而其人精神意氣若儼立在吾目中」（《高田忠、周古籀篇序》）。在「黄炎之胄，將無孑遺，堯封禹甸，淪爲異域」的民族危難之際，吴氏以爲，中國斯文所係在姚鼐《古文辭類纂》：「《古文辭類纂》一書，二千年高文略具於此，以爲六經後之第一書。此後必應改西學，中國浩如煙海之書，行當廢去，獨留此書，可令周孔遺文，綿延不絶。」（《清史本傳》）把《古文辭類纂》視爲「六經後之第一書」，吴汝綸對桐城派經典的偏愛可謂無以復加。

有感於二十世紀初年「舉國多宗尚歐文，其視吾國文直如芻狗比」的風尚，吴汝綸對桐城古文的命運，給予了更多的關心，傾注了更多的期望。他更自覺地維護桐城派的價值體系，並致力於向氣清、體潔、語雅爲特點的桐城派的復歸。

這種復歸是依照以下路徑進行的：

一、推尚篤雅可誦、醇厚老確之文境。桐城諸老之文，氣清體潔，而少雄奇瑰瑋之境；曾國藩以漢賦之氣體矯其柔弱，變平易而爲奇崛雄俊；張裕釗得《史記》之譎怪，在柔筆中運以廉勁之氣。曾、張都可稱爲由桐城派而推廣，能自成一家者。桐城之文也因有所變而後大。吴汝綸論湘鄉派師友之文，以爲「曾、張深於文事，而耳目不逮；郭、薛長於議論，經涉殊域矣，而頗雜公牘、筆記體裁，無篤雅可誦之作」（《答黎蒓齋》）。所持爲桐城派的標準。其早年有《與楊伯衡論方劉二集書》文中借評方苞、劉大櫆之文，發表了他推尚醇厚老確，而貶黜絢爛閎肆之文的觀點。吴氏認爲：學邃者，其氣歸於深靜，其文醇以厚；學未至者，其氣稍顯矜縱，其文閎以肆。深靜與矜縱，醇厚與閎肆，是文章的兩重不同的境界，以馳騁之才、縱橫之氣爲文，不可言醇厚；醇厚之文，非淘盡矜縱之氣，歸於深靜之養者不可爲。以此標準，評價方苞、劉大櫆之文，「夫文章之道，絢爛之後，歸於老確矣。望溪老確矣，海峰猶絢爛也」。吴汝綸評價方、劉之文之高下，意在建立一種新的審美風範。其所謂的醇厚老確之境，實際上是以桐城諸老體清氣潔、清真雅正之文爲標的。吴汝綸甲午之後對體清氣潔、清真雅正審美風範的重新提倡，是湘鄉派文向桐城派文復歸的重要標誌。

二、義理考據，皆於古文文體有妨。桐城派是一個文學流派，對古文寫作藝術的探討是一以貫之、孜孜以求的。這是桐城派存在價值的最終體現，也是桐城派不斷發展的命脈所在。在桐城派的不同發展階段中，受時代學術風氣及領袖人物學術視野的影響，對文道關係及道的涵義的理解和解釋各有不同。主要生活在理學風氣濃厚的康、雍時期的方苞，以「學行在程、朱之後，文章在韓、歐之間」爲行身祈嚮，以義理之説施之於文章，以道統、文統雙重繼承者自期。姚鼐處在漢學如日中天的乾、嘉時期，以義理、考據、辭章作爲學問三事，而以考據助文之境。曾國藩身當風雲突變、戰亂頻仍的道、咸之際，於義理、考據、辭章之外又加以經濟，意在加强古文經世致用的社會功能，載功、德於立言之中。但曾氏也認識到：義理（含經濟）、辭章，各有特性，求合不易，求合不能則足以相妨。因此他憧憬「赤地新立」的文境。吴汝綸生活在國事日蹙，割地賠款之風日起，歐風美雨侵擾不止的時代，對民族文化的命運深爲擔憂。吴汝綸傾向於以文人之心看待古文，更多地考慮古文自身發展的特點，更多地保留古文自身的藝術品格，解除古文外在的重負，直截了當地指出義理、考據皆於文體有妨。

説道説經不易成佳文。這是因爲説道宣講之文，貴在以正襟危坐之態，發宏旨精當之言；而抒情言志之文，則以雕龍鏤彩之文心，見奇詭變化之長。兩者分之而各有偏勝，合之則皆挫其鋒芒。説經之文，重在義疏、訓詁、考證，以繁瑣、該博之文體，闡發聖人賢人古人之心經，這與「言必已出」者相牴牾，又易流於破碎。正因爲説道説經之文與古文文體相妨，即使韓、歐等古文大家，也絶少論道闡幽之文。一八九八年前後，吴汝綸在《答姚叔節》中云：

通白與執事皆講宋儒之學，此吾縣前輩家法，我豈敢不心折氣奪。但必欲以義理之説施之文章，則其事至難。不善爲之，但墮理障。程、朱之文，尚不能盡饜衆心，况餘人乎？方侍郎學行程、朱，文章韓、歐，此兩事也。欲并入文章之一途，志雖高而力不易赴。此不佞所親聞之達人者，今以質之左右，俾定爲文之歸趣，冀不入歧途也。

學行程、朱，文章韓、歐，以義理之學作爲一種思想信仰，尚可與古文寫作並行不悖；如若以義理之説施之文章，並程、朱與韓、歐於一途，則力必不能勝任。韓、歐的論道文章極少，程、朱之文不能盡饜衆心，方苞「學行程、朱，文章韓、歐」，志雖高而力不濟，都是鮮活而無可置疑的證明。學行、文章，與其兩相妨礙，不得要領，反不如心定氣閑，擇文而終。

三、重建辭約指博、清正雅潔之義法。自方苞宣導清正古雅之風範，標榜删繁就簡之宗旨，並提出「古文不可入語録中語、魏晉六朝人藻儷俳語、漢賦中板重字法、詩歌中雋語、南北朝之佻巧語」的雅潔標準後，桐城派在自身發展過程中，形成了言簡義備、詳略有致、雅潔純淨的文體與語言風格。至道光年間，姚門弟子崇尚陽剛之文，以爲瑰奇壯偉之文不敢學，是學八家古文者的一大缺憾。再至湘鄉派，討論經世要務、縱横捭闔之文已是桐城派義法所不能規範。湘鄉派文隨著洋務運動的破産而失去活力，康、梁維新派新文體不脛而走，在這一背景下，吴汝綸以爲：「士大夫相矜尚以爲學者，時文耳，公牘耳，説部耳。舍此三者，幾無所爲書。而是三者，固不足與文學之事。」文學者，需講求雅意潔言。其與嚴復討論雅潔之道云：

> 來示謂：行文欲求爾雅，有不可闌入之字，改竄則失真，因仍則傷潔，此誠難事。鄙意：與其傷潔，毋寧失真。凡瑣屑不足道之事，不記何傷？若名之爲文，而俚俗鄙淺，薦紳所不道，此則昔之知言者無不懸爲戒律。曾氏所謂辭氣遠鄙也。（《答嚴幾道》）

吴汝綸在歐風美雨洶洶襲來的世紀之交，有意識地提倡恢復以氣清、體潔、語雅爲特點的桐城派文，並把這種提倡、恢復看作是保存國學、力延古文絶緒的重要行爲。這種提倡得到吴門弟子的響應，遂使湘鄉派文向桐城派文的復歸得以實現。一九〇三年吴汝綸去世，次年范當世去世，賀濤晚年目盲。此後，在文壇上承繼桐城派傳緒的惟有馬其昶及姚永朴、姚永概兄弟。時代没有爲他們提供縱横馳騁的政治舞臺，留給他們的只有文壇與講壇。他們的作品，很少再去討論「經世要務」，記述「當代掌故」，但他們以傳統文化的傳人自居，堅守程朱之學、韓歐文章的防線，以文人的敏感，體驗著時代文明進步的震撼和舊文化被撕裂的陣痛。

三

二十世紀初，桐城古文已是西風殘照，爲其延一線生機的是以譯才並世的兩位翻譯家：嚴復和林紓。嚴復、林紓對桐城古文理論的認同以及他們富有社會影響的翻譯成績，使桐城派顯示出最後的輝煌。

甲午戰爭後，翻譯介紹西方學術著作的第一人是嚴復。嚴復早年在英國讀書時，與時任駐英大使的郭嵩燾結爲忘年之交，後回國出任天津水師學堂總教習。一八九五年春，有感於甲午戰敗，嚴復接連完成《論世變之亟》、《原强》、《辟韓》、《救亡決論》等一系列振聾發聵的政治性論文。嚴復以中西學兼通的優勢及熾熱的愛國、强國的激情，在一八九五年的中國思想界刮起一股「嚴復旋風」。鑒於國人對西學精髓無從了解的現實，嚴復決心從事西方學術著作的翻譯工作，以促進中國之民智民德。他所選擇的第一部西方著作是赫胥黎的《天演論》。作爲英國博物學家、進化論奠基人達爾文的學生，赫胥黎將達爾文《物種起源》中關於生物進化的一般性規律運用到社會領域，試圖以「物競天擇，適者生存」的理論解釋人類社會和人類文明的發展。嚴復《天演論》譯著於一八九五年脱稿，一八九八年正式出版。《天演論》中「物競天擇，適者生存」的理論，極大地刺激了正在尋求民族自强新生之路的中國思想界和廣大知識階層，他們從「物競天擇」的道理中更深切地認識到民族危亡的存在，而將挽救民族危亡化作思想與行爲上的自覺。《天演論》給中國人帶來的震撼既深且巨。

嚴復所譯的《天演論》請吴汝綸爲之作序，嚴復與桐城派的關係也便由此開始。嚴復請吴汝綸作序，原因是多重的。嚴復在英國與郭嵩燾結爲忘年交，引爲知己。郭嵩燾、吴汝綸都曾爲曾國藩幕府中人，由舊交而結新友，此其一。吴汝綸親聞洋務要員、中興名臣之謦咳，甲午戰後，鼓吹教育救國，主張興辦學堂，中西學兼顧，思想基礎相近，此其二。吴氏以古文大家、桐城傳脈盛名於世，在中國舊派知識分子中名望較高。而被舊派知識分子所輕視的留學生，其所譯之書，一經吴氏作序，則會身價倍增，此其三。

爲《天演論》作序，對吴汝綸來説，也是求之不得的。此之前數年，吴氏就同薛福成有個設想，以爲轉移風氣，以造就人才爲第一：「竊謂各關道當聘請精通西學能作華語之洋人一名，更請中國文學最高者一人，使此兩人同翻洋書，則通微合莫之學，輔以雄俊典雅之詞，庶冀學士大夫，爭先快睹，近可轉移一時之風氣，遠可垂之後代，成一家言，惜乎此二人者，未易多覯也。」（《答薛叔耘》）而嚴復譯作的出現，則使他驚喜地發現，他原來認爲難以尋找的兩種人才的優點，竟完美地體現在嚴復一人身上。《天演論》既是通微合莫之學，譯文又是雄俊典雅之詞。因此，吴汝綸在《答嚴幼陵》的信中興奮地説：「得惠書並大著《天演論》，雖劉先主之得荊州，不足爲喻。」「蓋自中土翻譯西書以來，無此宏制，匪直天演之學，在中國爲初鑿鴻蒙，亦緣自來譯手，無此高等雄筆也。」

吴汝綸的《天演論序》，以「與天爭勝」、「以人持天」來概括赫胥黎的學説。但讓吴汝綸最感興趣的還是嚴復「駸駸然與晚周諸子相上下」的翻譯文體：

今議者謂西人之學，多吾所未聞，欲瀹民智，莫善於譯書。吾則以謂今西書之流入吾國，適當吾文學靡敝之時，士大夫相矜尚以爲學者，時文耳，公牘耳，説部耳。舍此三者，幾無所爲書。而是三者，固不足與於文學之事。今西書雖多新學，顧吾之士以其時文、公牘、説部之詞譯而傳之，有識者方鄙夷而不之顧，民智之瀹何由？此無他，文不足焉故也。文如幾道，可與言譯書矣。往者釋氏之入中國，中學未衰也。能者筆受，前後相望。顧其文自爲一類，不與中國同。今赫胥氏之道，未知於釋氏何如，然欲儕其書於太史氏、揚氏之列，吾知其難也。即欲儕之唐宋作者，吾亦知其難也。嚴子一文之，而其書乃駸駸然與晚周諸子相上下，然則文顧不重耶？

吴序認爲，嚴復以單行散體之文言譯書，其雄俊淵雅，已不同於流俗；以此種文開通民智，啓發蒙昧，是時文、公牘、説部之書所難以企及的。嚴氏「駸駸然與晚周諸子相上下」的譯文，使赫胥氏之書格外增重。

嚴復選擇赫胥黎的《天演論》作爲第一部譯稿，其主旨在於借書中所闡發的物種進化、汰劣留良的道理，激發國人自强保種的覺悟。至於譯文本身，嚴復提出以「信、達、雅」作爲綜合標準。而《天演論》的翻譯，嚴復採用了「不斤斤於字比句次，而意義則不倍本文，題曰達恉，不云筆譯，取便發揮」的意譯辦法。「譯者將全文神理，融會於心，則下筆抒詞，自然互備」（《天演論・譯例言》），以求信達。至於求雅，則直用漢以前之字法句法。

由於採用不倍本文，取便發揮的意譯方法，由於刻意運用漢以前之字法句法，以求爾雅，由於譯書成後，吴汝綸「見而好，斧落徵引，匡益實多」，再加上赫胥黎原文即是一篇簡潔生動的演講稿，故而《天演論》的譯文具有很强的可讀性。《天演論》之後，嚴復的譯文逐漸擺脱意譯而更多地注意求信、求達的翻譯主旨，因而譯文變得詰屈聱牙、深奥難懂。一九〇二年，嚴復翻譯的《原富》問世，梁啓超以爲：「其文筆太務淵雅，刻意摹仿先秦文體，非多讀古書之人，一翻殆難索解。」而嚴復以《原富》再次求序於吴汝綸時，吴也感到閱讀困難，「所讀各册，很難省記」，「精神不能籠罩全書，便覺無從措手，擬交白卷出場矣」。魯迅論嚴復的翻譯，以爲：「他的翻譯，實在是漢唐譯經歷史的縮圖。中國之譯佛經，漢末質直，他没有取法。六朝真是『達而雅』了，他的《天演論》的模範就在此。唐則以『信』爲主，粗粗一看，簡直是不能懂的，這就仿佛他後來的譯書。」（《魯迅全集》第四卷《關於翻譯的通信》）至於《天演論》，魯迅論曰：

最好懂的自然是《天演論》，桐城氣息十足，連字的平仄也都留心，摇頭晃腦的讀起來，真是音調鏗鏘，使人不自覺其頭暈。這一點竟感動了桐城派老頭子吴汝綸，不禁説是「足與周秦諸子相上下」了。然而嚴又陵自己却知道這太「達」的譯法是不對的，所以他不稱爲「翻譯」，而寫作「侯官嚴復達旨」；序例上發了一通「信達雅」之類的議論之後，結末却聲明道：「什法師云『學我者病』。來者方多，慎勿以是書爲口實也！」（《魯迅全集》第四卷《關於翻譯的通信》）

嚴復所譯的《天演論》以物種進化、汰劣留良的進化論影響了一代中國人，而流暢淵雅的譯文，也博得了中國讀者尤其是文學青年的喜歡。譯者以音調鏗鏘之古文轉述外文原意，爲古文發展開闢了一塊新天地。以古文作爲西學的載體，也確實使吴汝綸等桐城派中人著意興奮了一陣。吴汝綸與嚴復的通信中，多次談到翻譯中的化俗爲雅、與其傷潔毋寧失真及剪裁化簡、體義互見之法。桐城派的義法之説，在翻譯文學中派上了新的用場。嚴復對吴汝綸的意見也極爲看重，稱吴氏「老眼無花，一讀即窺深處。蓋不獨斧落徵引，受裨益於文字間也」（《群學肄言·譯餘贅語》）。對於吴氏，嚴復不禁有相知恨晚之慨：「復於文章一道，心知好之，雖甘食耆色之殷，殆無以過。不幸晚學無師，致過壯無成。雖蒙先生奬誘拂拭，而如精力既衰何。假令早遘十年，豈止如此？」（《與吴汝綸書》）一九〇三年，嚴復譯成《群學肄言》，聞聽吴汝綸去世的消息，在《譯餘贅語》中沉痛地寫道：「嗚呼！惠施去而莊周忘質，伯牙死而鍾期絶弦，自今以往，世復有能序吾書者乎！」嚴復真誠地把吴汝綸看作是良師益友與著述知音。這在當時的文學界不失爲一段佳話。

晚清文學界的另一段佳話是吴汝綸與林紓的文緣。一九〇一年，與嚴復齊名的晚清文學翻譯家林紓來到北京，任五城學堂國文教員，得與吴汝綸相遇，爲論《史記》竟日。吴汝綸對林紓關於《史記》的見解大爲贊賞，又讀林紓之文，稱「是抑遏掩蔽，能伏其光氣者」（《畏廬續集·贈馬通伯先生序》）。次年，吴汝綸寫信於林紓，請爲代校《四象古文》。信中言道：「方在興西學之時，而下走區區傳播此書，可謂背戾時趨。然古文絶續之交，正不宜弁髦視之。」（《與林琴南》）得到文壇名宿吴汝綸的鼓勵與托付，林紓古文寫作的興致驟增，對古文及桐城派的命運也越來越關心。此後，林紓又分别結識馬其昶、姚永朴、姚永概等桐城籍作家，引爲同道。以域外小説翻譯名世的林紓，復致力於古文的寫作與傳播。辛亥革命前後，是林紓致力古文寫作，傳播古文之學興致最高的時候。出於力延古文之一線，使不致顛墜的目的，林紓上下奔走，著述演講，倡言古文之道。在林紓的古文創作與小説翻譯的實踐過程中，他對兩種文體相通與不同之處的體驗，比其他人都要深切得多。在小説的翻譯過程中，他要借助富有表現力的文言詞語，叙述描寫，表情達意，借助史傳文文體結構的經驗，造就跌宕起伏，引人入勝的閱讀效果，其最爲便當、最爲實用的借鑒對象便是古文文體。

至於林紓從西洋小説中悟出「大類吾古文家言」，也只能是古文的經驗在西洋小説的結構中獲得了某種印證。在創作態度上，林紓自然不會把小説翻譯與古文創作等量齊觀。林紓的古文寫作，下筆謹慎，清勁凝重，翻譯則輕快明爽，詼詭多變。人們因翻譯家的林紓，認識古文家的林紓；但林紓本人，看重古文甚至超出翻譯。

一九〇二年五月，在張百熙力薦吴汝綸出任京師大學堂總教習時，吴氏與朋友言：「某於中國文字，稍有窺尋。至於西學，則一無所知，何能勝總教習之任？」（《與曾履初兄弟》）旋因有感於「日本興學才卅年，而國勢人才已駸駸與歐美埒」的現實，請求到日本考察教育。其在日本答新聞記者問，有「貴邦卅年間，惟向上進步改良；敝邦卅年間，惟向下退步敗壞」（《日記》卷六）的話，其言沉痛。希望中國有向上進步改良之教育的吴汝綸，也希望中國有向上進步改良之文化與文學。幾個月後，從日本歸來的吴汝綸病逝於桐城，給人留下「出師未捷身先死」的遺憾。

在二十世紀初年文化與文學的重建過程中，吴汝綸教育救國的主張，很容易爲當時熱衷於政治革命、稍後呼喚倫理革命的思想主流所忽略。無獨有偶，吴汝綸去世後的一九〇五年，嚴復在倫敦見到孫中山，談及教育救國，孫不以爲然，以「俟河之清，人壽幾何？君爲思想家，鄙人乃實行家」相告。思想家的高瞻遠矚與實行家的雷厲風行相比，後者更容易爲急切學習追趕西方的中國人所接受。鴉片戰爭後中國被迫踏上現代化的道路，中國文化與文學的重建即是在古與今、中與西，兩對既相互衝突矛盾又相互融合支撑的文化語境中進行的。重建的目標和任務是尋找打造足以支撑中國現代化發展的學術思想和精神家園。其目標與任務的艱鉅性，是總希望畢其功於一役的中國先進知識分子所難以想象的。在大規模的古今、中西交流融合中，師夷制夷、中體西用、全盤西化、本位文化，輪流登場而各擅其勝。在一波接一波的變革浪潮中，器物革命、政治革命、倫理革命，此盈彼消並步步深入。重建過程充滿痛苦，也充滿活力。重建之後的新文化、新文學，既有中國基因，又有外來血脈，既是西學的移植，又與傳統連接。在這一重建過程中，吴汝綸是親歷者、參與者。作爲洋務運動的見證人，作爲桐城派古文最後的大師，他游走於政治與文學、徘徊於中體與西用之間，在末代士大夫中，是活生生的「這一個」。

四

差不多十年前，上海古籍出版社聶世美先生邀約河南大學校點《吴汝綸文集》，我將該項工作交給了我的博士生朱秀梅。

當時，黄山書社已經出版《吴汝綸全集》，對於是否還有必要另行整理《吴汝綸文集》，我們還是有困擾和猶豫的。經過與編輯聶世美、常德榮兩位先生的反覆交流溝通，我們認爲：吴汝綸身處大變局時代，始終以經世致用爲爲學宗旨，讀經治史，兼采中外，而尤覃心於文事，以文章爲一切學問根基,所謂「堅車遠行」也。與《全集》相比,《吴汝綸文集》(附《年譜》)可以更加集中、完整地呈現一代古文宗師、桐城派散文殿軍吴汝綸的古文理論與實踐,自成體統。以此故,這項工作還是有意義的。

記得陳寅恪先生在《馮友蘭中國哲學史上册審查報告》中曾有言:「凡著中國古代哲學史者,其對於古人之學説,應具瞭解之同情,方可下筆。」不惟著述,「瞭解之同情」實當爲從事一切研究之基本態度。《吴汝綸文集》的校點與整理工作亦是努力於此立足。近幾年來,朱秀梅先後到北京國家圖書館、河北保定市圖書館、安徽安慶市圖書館、四川省圖書館查閲版本、搜集相關點評,並多次尋訪蓮池書院、安慶、桐城、樅陽等吴汝綸故地,期冀在盡可能貼近大動盪時代中作爲個體存在的吴汝綸的基礎上,去理解和把握《文集》裏那些有温度的文字。

拉雜寫下這些話,最後需要特别指出的是,朱秀梅工作雖然努力,然古籍整理紕漏錯訛之處恐難避免,有待識者教正,則感荷如之!

前言

吴汝綸（一八四〇—一九〇三），字摯甫（亦作「摯父」），又字至父，安徽桐城人，晚清著名學者、教育家、桐城派後期古文大家。《清史稿》本傳稱其爲學「無古今，無中外，唯是之求」〔一〕，其古文理論及其創作對晚清古文發展影響甚大。

一

道光二十年庚子（一八四〇）九月二十日，吴汝綸出生於桐城南鄉高甸劉莊一個耕讀之家。其父吴元甲幼能屬文，然科途不順，咸豐元年（一八五一）應孝廉方正制科，未廷試而亂作，後一生未中，謀館爲業。曾被曾國藩聘爲其子師，旋辭館。吴氏幼稟庭訓，從父學習古文、時文及經籍之學。父親不僅教其課讀，而且也以孝悌、仁義、忠恕深深影響著他，多年後吴汝綸回憶其父對他的教誨

〔一〕趙爾巽等：《清史稿》，中華書局一九九八年版，第一三四四四頁。

說：「先君子嘗所教汝綸者二言，曰有恒，曰恕施。」〔一〕少年吳汝綸讀書十分刻苦，《清史稿》本傳稱：「少貧力學，嘗得雞卵一，易松脂以照讀。好文出天性，早著文名。」〔二〕

同治二年（一八六三），二十四歲的吳汝綸與其兄肫甫一同出應縣試，分獲第一、二名。接下來的府試中，其兄肫甫第一，吳汝綸第二。同治三年（一八六四），吳汝綸舉江南鄉試，中第九名。同年，吳氏迎娶了汪氏，并作一聯「十三經，廿四史，十載寒窗，未脱那領藍衫，愧把白身偕緑鬢；甲子年，癸酉月，甲戌良辰，且牽這條紅線，行看黄榜點朱衣」述懷。同治四年（一八六五），新婚不久的吳汝綸入京會試，取進士第八名，遂以内閣中書用。同年，時任兩江總督兼南洋大臣的曾國藩奇其文，留佐幕府。這樣不足而立之年的吳汝綸，完成了一個士人向仕宦的轉變。由於曾國藩在當時清政府的獨特地位與作用，吳汝綸入幕曾府，其實已經步入了當時中國政治的前沿。曾府的經歷，對於吳汝綸的思想及古文觀念的發展演變都影響甚大。

同治六年（一八六七），吳汝綸因曾氏保舉以「襄助軍務出力」加「内閣侍讀銜」。同治九年（一八七〇），又因曾氏舉薦，「以直隸州牧用」，次年，就任直隸州深州知州。同治十二年二月，丁父憂，

〔一〕吳汝綸：《桐城吳先生文集》，卷四，《慎庵圖記》。

〔二〕趙爾巽等：《清史稿》，中華書局一九九八年版，第一三四四三頁。

去官居喪。同治十三年五月，入江蘇巡撫張樹聲幕。光緒元年（一八七五）七月，丁母憂，辭張幕。光緒二年八月，至天津參直隸總督兼北洋大臣李鴻章幕。光緒四年，告假居家，營父母葬事。光緒五年九月至六年二月，署天津府知府。光緒七年閏七月，就任冀州知州。

吴氏爲治，以教育爲先。他嘗言，州縣大事三端，一曰緝賊，一曰聽斷，一曰培養人才〔一〕。其在深州、冀州任時，最大的德政之一就是整頓教育。任深州，不憚貴勢，整頓義學田産，收回爲豪强侵佔的義田一千四百餘畝入書院，資膏火；又爲書院追回被人拖欠的五千兩銀子，用以改善書院的辦學條件。其在日記《制行》中自述道：「余在深二年，愧無績狀，惟查義學之廢者并其産於書院，釐定章程。稍有裨益。到任時書院歲入三千餘串，卸任時乃六千餘串。」〔二〕同時，他「聚一州三縣高材生，親課教之」，於是「民忘其吏，推爲大師」〔三〕。任冀州時，依然鋭意興學，盡心爲書院籌措經費，延聘名師，識選才俊，「招新城王樹枏、武强賀濤、通州范當世爲之師，且自教督之，一時得人號稱極

〔一〕吴汝綸：《桐城吴先生全書・日記・制行》。
〔二〕吴汝綸：《桐城吴先生全書・日記・制行》。
〔三〕《清史稿》，第一三四四三頁。

盛」〔一〕。經過他的努力，本來「敦尚質樸」的深、冀二州，一變而爲「文教斐然冠畿輔」〔二〕之地。

吴氏爲地方官的另一個主要政績是興修水利。任深州時，即遇洪澇，他建議李鴻章「委派通習演算法熟於測量者，前往查勘，先籌去路，并周歷全河，逐處測量高下。就現在河身，用西洋治河之法，隨宜疏浚，當冀安瀾」〔三〕，并通過調查，製定了一個治理滹沱河的方案，但因父喪，去官守制，未能實施。冀州缺水，有方圓四十里的鹽鹼不毛之地，爲直隸最爲貧困的地區。吴汝綸就任冀州後，決定開渠建閘，引水灌溉，於光緒十年動工，采用工撫之法，當年竣工。渠長六十里，「泄積水於滏，以溉田畝」〔四〕。又報請鹽運使每年撥批兩千兩銀子作爲防止淤塞的疏浚經費，籌款白銀萬兩，以其年息助疏浚。於是冀州之地「天皆沃饒，今七八年所穫，倍蓰所費。而夏秋水盛，舟楫往來，商旅稱便，州境遂富」〔五〕。

作爲地方長官，吴汝綸還十分注重地方治安。任深州時，他「親諭各村，輪流支更，一家被賊，

〔一〕李景濂：《吴摯甫先生傳》，《桐城吴先生全書・行狀》。
〔二〕《清史稿》，第一三四四三頁。
〔三〕吴汝綸：《上李相國》，《桐城吴先生全書・尺牘》卷一。
〔四〕《清史稿》，第一三四四三頁。
〔五〕賀濤：《冀州開渠記》，見郭立志《桐城吴先生年譜》卷一。

合村齊起，務令各村自保本村」〔一〕。冀州多匪盜，人民深受其害，吴氏十分重視捕盜和斷獄，注重「清查盜源」，并令各村辦理聯莊。經過幾年的努力，頗有成效，「監獄近已空無一人，殆數十年未見之事」〔二〕。

吴汝綸任知州期間，盡職盡責，循聲顯著，但他却一直没有得到升遷。其自嘲曰：「吾入官廿許年，不遷一階，不加一秩，出視同列，如立衢街觀行路，來者輒過，無肩隨者。」〔三〕吴氏以科舉正途躋身官場，其學識文章深得曾國藩、李鴻章賞識器重，先後參曾、李幕，「時中外大政常決於國藩、鴻章二人，其奏疏多出汝綸手」〔四〕。但令人不解的是，吴氏曾在李氏屬下爲官多年，但「卒未榮一銜、進一秩」〔五〕。吴汝綸之子吴闓生一段話頗有深意：「唯文正公最知先君，文正薨，先君益孤立無所恃，以故入官二十年，同列多躋顯要，或膺方面重寄，立盛名於京朝，而先君不進一階，久之，卒謝病

〔一〕吴汝綸：《上李相國》見郭立志《桐城吴先生年譜》卷一。
〔二〕吴汝綸：《與景翰卿》(三)，見郭立志《桐城吴先生年譜》卷一。
〔三〕吴汝綸：《吴汝綸文集》，卷二，《送鄭筠似八十壽序》。
〔四〕《清史稿》，第一三四四三頁。
〔五〕張宗瑛：《吴先生墓誌銘》，《桐城吴先生全書·行狀》。

去。」〔一〕言中似乎透露出其父在曾國藩死後因不獲上司識拔而仕途蹇滯，這顯然是指李鴻章而言的。曾、李二人，治國理軍，各有千秋，然文章博學，二人判然有别。曾氏於當時爲古文一大家，開湘鄉一派，其古文修養卓立一世。同聲相應，曾公對吴氏的賞識器重也是以文章起，同治三年五月二十七日曾文正《日記》：「閲桐城吴某所爲古文，方存之薦來，以爲義理、考據、辭章三者皆可成就。余觀之信然，不獨爲桐城後起之英也。」同治四年十月十五日：「吴摯甫來，久談。吴，桐城人，本年進士，年紀二十六，而古文、經學、時文皆卓然不群，異才也。」〔二〕吴氏「連捷得内閣中書」，曾氏勸他「不必遽而進京當差，明年可至余幕中，專心讀書，多作古文」〔三〕。由此看來，曾氏對吴氏的器重是一種同類相惜的認同與賞識，故而曾氏對吴汝綸的識拔自然無人能比。至於李氏有没有真正識拔薦舉吴氏，還是吴氏自己「不屑就」，個中實情，已難考知。但吴氏在李氏屬下，多年未遷，仕途困頓，却是實情。光緒十四年十月二日，吴氏在給其弟的信中表達了自己官場的失落與内心的抑鬱不平：「以吾自揣才力，視今之州縣之有名者，未肯遽讓，即視今督撫同道，吾亦無甚愧焉。

〔一〕吴闓生：《先君府行狀》，見《北江先生文集》卷二，民國十三年北京文學社刻本。
〔二〕郭立志：《桐城吴先生年譜》卷一。
〔三〕郭立志：《桐城吴先生年譜》卷一。

而久於州縣，則意頗不平，不平而不欲露，又不欲求人，則徒自抑鬱，終無能伸之日，何由升而愈上乎？」〔一〕這是吳氏辭官從教前後的由衷之言，心有不平，又不欲求人，只有「徒自抑鬱」。在此信中，吳氏還道出了其不能升遷，決定辭官的原因：「吾自少時，心中不甚羨人榮貴，以爲一命之士與王公大人并無高下，善則一命猶榮，惡則九錫猶辱。平生不俯首，正坐此處把持得定耳。今人升官發財之術，吾盡知之，吾若欲得意，非棄吾所學而學焉，萬萬不可。吾老矣，安能改節事人哉！」〔二〕由此觀之，吳氏仕途蹇滯，其原因不僅在人，更在於己。吳氏任地方官期間，雖然也有勤政爲民之志，也不無待機升遷的念頭。他深知官場的醜惡，但又不願與之同流合污，改節事人，俯首干禄，而是清高自守，我行我素，所以仕途困頓也就在所難免。吳汝綸雖然爲官多年，但對宦事并不十分熱衷，從其心性、志趣看，終歸是一個地道的讀書人，儘管身在仕途，但書生本色難改，對官場的游戲規則不甚把握，也不屑於把握。吳氏爲政，「可博美名取上考而實無裨於民且擾之者，一不厝意；逆民之情，實則利之，則毅然而行，雖觸上官之怒，不顧也」〔三〕。這樣的行政之道，難免與宦場之規

〔一〕吳汝綸：《與詒甫》，郭立志《桐城吳先生年譜》卷一。
〔二〕吳汝綸：《與詒甫》，郭立志《桐城吳先生年譜》卷一。
〔三〕賀濤：《吳先生行狀》，《桐城吳先生全書·行狀》。

則格格不入，與上司之衝突不斷。其結果只能是循聲於民，升遷無望。

官場的蹇滯不適，强化了吴氏對官場的厭棄心理，而根植於内心的文士情結隨之加强。他甚至視官場生活爲窘苦之事，殊不能堪而退意每生，其嘗對家人坦言：「吾性愛讀書，於官不相宜。」〔一〕深州任内，他即認爲「折腰塵土，行止不得自由」，於是「生拂衣江湖之感」〔二〕。此後，吴氏屢屢頂撞上司，不止一次想「棄官而去」，常爲上司視爲「傲吏」〔三〕。冀州任中，曾有人保薦他遷任知府，他得知後，親到幕府將自己的名字删除：「今栖遲此州，意在吏隱，不復掛懷時政，亦無意於升遷。」〔四〕任蓮池書院教職前，他多次拒絶入京引見，在給其弟詒甫的信中説：「吾決不引見，緣時時萌歸志，無意進取。又吾無上交之才，無左右游揚之人，無冒耻干求之術，雖引見亦無升官之望，徒多此一舉耳。」〔五〕吴氏此時拒絶引見升遷，絶非任才使氣，爲先前仕途的困頓而賭氣，而是基於對晚清官場的深刻認識和自身「劣勢」的清楚瞭解。他總結自己的「三無」，確是官場爭奪的致命缺陷，

〔一〕吴汝綸：《與兩弟》，郭立志：《桐城吴先生年譜》卷一。
〔二〕吴汝綸：《與李采臣廉訪》，郭立志：《桐城吴先生年譜》卷一。
〔三〕《桐城吴先生全書·日記·制行》。
〔四〕吴汝綸：《答程曦之》，《桐城吴先生全書·尺牘》卷一。
〔五〕吴汝綸：《與詒甫》，郭立志：《桐城吴先生年譜》卷一。

而對於吴汝綸這樣「性剛不能與俗諧」〔一〕的讀書人來講，要讓他「改節事人」，冒耻干禄，的確難以做到。如此看來，吴氏棄官離職，亦爲勢之必然。

光緒十四年夏，直隸總督兼北洋大臣李鴻章爲了安置其女婿張佩綸，舉薦張佩綸替代張裕釗主掌蓮池書院。但書院對張佩綸并不接受，「蓮池諸生聞而大嘩」，於是張佩綸遂「不敢就」〔二〕。李鴻章雖然位高權重，身爲直隸總督，對書院山長具有選置權，但書院畢竟不同於官衙，乃人文薈萃之地，所以李氏也不便强行决定。而此時張裕釗亦不便繼續留任，於是蓮池書院山長的人選一度成爲懸而不决的問題，李鴻章也陷入了頗爲尷尬和爲難的境地。而這種僵局却爲吴汝綸的棄官從教提供了難得的機遇。

吴汝綸的介入，打破了這種尷尬與僵局。光緒十四年十月，吴氏借天津送别張裕釗之際，拜謁了李鴻章，「時蓮池講席無人主持，李相極費躊躇，公（吴汝綸）因往年曾有夙約，遂面請辭冀州任，來爲主講，李相大喜，公即日於天津寓具稟稱病乞休，講席遂定」〔三〕。吴氏棄官改業，主講蓮池，於

〔一〕賀濤：《吴先生行狀》，《桐城吴先生全書·行狀》。
〔二〕郭立志：《桐城吴先生年譜》卷一。
〔三〕郭立志：《桐城吴先生年譜》卷一。

當時反響强烈，以致「上下驚歎以爲奇事，傾倒一城」〔一〕。但對吴氏本人來説，這絶非其一時心血來潮的率性而爲，而是斟酌再三的理性選擇。仕途的蹇滯，使得吴汝綸對官場的厭棄日甚一日，而古代文人「立德」、「立言」的人生理想使得頗具文業根基的他越發産生一種强烈的文事情結。而改業從教，主講蓮池，則是實現其人生理想的最好選擇。

蓮池書院在張裕釗時期，成爲古文興起、發展的重要場所，也是傳播曾國藩一派學術的重要陣地。張裕釗、吴汝綸同爲曾氏門生，以嫡傳自居，曾氏生前亦對二人寄望最殷，嘗言「吾門人可期有成者，惟張、吴兩生」〔二〕。所以，張、吴二人在傳承與發揚曾門一派學術方面，其心志是相同的。當書院山長將要易人之際，張、吴二人自然會考慮到教職易人對曾氏文派、學派都會造成不利的影響，曾氏古文在京畿地區的發展與傳播也會因此而停滯或中斷。所以，當張裕釗得知自己即要被調離蓮池書院後，隨即函告吴汝綸，并且説：「此間官寮人士同聲悵恨，物議頗爲紛然，書院諸生尤怊然若失，其雋異之士愈益眷言哀朽，彷徨莫釋，異日并擬散去。弟感此深情，良用悵惘。」〔三〕而

〔一〕 吴汝綸：《與詒甫》，見郭立志《桐城吴先生年譜》卷一。
〔二〕 《清史稿·張裕釗傳》，第一三四四二頁。
〔三〕 郭立志：《桐城吴先生年譜》卷一。

此時身在冀州的吴汝綸，文望素孚，是接替張裕釗執掌書院、傳揚曾氏文派的最佳人選。

吴汝綸棄官從教，接手蓮池書院，還有一個現實原因，即爲生計慮。吴汝綸是位廉吏，做了兩任十年知州的他，除了有數萬卷藏書之外，身無長物。同治十二年，其父去世於深州，吴汝綸返鄉營葬，却資斧無出，他致函李鴻章説：「目下殯殮成服，草草辦畢，專俟新任受代，即當扶喪侍母，南返營葬。惟兩年承乏深州……全家數十口，絶無負郭之田，服官以後，未嘗增置一金之産。此次南旋資斧，現尚一籌莫展，迢迢數千里，無計謀歸，曾經入官受禄，告貸又復無路，若全家留置北方，父喪不能歸葬，此則斷斷不忍！賦命窮薄，遭此閔凶，反復思維，智盡能索。」〔一〕靠資助和求借才能返鄉營葬，還不得不爲生計而奔走，這是何等的困窘不堪。他爲此慨歎：「三年薄宦，不名一錢，老母就衰，無以爲養，不能不奔走衣食，亦勢之無可如何！」〔二〕冀州八年，是吴汝綸官宦生涯中較爲穩定的時期，即便如此，原來得人周濟的欠債，也未能結清。而此時蓮池書院山長的教職，收入要遠高於其冀州知州的年俸，這對於官場蹇滯困頓的吴汝綸來説不能不説是一個最好的選擇。這可以從吴氏致其弟詒甫的信函中得到證實：「至於家境之難，專以委之吾弟，此實私心所躊躇而不

〔一〕吴汝綸：《上李相》，見郭立志《桐城吴先生年譜》卷一。

〔二〕吴汝綸：《上張中丞樹聲》，見郭立志《桐城吴先生年譜》卷一。

敢遽決者。嚮無蓮池一席，吾決不盂浪乞退。今蓮池歲得一千六百金，節縮用之，需汶上接濟，當亦有限。若令在官則每歲所虧反多，仰接濟者反鉅，是弟之難不難，不以吴進退爲輕重也……吾家有一實任官（指詒甫），輔之以千六百金之館，何至十分竭蹶哉！」〔一〕

光緒十五年二月，吴汝綸到達保定，開始主掌蓮池書院。此時，離開了官場羈絆的吴汝綸，從内心深處洋溢著以往少有的歡愉和舒暢，他在致友人的信中寫到：「此間書院園亭之樂，全省所無，弟以冀州易此，真乃舍鼠穴而歸康莊也，此近日一勝事耳。」〔二〕羈鳥歸林、池魚復淵的快意中也隱寓著一顯身手的心志。吴氏在蓮池書院山長任上歷時十餘年，直到光緒二十六年的庚子之變纔卸此職事。其間，吴氏克勤克敏，積極履職，除了一仍書院重視古文古學的特點外，還對書院的辦學模式、教學内容、管理方式進行了大膽的改革：官課、齋課、古課兼顧；開設東、西學堂，進行外語和西學方面的教育；招收日本留學生，推動了書院的近代化進程，使蓮池書院成爲當時北方的學術文化中心。

庚子亂起，書院遭劫殆盡，吴氏本人亦避難深州，此時他萌生了南返歸鄉之意。光緒二十七年

〔一〕吴汝綸：《與詒甫》，見郭立志《桐城吴先生年譜》卷一。
〔二〕吴汝綸：《與景翰卿》，見郭立志《桐城吴先生年譜》卷二。

九月，李鴻章病逝，吴汝綸應李季皋兄弟之邀決定南歸，整理文忠遺集。光緒二十八年（一九〇二）初，清廷議復京師大學堂，吏部尚書兼管學大臣張百熙保薦吴汝綸任京師大學堂總教習，加五品京卿銜，吴氏堅辭不就。然張百熙再三堅請，甚至上門「拜跪以請」，張氏在奏摺中稱吴氏「學問純粹，時事洞明，淹貫古今，詳悉中外」，「主保定蓮池書院多年，生徒化之，故北方學者，以其門稱盛，允爲海内大師」〔一〕。與此同時，又有直隸紳士魏鍾瀚等北方人士不列弟子籍者一千二百人，致函吴氏，懇切乞留：「畿下人士所以知講學者，實自先生（吴汝綸）知深冀、主蓮池播其種焉」；「（聞先生）留之京師，主講大學，靡不奔走相慶，以爲天哀中國之失學，而欲使先生教人之術大其施也。」〔二〕如此一來，吴氏也只能多方斟酌，虚與委蛇，答應暫不言辭，亦不去大學堂履職視事，而是東渡日本，考察學制。光緒二十八年五月，吴氏一行由塘沽出海，先後到達長崎、神户、大阪、東京等地，考察了大學堂、高等女子師範學堂、醫學堂、女學堂、高等中學堂、小學堂等各式各類學校，除學校外，還訪問了與教育有關的教育行政、教育長官、教育名家以及軍政界人士。訪問期間，寫成《東游叢録》一書，回國後送呈張百熙。此書對壬寅學制，及其後癸卯學制的製定，産生了重要影響。

〔一〕郭立志：《桐城吴先生年譜》，卷二。
〔二〕郭立志：《桐城吴先生年譜》，卷二。

光緒二十八年九月二十一日，吴氏一行返抵上海。吴汝綸回國後，未詣京師，而是携日本教師早川新次回家鄉安慶籌辦學堂。終因奔波積勞，遽疾襲身，醫治無效，於光緒二十九年正月十二日（一九〇三年二月九日）辭世於劉莊老家，年六十四。

二

處於「千年未有之變局」中的吴汝綸，其思想必然深受那一特定時代精神之影響。近代以來，隨著東西方交往、碰撞的日益增多，「西風東侵」已爲不可擋之勢，中華民族、中華文化遭遇了前所未有的重創與挑戰。一時間，「變動」、「變端」、「創事」、「創局」、「變局」、「亘古未有之奇變」、「千古未創之局」、「千年未有之變局」等詞語反復出現於知識者的筆端和朝廷重臣的奏摺中。在西方財富和力量的衝擊之下，大清帝國不少士大夫和知識者的思想觀念已經悄然發生了改變。傳統知識者和士大夫「家國天下」的觀念已逐漸爲近現代「民族國家」的概念所取代；「天不變，道亦不變」的社會歷史觀在「物競天擇」、「適者生存」的進化史觀面前顯得那麼的脆弱與不堪一擊；原來爲士大夫和清廷重臣引以自豪而傲視他國的那種「華夷之辨」、「文明之邦」、「天下之中」的文明優越感已經蕩然無存。窮則思變，富有憂患意識和開放思想的知識者和朝廷重臣自覺地把目光投向了西方。於是，「師夷長技」、「求富求强」、「宣導西學」、「翻譯西書」等主張，一時蔚然而起。

吴氏早年曾入曾、李幕府，深受曾公、李相賞識器重，其思想自然受二人影響。早期的吴汝綸，思想觀念傾向於「洋務」一派，對於西學的態度大致亦是「中體西用」，依然局限於「器數名物」的範圍之内。作於光緒五年的《送曾襲侯入覲序》論及「西學」道：「其爲學無所謂道也，器數名物而已。其爲治無所謂德厚也，富强而已。……其於中國聖人所謂父子君臣夫婦之禮、道德之説、詩書之文，渺然不知其何謂，若爰居之於九奏也。」在吴氏看來，西方的「器數名物、富强之術可以借鑒，但中國的德厚之治、君臣之禮却是不容懷疑，不容動摇的」〔一〕，「爰居」、「九奏」之比，説明吴氏「夷夏之辨」觀念依然存在。

甲午一戰的失敗，宣告了洋務派「中體西用」思想的破産。隨著時局的發展以及對西書的「廣覽」，吴氏的思想及其對西學的態度也發生了很大的變化。首先，在吴汝綸看來，「體用」的區分已經失去了意義，「夷夏之辨」的文明模式也已經成爲過去，應當受到懷疑與否定。針對那種「禮失而求諸野」、「嚴夷夏之大防」的傳統觀念，吴汝綸進行了毫不留情的批駁，認爲「天算、格致等學，本非邪道，何謂不悖正道！西學乃西人所獨擅，中國自古聖人所未言，非中國舊法流傳彼土，何謂禮失

〔一〕關愛和：《古典主義的終結——桐城派與五四新文學》，上海文藝出版社，一九九八年版，第三九六—三九八頁。

求野！……今之歐美二洲，與中國自古不通，初無君臣之分，又無僭竊之失，此但如春秋列國相交，安有所謂夷夏大妨者！」〔一〕此時的吴汝綸不但没有了「夷夏之辨」的文化偏見，而且也一改先前「中體西用」、「西學爲器不爲道」的認識，對西學給予了充分的肯定。光緒二十三年，他給嚴復所譯《天演論》作序時，稱道「天演之學，在中國爲初鑿鴻濛」〔二〕，充分肯定了赫胥黎的理論學説將對國人産生的巨大啓蒙作用。在給嚴復的回信中，吴氏表達了自己對進化論（天演論）的肯定與推崇：「所示外國格致家謂，順乎天演，郅治終成。赫胥黎又謂，不講治功，則人道不立。此其資益於自强之治者，誠深誠邃」〔三〕，并以「雖劉先生之得荆州不足爲喻」〔四〕，來表達自己得閲此書的喜悦心情。此時，在吴汝綸眼中，西學早已不是「器數名物」，而已經成爲「斯以信美」、「至深邃微窈」之「道」了。所以，他對以「中學爲體」的辦學模式不以爲然，認爲以此宣導西學，求富治强，無異於南轅北轍。他在給友人的一封信中談到：「近日保定議設學堂，聞其大略，不擬請洋師，以中學爲主，中學又

〔一〕吴汝綸：《答牛藹如》，見《桐城吴先生全書·尺牘》卷一。
〔二〕吴汝綸：《答嚴幾道》，見郭立志《桐城吴先生年譜》卷二。
〔三〕吴汝綸：《答嚴幼陵》，《桐城吴先生全書·尺牘》卷一。
〔四〕吴汝綸：《答嚴幾道》，見郭立志《桐城吴先生年譜》卷二。

以理學爲主，亦恐難收實效。」〔一〕足見此時的吴汝綸對西學的肯定與提倡。

其次，吴汝綸對西學對個人、社會、國家、民族的重要性給予了充分肯定，認識到教育及學校課程的改革，西學的引入、宣導與付諸實施，關涉國家民族的前途命運。吴氏思想不僅傾向洋務一派，而且其爲學以經世致用爲己任，嘗言：「學有三要：學爲立身，學爲世用，學爲文詞。三者不能兼養，則非通才。」〔二〕而當時的中國正經歷著「千年未有之變局」，當時之民衆正處於水深火熱之中，吴氏以爲要救民於水火，「必振民之窮而使之富焉，必開民之愚而使之智焉」，而「今之内治者，無所謂富民之道也，能不害其生斯賢矣。無所謂智民之道也，能成就之使取科弟於有司斯才矣。民固窮也，吏雖不之害，其窮猶若也。民固愚也，雖成就之使掇科弟，其愚猶若也。又況不能成就之反害之者天下比比也。循是不變，窮益窮，愚益愚。今外國之强大者，專以富智爲事。吾日率吾窮且愚之民以與富智者角，其勢之不敵，不煩言而决矣」〔三〕，對此吴汝綸開出的藥方是「而所以富智

〔一〕吴汝綸：《答孫幕韓》，《桐城吴先生全書・尺牘》卷一。
〔二〕吴汝綸：《答王子翔》，《桐城吴先生全書・尺牘》卷一。
〔三〕吴汝綸：《送季方伯序》，《桐城吴先生文集》卷二。

民者，其道必資乎外國之新學」[一]。這裏，吴氏反復言及「富」與「智」，并且把富國智民的方法鎖定在外國之新學，顯然不同於傳統文人「重義輕利」、羞言財富的思想觀念，這一方面是吴氏「經世致用」思想的體現，同時也是其對西學認識不斷深入的結果。所以，當嚴復請他爲其譯著《天演論》作序時，吴氏欣然應允，并且高度評價了赫胥黎「天演之學」及嚴譯之功：「執事之譯此書，蓋傷吾土之不競，懼炎黄數千年之種族，將遂無以自存而惕惕焉，欲進以人治也。本執事忠憤所發，特借赫胥黎之書，用爲『主文譎諫』之資而已。」[二]吴氏説嚴復借赫氏之書，主文而譎諫，他自己又何嘗不是借爲《天演論》作序，來闡發自己的進化史觀，同時又表達了自己對國家民族命運的擔憂：「嚴子之譯是書，不惟自傳其文而已。蓋謂赫胥氏以人持天，以人治之日新衛其種族之説，其義富，其辭危，使讀焉者怵焉知變，於國論殆有助乎！」[三]他認爲，赫氏之天演進化之説「以天擇、物競二義，宗萬匯之本源……因物變遞嬗，深研乎質力聚散之幾，推極乎古今萬國盛衰興壞之由，而大歸以任天爲治。赫胥氏起而盡變故説，以爲天下不可獨任，要貴以人持天」，只有發揮人的「天賦之能，使人

[一] 吴汝綸：《送季方伯序》，《桐城吴先生文集》卷二。
[二] 吴汝綸：《答嚴幼陵》，見郭立志《桐城吴先生年譜》卷二。
[三] 吴汝綸：《天演論序》，《桐城吴先生文集》卷三。

治日即乎新，而後其國永存，而種族賴以不墜，是之謂與天爭勝」，如此，則可以「天行人治，同歸天演」〔一〕。他盛贊赫胥氏之學說「博涉」、「信美」，爲「吾國之所創聞」，「其書乃駸駸與晚周諸子相上下」〔二〕。

在吳汝綸看來，國勢振興，全在得人，而目前人才之匱乏，則由於西學未興。吳氏曾經與薛福成言及「轉移風氣，以造就人才爲第一」，又言：「竊謂各關道當聘請精通西學能作華語之洋人一名，更請中國文學最高者一人，使此兩人同翻洋書，則通微合莫之學，輔以雄俊曲雅之詞，庶冀學士大夫，爭先快睹，近可轉移一時之風氣，遠可垂之後代，成一家言。」〔三〕可見吳氏對西學之重視，以之爲「轉移風氣」、造就人才之憑藉，可以成一家之言而傳之後世。對於中學之缺陷，吳氏也有清楚的認識，「中國之學，有益於世者絶少」，「在今日，强鄰棋置，各國以新學政治，吾國士人，但可守其舊學，獨善其身則可，於國尚恐無分毫補益也」〔四〕；吳汝綸認爲要拯救國家之「亡」，士大夫講西學爲

〔一〕吳汝綸：《天演論序》，《桐城吳先生文集》卷三。
〔二〕同上。
〔三〕吳汝綸：《答薛叔耘》，《桐城吳先生全書·尺牘》卷一。
〔四〕吳汝綸：《答顔鶴泉》，《桐城吳先生全書·尺牘》卷一。

第一要義。他説：「將來後生，非西學不能自立於世。」〔一〕「中華炎黄舊種，不可不保，保種之難，過於報（保）國。蓋非廣立學堂，遍開學會，使西學大行，不能保此黄種。」〔二〕無論個人、朝廷、國家、種族，都到了危急存亡之關頭，而惟有西學暢行，纔可以存國保種。國家形勢之遽變，使得吴汝綸認識到中西之優劣係於「學戰」：「今後世界與前古絶不相同，吾國舊學實不敷用。今外國所以强，實由學術微奥，成效昭著。各國駸駸面内，各用其學戰勝，吾學弱不能支。」〔三〕基於此，吴氏一生用力最勤者乃在於興學堂，辦教育，倡西學，造人才。

再者，廢科舉，興學堂。面對危機四伏，日蹙百里之國勢，吴汝綸一直在思考著救國之策：「至於振興國勢，則全在得人，不在議法。」〔四〕「時局益壞，恐遂爲波蘭、印度之續，士大夫相見，空作楚囚對泣狀。南海康、梁之徒，日號泣於市，均之無益也。唯亟派畝捐立縣鄉學堂，庶冀十年五年，人才漸起乎！無人才，則無中國矣。」〔五〕顯然，吴氏以爲唯有造就人才，纔是改變國運日蹙的唯一

〔一〕吴汝綸：《與蕭敬甫》，《桐城吴先生全書・尺牘》卷二。
〔二〕吴汝綸：《答李季皋》，《桐城吴先生全書・尺牘》卷三。
〔三〕吴汝綸：《學堂招考前後説帖》，《桐城吴先生全書・尺牘》卷四。
〔四〕吴汝綸：《答廉惠卿》，《桐城吴先生全書・尺牘》卷二。
〔五〕吴汝綸：《與閻鶴泉》，《桐城吴先生全書・尺牘》卷一。

途徑。而目前中國舊學主導下的教育却是「愚民教育」，他曾憤慨地指出：「他國人人有學，唯恐民愚，務瀹民智。中國不唯民愚也，乃至滿一國盡愚士、愚卿大夫！」〔一〕在吴汝綸看來，以科舉制爲中心的教育制度和人才選拔體制，是造就愚民、愚卿大夫的罪魁禍首，要想使民智國振，必須廢除科舉，興辦學堂，「資取外國新學」。戊戌變法時期，吴汝綸明確提出了「廢去科舉」的主張，光緒二十四年（一八九八）五月十五日，吴氏在給李季高的信中寫到：「端午詔書，竟廢去時文不用，可謂大快。某竊有過慮，以爲舍時文而用策論，策論之不足得人，仍恐不如時文，以其茫無畔岸，人競抄襲，而考官皆時文出身，不能辨策論高下。宋世本號策論爲時文，策論敝極，乃改用經義。今復策論不過一二年，其敝已不可究詰矣。……竊謂廢去時文，直應廢去科舉，不復以文字取士。舉世大興西學，專用西人爲師，即由學校考取高才，舉而用之。」〔二〕「直應廢去科舉，不復以文字取士」，批判的鋒芒直指延續了一千多年的教育制度和人才選拔體制。這一口號是否爲吴汝綸第一聲喊出，現在已無法確考，但在康、梁維新一派「科舉不能驟變」，李鴻章、張之洞等洋務一派「科舉與學校并存」的情形下，吴氏的這一主張無疑爲驚世之舉，足見吴氏思想之超拔，理念之先進。吴氏的這一

〔一〕吴汝綸：《答方倫叔》，《桐城吴先生全書·尺牘》卷一。
〔二〕郭立志：《桐城吴先生年譜》卷二。

主張是非常堅決的，在維新派和當時朝廷當權重臣都持「并存」論的時候，吴汝綸并没有改變自己「徑廢科舉」的觀點。他多次談廢科舉、興西學的主張：「吾謂非廢科舉、重學校，人才不興。」〔一〕「學堂不興，人才不出，即國家有殄瘁之憂。」「愚謂徑廢科舉，專由學堂選士。」〔二〕「不改科舉，則書院勢難變通；不籌天算、格致、出仕之途，雖改課亦少應者。」〔三〕爲何不廢科舉書院勢難變通、西學難行，吴氏認爲科舉易，而學校難：「今入場數日，操寸筆之管，書數番之卷，便可釣取舉人、進士，又爲時論所榮，彼何爲埋頭束身，腐心耗神，費十數年、數十年之日力，以博學堂無足輕重之寸進哉！」〔四〕對於張之洞等人「科舉與學校并行不悖」的主張，吴氏進行了尖鋭批駁：「科舉之法，經去年之亂，鄉間秀孝，皆知時文之當廢，此時專設學堂教士，乃所謂因勢利導，改革至易……張公知唐人專考詞章爲下策，乃獨取下策爲法，此何爲也！事有當曠然大變與天下更始者，學堂是也。今與科舉并行，科舉易，學堂難，誰肯舍易從難？此安能并行不悖哉！」〔五〕歷史證明，「并行論」之主

〔一〕吴汝綸：《答方倫叔》，《桐城吴先生全書・尺牘》卷三。

〔二〕吴汝綸：《與蕭敬甫》，《桐城吴先生全書・尺牘》卷三。

〔三〕吴汝綸：《答牛藹如》，《桐城吴先生全書・尺牘》卷一。

〔四〕吴汝綸：《答陸學使》，《桐城吴先生全書・尺牘》卷四。

〔五〕吴汝綸：《桐城吴先生全書・日記・時政》。

張，於當時之中國是行不通的，不到兩年，清廷推行的「學校與科舉并行」的做法即宣告失敗，科舉終於廢除。吴汝綸對於廢除科舉之堅決、對於西學之宣導，在近代中國歷史上鮮有出其右者，故此，吴氏贏得了「學貫中西」的評價，日人早川新次稱之爲「方今東方儒林中最有開化之思想者」。

吴汝綸不但積極宣導西學，而且也以實際行動促進西學在中國的實施與傳播。吴氏主持蓮池書院期間，率先在書院興辦東文（日文）、西文兩個學堂，傳播西學。不僅如此，他還主張縮減經學教育，加强天算、格致、政法、實業教育。吴氏爲中國近代教育之興起做出了卓越的貢獻。

國運之日蹙及其對西學之宣導與「熱衷」，使得吴汝綸的思想中也産生了一些激進的成分。這一點最突出地表現在對西方科技，特别是西醫的完全傾倒與絶對信服上。吴氏篤信西醫，認爲西醫是「理精鑿而法簡捷」，西藥「多化學家所定，百用百效」，而中醫「早已一錢不值」，「本草論藥」是「不知而强言」。故此，他認爲「中醫之不如西醫，若賁育之與童子」，「河間丹溪、東垣景岳諸書，盡可付之一炬」〔一〕。不僅如此，吴氏還把中醫之無用與經學聯繫起來：「敝國醫學之壞，仍是壞於儒家。」「古文家言五藏，合於今日西醫，今文家言五藏，則創爲左肝右肺等邪説。及漢末鄭康成，本是

〔一〕 吴汝綸：《答廉惠卿》，《桐城吴先生全書·尺牘》卷一；《答王合之》，《桐城吴先生全書·尺牘》卷一。

古文家學，獨其論五藏乃反取今文，一言不慎，貽禍遂至無窮，其咎不小。」〔一〕爲此，吴汝綸完全不信任中醫，竟至最後死時也只相信西醫而拒絶中醫的治療。吴氏對西學的「熱衷」與信奉，以至於曾經大膽放言：「後日西學日盛，六經不必盡讀。」〔二〕「此後必應改習西學，中學浩如烟海之書行當廢去。」〔三〕當然，吴氏這種激進思想的産生有其自身的因素，然而更多的却是時代變革、文化思想轉變時期特定的時代文化精神狀況造成的，我們不能苛求於前人。

關於吴汝綸與維新派的關係，學界有著不同的觀點〔四〕。在吴氏的著作及其尺牘、日記中，我們可以看到吴汝綸在某些具體問題上，其主張與維新派是一致的。廢除科舉制，興辦學堂，宣導西學，啓瀹民智，培養人才等，這是維新派所宣導的，也是吴汝綸所極力主張的。二者在某些問題上

〔一〕吴汝綸：《同仁會歡迎答辭》，《桐城吴先生全書·尺牘》卷四。
〔二〕吴汝綸：《答姚慕庭》，《桐城吴先生全書·尺牘》卷二。
〔三〕吴汝綸：《答嚴幾道》，《桐城吴先生全書·尺牘》卷二。
〔四〕可參見周中名《桐城派研究》，遼寧大學出版社，一九九九年版，第三六三—三六四頁；郭延禮《中國近代文學發展史》，山東教育出版社，二〇〇一年版，第三八九頁；王獻永《桐城文派》，中華書局，一九九二年版，第一一〇頁；黄霖《中國古代文學批評通史》（近代卷），上海古籍出版社，一九九六年版，第一九八頁；關愛和《古典主義的終結——桐城派與「五四」新文學》，上海文藝出版社，一九九八年版，第三九六—三九八頁。

的「不謀而合」，并不能説明吴氏屬於維新一派，或者贊同維新變法。因爲，在吴氏的思想中有著與維新派格格不入的成分，他也曾公開地指斥、批判維新派的一些主張，特别是維新派關於政治體制變革的主張。從吴氏的書信中，可以看到在論及維新派時，他常常表現出對康、梁的譏諷和嘲笑：「欲令一年幼無知之梁啓超翻譯西書，删定中學，此恐人才因之益復敗壞耳。」〔一〕「都下近多新政，初疑吾師與謀，及見所擬章程，則皆年少無閲歷者所爲。」〔二〕在《答廉惠卿》中，吴氏説：「學堂開辦，康公首倡大議，不爲無功，唯其師弟於世事少閲歷，皆以一人室中私見，遂可推行天下，是其失也。」〔三〕於《與李季皋》中，他譏諷康、梁曰：「康有爲等雖有啓沃之功，究仍新進書生之見。總署所議大學堂章程，多難施行。國聞報所録，有薈萃經、子、史，取精華去渣滓，勒爲一書，頒發各學堂等語，皆仿日本而失之，此東子捧心，以效西子者。……中國舊學深邃，康梁師徒所得中學甚淺，豈能勝删定纂修之任，斯亦太不自量矣！」〔四〕「年幼無知」、「年少無閲歷」、「中學淺薄」、「室中私見」、「東

〔一〕吴汝綸：《答柯鳳孫》，《桐城吴先生全書·尺牘》卷二。
〔二〕吴汝綸：《上李傅相》，《桐城吴先生全書·尺牘》卷二。
〔三〕吴汝綸：《答廉惠卿》，《桐城吴先生全書·尺牘》卷二。
〔四〕吴汝綸：《與李季皋》，《桐城吴先生全書·尺牘》卷二。

施效顰」、「自不量力」等語辭，足以表達吳氏對康、梁等維新派之態度，其中對梁啓超的譏諷尤爲突出。究其原因，除了政見、主張不同之外，梁氏宣導「新文體」，直指「桐城古文」，恐怕是吳氏最在意處。

對於維新派主張的政治體制變革及其理論基礎，吳汝綸亦進行了批判。光緒二十四年（一八九八）閏三月二十一日，在給廉惠卿的信中說：「康君自是時賢中俊傑，但所謂學會者，意欲振興孔學，實乃夷宣聖於邪蘇，吾不謂然。其徒所出《時務報》，謂西學不必講西文，謂軍國要務不在船炮槍彈，皆舍急需而求枝葉，全未得其要領，而舉世推重，不知其於事務全未閱歷也。……康公於學頗能乘間攻瑕，獨襲方望溪、劉申受諸公，以古書之僞，歸獄劉歆。康公尤大放厥詞，悉掃兩漢大師，而專主一何休，歷詆諸經，稱之爲僞，而專尊一公羊。彼譏紀文達之攻宋儒，而不知己之横恣，過文達又百倍，惜世無正言以斥其非者。其論學偏駁如此，倘異日得志於時，必以執拗誤事，無疑也。」[一]從信中可以看出，吳氏認爲軍國要務在於「船炮槍彈」，而不在於政治變法，所以，他認爲維新派的主張是「舍急需而求枝葉」，這仍然是洋務派的觀念與主張。對於維新變法的理論基礎《新學僞經考》，吳氏也進行了毫不留情的批判，認爲是康氏「大放厥詞」、「偏駁」、「執拗」，必然貽誤

[一] 郭立志《桐城吳先生年譜》卷二，第一九頁。

後世。

吴汝綸主張廢科舉、興學堂、倡西學，這一點與維新派是一致的，但吴氏的這些主張是從改革教育的角度、改變人才培養模式、人才選拔體制的角度提出的，他希望通過學堂教育，培養造就新型人才，以此來振興國家。而維新派的這些主張則是從政治體制改革的角度提出的，他們主張廢科舉，倡西學，意在政治變革，二者的出發點和目的顯然不同。對於維新變法，吴汝綸基本上持旁觀、冷漠，甚至反對的態度，光緒二十四年（一八九八）七月四日「百日維新」期間，他於致友人的信中寫道：「至於振興國勢，則全在得人，不在議法。王莽最好改法，何救亡於亡哉！」〔一〕

吴氏思想中具有一些「維新」的成分，并不表明吴汝綸就是維新派。身臨千年未有之變局，面對日蹙百里之國勢，具有憂患意識和開放頭腦的政治家和知識者，都會自覺地反思自身。於是，大家自然也就把目光投向以「堅船利炮」叩開中國國門的西方，投向造就這種「堅船利炮」的西方學術文化與國家政治體制。故此，「師夷長技」，倡西學，學習西方學術文化與政治體制，一時風氣，成蔚然之勢。維新派選擇了學習西方國家政治體制施行變法，以求富强；洋務派則興洋務，辦實業；而吴汝綸則選擇了西學，希望通過教育救國的途徑，振興國勢。也許還有其他一些人選擇其他的

〔一〕吴汝綸：《答廉惠卿》，《桐城吴先生全書・尺牘》卷二。

救國途徑，這些都是維新，這些人的思想都可以稱之爲「維新」思想，而維新派則是專指以變革當時中國政治體制爲目標的一派，吴汝綸不屬於這個陣營。所以，吴氏一生，最大貢獻仍在於「主教化」、「倡西學」，而不在於政治方面。吴汝綸一生以造就人才、轉移風氣爲己任。然而，其所造之士、所延攬之人多具詩文辭賦之才，而乏吴氏那樣的世界眼光和開放視野。所以，吴氏一生影響最卓著的仍在於古文方面。

三

吴汝綸生於桐城，自幼深受桐城古文的濡染與熏陶，嘗言：「桐城之言古文，自方侍郎、劉教諭、姚郎中，世所稱『天下文章在桐城』者也。」「汝綸竊自維念，幸生桐城，自少讀姚氏書。」〔一〕嘗以古文被曾國藩贊爲「卓然不群」之「異才」、「桐城後起之英」（引文見前），并以此得以入幕曾府。跟隨曾氏的幕府生活，對吴汝綸的古文創作及其古文觀念影響頗大。其後任職地方、執掌蓮池書院期間，吴氏從未放棄對古文的努力與追求，古文的創作、宣導、傳播，乃至堅持、固守，伴隨吴氏一生。

作爲晚清桐城派最後一位「古文宗匠」，吴汝綸對晚清古文的發展和貢獻是多方面的。首先，

〔一〕吴汝綸：《孔叙仲文集叙》，《桐城吴先生文集》卷一。

在「文」、「道」關係上，吴氏有自己獨到的理解與主張。就「文」、「道」關係而言，吴氏以前的桐城文派强調的是「文」與「道」的合一，無論是方苞的義法説，姚鼐的義理、考據、辭章合一説，還是曾國藩義理、考據、辭章、經濟四者合一，并功、德、言於一途的古文理論，其共同點在於都强調「文」與「道」的結合統一，要求「文」爲「道」（義理）與「經濟」服務，基本上屬於傳統的「文以載道」的經學文論。至吴汝綸，這種傳統的文道關係悄然發生了改變，由「文以載道」、「文道合一」發展爲「文道并至」、「文道離異」。隨著時局的不斷變化及其古文理論的日漸成熟，吴汝綸對桐城派一貫强調的「義理」開始反感。他曾不無過激地説自己「向未涉獵宋明儒者之藩籬」〔一〕，「生平於宋儒之書，獨少流覽」〔二〕，因此，他對於「義理」與「古文」關係的理解大異於同鄉前輩。在《答姚叔節》中説：「通白（馬其昶）與執事皆講宋儒之學，此吾縣前輩家法，我豈敢不心折氣奪？但必欲以義理之學施之文章，則其事至難，不善爲之，但墮理障。程、朱之文，尚不能盡饜衆心，况餘人乎？方侍郎學行程、朱，文章韓、柳，此兩事也，欲并入文章之一途，志雖高而力不易赴。」〔三〕在另一封信中，批評馬其昶

〔一〕吴汝綸：《答馬月樵》，《桐城吴先生全書・尺牘》卷一。
〔二〕吴汝綸：《答吴實甫》，《桐城吴先生全書・尺牘》卷一。
〔三〕吴汝綸：《答姚叔節》，《桐城吴先生全書・尺牘》卷一。

道：「文章不宜談理，此前哲微言，執事最不信此語，究其談理之作，實亦不能工也。」〔一〕由此看來，在吳汝綸眼中文章和義理并非一途，「文章不宜談理」，否則「不能工也」。其實，吳氏這一觀點，亦是師承有自。

吳氏以前，曾國藩就多次談及古文與義理的分途，他在給友人的一封信中寫道：「僕長稱古文之道，無施不可，但不宜說理耳。」〔二〕曾氏認爲，說理妨礙文章之行氣：「文家之有氣勢，尤書家有黃山谷、趙松雪輩，淩空而行，不必盡合於理法，但求氣之昌耳。故南宋以後文人好言義理者，氣皆不盛。」〔三〕他認爲說理之文與古文應當分途有別：「鄙意欲發明義理，則當法《經學理窟》及各語録、劄記，欲學爲文，則當掃蕩一幅舊習，赤地新立，將前此所業蕩然若喪其所有，乃始別有一番文境。望溪所以不得入古人閫奥者，正爲兩下兼顧，以至無可怡悦。」〔四〕在曾氏看來，發明義理之文與文學創作各有特點，要想闡發義理就應該效法《經學理窟》及語録的寫法，要想進行藝術性的古文

〔一〕吳汝綸：《答馬通白》，《桐城吳先生全書·尺牘》卷二。

〔二〕曾國藩：《復吳南屏》，《曾文正公全集·書劄》卷九。

〔三〕曾國藩：《曾國藩全集·日記》同治五年（一八六六）十月十四日。

〔四〕曾國藩：《與劉霞仙書》，《曾文正公全集·書劄》卷六。

創作，就要排除説理帶來的干擾，追求審美意蘊。其弟子吴汝綸繼承并發展了曾氏這一論斷，明確提出「文章不宜談理」，强調二者（文章和義理）難以并入一途。在《與姚忠實》中，吴氏進一步强調了義理與考據對「文」之審美特徵的有害性：「説道説經，不易成佳文。道貴正，而文者必以奇勝。經則以義疏之流暢，訓詁之繁瑣，考證之該博皆於文體有妨。故善爲文者，尤慎於此。退之自言『執聖之權』，其言道止《原性》、《原道》等一二篇而已。歐陽辨《易》論《詩》諸篇，不爲絶盛之作，其他可知。」〔一〕吴氏認爲，道貴正而文貴奇，二者的取向追求不同，如果硬要捆在一起，必然損害文章的藝術性；而考據之義疏、訓詁、考證則具有繁瑣該博的特點，這樣就妨害了文章藝術的審美意蘊。即使像韓愈、歐陽修那樣的大家也不能二者兼之，創作出絶盛之佳文，他人就可想而知了。所以，在文道關係上，吴氏明確地指出「文」、「道」（義理）分途，「文章不宜談理」。吴氏「文道分途」的論述，是對桐城古文理論的一大發展。與傳統的「文以載道」，方苞的「義法説」，姚鼐的「義理、考據、辭章合一説」相比，吴氏「文道分途」更强調了古文的藝術性。「文以載道」强調的是「道」，「文」只是載道的工具，「道重於文」，其最後歸宿在「道」不在「文」。而吴汝綸則更强調「文」的重要，他以爲「自古求道者必有賴於文」，只有有文采的文字，纔可以流傳後世。在他看來，不是「文以載道」，

〔一〕吴汝綸：《與姚忠實》，《桐城吴先生全書·尺牘》卷一。

而是「道以文傳」，他嘗言「與其傷潔，毋寧失真」(一)。當然吴氏的意思并非説文章可以「失真」，而是强調文章的藝術性，强調文字的雅潔。吴氏對文章藝術性之强調，促進了桐城古文在藝術審美方面的發展，使之避免了淪爲淡乎寡味的説理工具。對桐城古文乃至近代散文文學性的發展，起到了至關重要的作用。

拓展古文的内容，以西學入古文，也是吴汝綸對晚清桐城古文發展的一大貢獻。方苞古文講求「義法」，强調對「義理」的闡釋，所謂「學行程、朱」。姚鼐正值乾嘉漢學興盛之時，於義理、辭章中加入考據一項。曾文正調和漢宋，於考據方面注重研究歷代治亂興衰之源、制度因革之變，爲學歸旨於經世，於是在義理、考據、辭章之外添加了「經濟」之學。姚鼐的考據重在經學，雖然不無經世意圖，但更多關注的是道德人心，而曾氏之「考據」除了經學家所關心的道德人心之外，更爲注重的是實踐層面的各種經世之術的考證。其考據文章一改先前桐城文人只講道德教化而流於空疏的做法，舉凡行政沿革、禮樂制度、科舉、軍事、學術乃至譜牒，皆在其考據的範圍之内。爲此，曾氏編纂《經史百家雜鈔》，將姚鼐《古文辭類纂》所確定的桐城文體合并删削爲九類，另加敘記、典章兩類，别爲著述、告語、記載三門。這樣曾氏就爲公牘、奏章、游記進入古文開啓了大門，這也正是曾

(一) 吴汝綸：《答嚴幾道》，《桐城吴先生全書·尺牘》卷二。

氏經世思想的體現，因爲公牘、奏章、游記更加適合西學和洋務思想的宣傳。吴汝綸曾入幕曾府，其思想深受曾公影響，爲學强調經世致用，嘗言「學爲世用，學爲文詞」。而當時最爲世用者，在吴汝綸看來就是西方技術、西方學術、西方的人才培養方式（學校教育）。所以，吴氏引西學入古文，以古文文詞介紹、宣傳、宣導西學就是勢之必然。吴氏的這一觀念，集中地體現在他的《天演論序》中。早在嚴復翻譯此書時，吴汝綸就致信嚴復，與之探討「順天演」、「講治功」之説，閲完譯稿後，吴氏「傾倒至矣」〔一〕，大加贊歎，比之爲劉先主之得荆州，録副本，秘之枕中。在序文中，吴氏盛贊赫胥黎的學説「博涉」、「奥頤」、「信美」、「吾國之所創聞」，指出這一學説具有使國民「怵然焉知變」的巨大作用。吴氏在序文中還特别指出嚴譯的歸旨是「與天爭勝」的「人治」精神：「天行人治，同歸天演。」顯然吴氏是憑藉對嚴譯《天演論》的推崇紹介，來闡發自己進化史觀的思想。不僅以這種專篇的文章來介紹、宣導西學，就是一些壽序、贈序、墓表、墓銘也成爲吴氏推介、宣導西學的媒介與憑藉，如《弓斐安墓表》對西方建築學和農田機械耕作技術的介紹與宣導。吴汝綸把西學以及一些新的思想、新的事物引入古文創作，拓展了古文創作的題材，使得古文在程朱理學逐漸失去市場的時候，被賦予了新的内容，從而使桐城古文在晚清舊學日敝、西學漸興的情形下，得以繼續發展。

〔一〕吴汝綸：《桐城吴先生日記》（二），卷九「西學下」。

作爲晚清最後一位古文宗師，吴汝綸最爲突出的是對於古文的執著與堅守。儘管吴氏大力提倡西學，但并不一概否定「中學」，主張「新舊二學，當并存具列」〔一〕，當西學大潮席捲而來時，吴氏表現了强烈的對舊學的擔憂：「見今患不講西學，西學既行，又患吾國文學廢絶……西學暢行，誰復留心經史舊業，立見吾周孔遺教，與希臘、巴比倫文學等量同歸澌滅，尤可痛也。」〔二〕這不僅是對自己賴以立身處世的舊文化、舊文學之依戀不舍，更是以吴汝綸爲代表的桐城古文家對古文的真實認識。在他們眼中，古文是中國傳統文化中最精粹的部分，吴氏曾經説過「中國之學，有益於世者絶少。就其精要者，仍以究心文詞爲最切。」〔三〕在《復齋藤木》中寫道：「今歐美諸國，皆自詡文明，明則有之，文則未敢輕許。僕嘗以周、孔之教，獨以文勝。周、孔去我遠矣，吾能學其道，則固即其所留之文而得之。故文深者道勝，文淺則道亦淺。後世失治，由君相不文，不能知往昔聖哲精神所寄，固非吾聖哲之道之不足以治國也。特今世富强之具，不可不取之歐美耳。得歐美富强之具，而

〔一〕吴汝綸：《答嚴幾道》，《桐城吴先生全書·尺牘》卷二。
〔二〕吴汝綸：《答方倫叔》，《桐城吴先生全書·尺牘》卷二。
〔三〕吴汝綸：《答閻鶴泉》，《桐城吴先生全書·尺牘》卷一。

以吾聖哲之精神驅使之，此爲最上之治法。」〔一〕既然「周、孔之教，獨以文勝」，既然古文中保存著周公、孔子以來歷代聖賢治國平天下的大道，那麼古文就不能不保，不能不守，不能不使之發揚傳遞。因爲此，吴氏特别强調《古文辭類纂》的價值與作用，主張「六經不必盡讀，此書決不能廢」〔二〕。因爲，在吴氏看來，「後日西學盛行」，改習西學之後，人們不可能再把全部的時間和精力投入到中學的學習中，所以，「六經不必盡讀」〔三〕。但是，「姚選古文」集古文之精華，「萬不能廢」，「當與六藝并傳不朽也」〔四〕，當「中國浩如烟海之書行當廢去，獨留此書，可令周、孔遺文綿延不絶」〔五〕，故此「即西學堂中，亦不能棄去不習，不習，則中學絶矣」〔六〕。

吴汝綸之所以如此推崇嚴譯《天演論》，除了學術思想的因素外，嚴復以晚清古文翻譯這部著作也是其重要原因。吴氏的序文有一半以上的篇幅是在贊美嚴復譯文的雅馴，他之所以特别看重

〔一〕吴汝綸：《復齋藤木》，《桐城吴先生全書·尺牘》卷四。
〔二〕吴汝綸：《答姚慕庭》，《桐城吴先生全書·尺牘》卷二。
〔三〕同上。
〔四〕吴汝綸：《答嚴幾道》，《桐城吴先生全書·尺牘》卷二。
〔五〕同上。
〔六〕同上。

此書，就在於嚴復譯作「雄於文」，「自吾國之譯西書，未有能及嚴子者」〔一〕。吴氏曾經致信嚴復説：「行文欲求爾雅，有不可闌入之字，改竄則失真，因仍則傷潔，此誠難事。鄙意：與其傷潔，毋寧失真。凡瑣屑不足道之事，不記何傷？若名之爲文，而俚俗鄙淺，薦紳所不道，此則昔之知言者無不懸爲戒律。」〔二〕吴氏恪守桐城古文，以雅潔爲規範，直接影響了嚴復的翻譯，嚴復在譯文中十分講求古雅，提出了「信、雅、達」（《天演論・譯例言》）的翻譯準則，力求以桐城古文的風格來翻譯西書。從某種意義上講，嚴譯《天演論》是嚴復在領悟西學著作的基礎上，自己所做的桐城古文。經過嚴復的翻譯，使得本來難以比肩於太史氏、揚氏，亦難以入唐、宋著作之儕的西方學説，一舉變爲「駸駸乎與晚周諸子相上下」〔三〕了。

隨著西方文化潮水般地湧入，越來越多的有識之士認識到古文已經失去了其生存的土壤與文化基礎，日漸成爲輸入和傳播新學説、新思想的障礙，於是廢古文，倡白話，日漸成爲一種時代呼聲。一八九七年，裘廷梁發表《論白話爲維新之本》，主張「崇白話而廢文言」； 此前，黄遵憲已經

〔一〕吴汝綸：《天演論序》，《桐城吴先生全書・文集》卷三。
〔二〕吴汝綸：《答嚴幾道》，《桐城吴先生全書・尺牘》卷二。
〔三〕吴汝綸：《天演論序》，《桐城吴先生全書・文集》卷三。

提出變更文體，言文合一之主張； 特別是以梁啓超爲代表的「新文體」，批判的矛頭直指桐城古文。古文至此，已經陷入了困境，要想生存，要想發展，必須另闢蹊徑，另開天地，而嚴譯著作爲桐城古文開闢了一條新的途徑，吴氏希望桐城古文可以憑藉嚴譯的西學而再度興盛。吴氏的這一主張和宣導，對其後的「林譯小説」影響甚大。此外，吴氏推崇嚴譯著作，還有一個更深層次的原因，即面對如潮而來的西學思想，吴氏試圖以桐城「古文」去表現西學「名理」，「合爲大海東西奇絶之文」〔一〕，以期達到東西文化交融的至高境界。

關於文章風格的評價與崇尚，也是吴汝綸古文理論的一個重要方面。從其文集及其尺牘、日記中，可以看出吴氏論文有「貴奇」之主張。在《與姚忠實》中吴氏對桐城諸老和湘鄉一派的文章風格有過對比式的評價：「桐城諸老，氣清體潔，海内所宗，獨雄奇瑰瑋之境尚少。蓋韓公得馬、揚之長，字字造出奇崛，歐陽公變爲平易，而奇崛乃在平易之中。後儒但能平易，不能奇崛，則才氣薄弱，不能復振，此一失也。曾文正公出而矯之，以漢賦之氣運之，而文體一變，故卓然爲一大家。近時張廉卿又獨得於《史記》之譎怪，蓋文氣雄俊不及曾，而意思之詼詭，辭句之廉勁，亦能自成一

〔一〕《桐城吴先生日記》(二)卷九「西學下」。

家。」〔一〕最後吴氏認爲「道貴正，而文者必以奇勝」，可見吴氏論文「主氣貴奇」，崇尚奇崛、雄奇、瑰瑋的文章風格。吴氏這種古文觀念之形成，深受曾國藩之影響。曾氏論文，主張引駢文入古文，駢散兼顧，其目的是利用駢文用字之凝練及音韻聲調之鏗鏘以救桐城古文之氣弱，從而增强文章雄奇之美。吴汝綸繼承其師曾氏之主張，引漢賦句法及駢文、俳語入古文，以使文章更具氣勢。

然而，吴氏論文章之風格，也有與此不同的論述。在《與楊伯衡論方劉二集書》中説：「夫文章之道，絢爛之後，歸於老確。望溪老確矣，海峰猶絢爛也。意望溪初必能爲海峰之閎肆，其後學愈精，才愈老，而氣愈厚，遂成爲望溪之文。海峰亦欲爲望溪之醇厚，然其學不如望溪之粹，其才其氣不如望溪之能斂，故遂成爲海峰之文。」從這段論述中的確可以看出吴氏崇尚醇厚老確的文風傾向，但我們認爲，吴氏這篇文章其主旨是談論才學對文章風格的影響，其對象主要是望溪與海峰。吴氏認爲望溪學粹氣厚，所以可以爲醇厚老確之文；而海峰學不如望溪精純，故而爲文不能做到醇厚老確，只能做到絢爛閎肆。顯然，此處吴氏論文之風格的確是「尚醇厚老確而黜絢爛閎肆」，究其原因，不是如論者所云「湘鄉派的許多人物在洋務思潮中位居高官，寫文章自有『閎肆』之氣，到

〔一〕吴汝綸：《與姚忠實》，《桐城吴先生全書・尺牘》卷一。

維新變法高漲時……他們不可能再頤指氣使，只能氣靜才斂，絢爛之後，歸於老確」〔一〕，而是一個學者型文人對學識之重視與對醇厚老確文風的偏愛。

「氣清體潔」一直是桐城古文的不懈追求。方望溪批評其他文體對古文的侵入曰：「南宋、元、明以來，古文義法不講久矣。吳、越間遺老尤放恣，或雜小説，或沿翰林舊體，無一雅潔者。古文中不可入語録中語，魏、晉、六朝人藻麗俳語，漢賦中板重字法，詩歌中雋語，南、北史佻巧語。」〔二〕吴氏亦十分强調古文文體的雅潔。他曾經致信嚴復，主張「與其傷潔，毋寧失真」，可見其對古文雅潔的注重。然而，與其桐城前輩不同，吴汝綸對古文文體雅潔的追求另有其現實針對。以梁啓超爲代表的「新文體」，批判的矛頭直指桐城古文，梁氏坦言：「啓超素不喜桐城派古文……務爲平易暢達，時雜以俚語韻語及外國語法，縱筆所至不檢束，學者競效之，號新文體。……筆鋒常帶情感，對於讀者，別有一種魔力焉。」〔三〕爲此，古文一派針鋒相對，嚴復曾致信梁啓超予以反駁：「竊以謂文辭者，載理想之羽翼，而以達情感之音聲也。是故理之精者不能載之以粗獷之詞，而情之正

〔一〕曾光光《變法維新思潮中的吴汝綸與桐城派》，《江淮論壇》，二〇〇一年第三期。
〔二〕《方苞年譜》乾隆十四年條引沈廷芳《書方望溪先生傳後》語，《方苞集》，第八九〇頁。
〔三〕梁啓超：《清代學術概論》，上海古籍出版社，一九八三年版，第八五—八六頁。

者不可達以鄙俗之氣。」〔一〕吴氏亦指斥「梁啓超等欲改經史爲白話，是謂化雅爲俗，中文何由通哉」〔二〕！吴氏以古文的辭約指博、清正雅潔來對抗通俗流暢，從而堅守著桐城古文這一傳統文化中最後一塊陣地。

四

本書所據底本爲吴氏家刻《桐城吴先生全書》之《桐城吴先生文集》遞修本。此家刻本刊於光緒甲辰（一九〇四），書名頁題「桐城吴先生文集，門人李嘉璧敬題」，扉頁題：「吴氏家刻，版權所有，翻刻盜印，貽誤來兹，嚴究不貸。」目録末頁末行題：「光緒甲辰正月，門人賀濤、宋朝楨等集貲刊行，男闓生謹編次。」需要説明的是此家刻本刊行後又經數次補刻遞修，筆者所見大略有如下四種：第一種，目録都文二二七首，附軼文三首：《禘祫議》、《讀墨子》、《劉猛將軍考》。目録中無《章冠鏊傳》與《伍烈女傳》，而正文有。文最末篇爲《祭汝上府君文》。第二種，目録亦無《章冠鏊傳》與《伍烈女傳》，正文《祭汝上府君文》後多出《録歐陽公詩本義跋》、《題王晉卿注墨子》、《都司白

〔一〕嚴復：《與梁啓超書》，王栻主編《嚴復集》第三册，中華書局一九八六年版，第五一六頁。

〔二〕吴汝綸：《與薛南溟》，《桐城吴先生全書·尺牘》卷三。

君墓誌銘》，三篇字跡與前文明顯不同，《題王晉卿注墨子》題下有注：「男闓生謹案：此下二篇，皆得自傳鈔，恐存僞脱，未敢定云。」第三種，目録與正文均有《章冠鏊傳》與《伍烈女傳》二篇，目録與正文在《祭汶上府君文》後加了《録歐陽公詩本義跋》、《讀墨子》、《都司白君墓誌銘》、《對制科策》四篇，附軼文四首《明堂考》、《三正辨》、《禘祫議》、《劉猛將軍考》；第四種，正文及目録至《李文忠事略》，其後篇章不録，都文二一三首。本書所據之遞修本爲第三種。

凡俗刻字、異體字等一般均改爲正體字，不出校；篇中之引文，與原典有異且涉及文意理解者，出校，其他異文則不出校。

吴汝綸作爲桐城派後期代表人物之一，其文向有評點者，如：民國十二年（一九二三）賀濤、吴闓生評點本；徐世昌纂《明清八家文鈔》（天津徐氏民國二十年刻本，下簡稱《八家文鈔》）所録吴文；民國九年劉咸炘評《吴摯甫文集》等，郭立志《桐城吴先生年譜》卷三「文集箋證」部分亦裒輯頗多評點文字，兹將這些評論資料加以輯録，附於相關文章之後。

輯録吴汝綸相關傳記資料爲「附録一」；并整理雍睦堂印郭立志《桐城吴先生年譜》四卷，爲「附録二」，一併附於文後。

目録

吴汝綸文集卷二

佚文存目……四二七

【附録一】吳汝綸相關生平傳記資料……四二八

【附録二】桐城吳先生年譜……四九八

吴汝綸文集卷一

臺箴

昔在三后，直言是輔。導於卿士，庶人瞍瞽。有懦不矢，招之以鼓。彼辨亂政，其吭則斧。諫爲專職，始東郭牙。厥有言責，子輿是區。降秦及明，獬冠齒齒。孰回而崇，孰匡而圮。唐宋悴荒，式爽厥聰。令以風聞，而辱臺是顜。使巫論藥，祝議匠作。有閉而口，法隨汝後。既挺乃急，哆侈罔極。厥主弗寤，匪訐惟直。曰予不自聖，汝罔或默。直不可以驟求，枉不可以亟收。庬言壅離，用墟厥居。故鄂鄂以興，亦喋喋以崩。仰覽前辟，度言用繩。後世失厥衡，乃替乃陵。恢恢之度，庸主以之逢愬；巖巖之刑，庸主以之拒爭。明逞淫威，帝祚我聖清。遠揆皇古，近徵往明，闢是四聰，靡言不容。忠不可不選，姦不可不遠。兩聽生惑，弦弛則反。臺臣司諫，敢告執簡。

【輯評】

賀濤評：仿子雲得其神似，而命意尤高。

《八家文鈔》：同光間言官兢尚風厲，實無裨於大局，此文蓋爲是發。

讀荀子一

自太史公以孟、荀合傳，其後劉向、揚雄、韓愈、歐陽修之徒，皆并稱「孟荀」。程、朱繼出，孟子之傳始尊。而初漢之時，荀氏獨爲言禮之宗，其傳尤盛。荀氏宗旨，亦歸於聖人，其異孟子者，惟謂人性惡，以善爲僞耳。然世言孟子論性，本有未備，故宋儒輔以氣質之説，實已兼用荀子。要之，聖人皆未言此。吾謂孟子固嘗以聲色、臭味、安佚爲性矣，其言性善，蓋本氣質純美。又病學者外仁義不爲，而溺於聲色、臭味、安佚之中，故曰君子不謂性，是亦榜檠矯直之意。而荀子則氣質不如孟子，由困勉而得，遂專以化性教人。夫亦各言其性之所近而已。且孟、荀之言皆貴學，不恃性。孟子曰：「人皆可以爲堯舜。」荀子亦曰：「塗之人可爲禹。」其以善爲僞，而自釋以可學而能，可事而成，又即孟子孳孳爲善之指。此其所以同也。

昔孔子罕言命、仁，以《詩》、《書》執禮爲教，當時列徒親炙聖人。一傳而後，言禮者已各不同，其與聞性道，則曾氏一人而已。孟子晚出，私淑而得其宗，然於禮樂之意鮮所論列。而荀卿則以爲人不能生而爲聖人，必由勉强積漸而至，勉强積漸，必以禮爲之經緯蹊徑，故其爲學達乎禮樂之原，明乎先王以禮制治天下之意。其言皆程於隱括，非知和無節、明自然流極放恣者比；而謂養欲給求、知通統類，又未嘗以禮爲桎梏也。非得聞於孔子之文章者歟？至其《非十二子》，或據《韓詩外傳》，無子思、孟子，此又非荀氏之舊，且其言不足爲卿病也。

夫學者之傳，源遠則末益分，故孔子之後，儒分爲八。當孫卿之世，吾意子思、孟子之儒，必有索性道之解不得，遂流爲微妙不測之論者，故以僻違閉約非之。又其時騶衍之徒，皆自托儒家，故《史記》以附孟子，卿與共處稷下，所謂聞見博雜，案往舊造説五行者，謂是類也。卿又言法後王，與其平日小五霸、師聖王之意不合。然謂五帝之外無傳人、五帝之中無傳政，則亦病騶衍之徒遠推上古窈冥怪迂而爲是説耳。所謂後王，即三代之聖王也，豈嘗繆於聖人哉？

大抵孟、荀之學皆出孔子，故子雲譏其同門異户。荀子好言仲尼、子弓，子弓特其傳

《易》師。而卿之學要爲深於《禮》，其《非十二子》又并稱仲尼、子游，子游亦深於《禮》。吾意卿者其學於子游之徒歟？孟氏傳自曾子，而《檀弓》記子游論《禮》，曾子每不能逮，此孟、荀之傳所自分也。

讀荀子二

《荀子》之書，凡所爲論議之文，總爲《正論篇》，凡所爲賦，總爲《賦篇》，類其徒所集録者。其與秦昭王、趙孝成王、臨武君、應侯、齊相所言，及其弟子陳囂、李斯所問答，皆稱孫卿子，其爲門弟子所記無疑。蓋孫卿既殁，其徒乃編次其書，故頗有附益散亂，非其書本然也。昔韓退之嘗稱荀子吐辭爲經，又欲削其不合者以附聖人之籍。今就其書考之，《堯問篇》末言孫卿「孔子不過」，世皆知其徒所爲矣。其他與卿言不類者，亦皆其徒之言也。夫卿既言「治生於君子，亂生於小人」矣，顧又言「便嬖左右」爲「窺遠收衆之門户」，既言「巧敏佞説善取寵」爲「態臣」矣，又言事聖君之義以「順志爲上」，安得一人之言詭易如此？凡此類必韓非、李斯之徒所竄益者，其非卿言決也。退之能辨古書正僞，意其欲削者，其此類也歟？其書篇弟亦失其舊，劉向、楊倞兩定之，皆未當。如「序官」一篇，乃采取古制，非其自作，故《樂論》引之曰「其在序官」云云，是「序官」舊必自爲篇題，今以合《王制篇》，誤矣。又《戰國策》載遺春申賦前仍有書，今其賦具存而書乃佚在《韓子》中，此必編次所遺而韓非獨收存之者，是亦集録於弟子之一證也。要之，今《荀子》非完書，漢時中孫卿三百廿二篇，劉向所校讐者卅二篇而已，此又非集録時本然也。

當周秦之間，孫卿最爲老儒，善《詩》、《禮》、《易》、《春秋》。漢初經師皆承卿學，故爭掇其書。二戴記《禮》、韓嬰説《詩》爲尤甚。卿好引《詩》、《書》自證其言，今《戴記》及《韓詩外傳》率如此，吾疑其間仍有《荀子》逸篇。賈誼引《學禮》教諭太子之言，《大戴》亦載之。當時言禮制率本荀子，賈生受《左氏春秋》於張蒼，蒼受之孫卿，然則生之言亦孫卿所傳歟！又向所芟除復重二百九十篇，其中亦必有脱誤難讀，而向自搜獵以爲《説苑》、《新序》之屬者。惜乎其文不見於今，莫得而詳考也。

【校】

〔順志爲上〕《荀子》作「順上爲志」。

【輯評】

曾文正評：《讀荀子》甚有識量也。

代陳伯之答丘遲書

伯之不肖，虧損名字，孤負國恩，越境待罪，忽復四載。南望丘隴，神魂飛越。信至，勤宣令德，敦誘備至，然猶有未達鄙心者，請略陳固陋。

伯之昔仕故齊，遭逢末祚，刀敕用事，梅、茹驕横，每懼見圖群小，卒與禍會。主上偉略應運，仗義荆、雍，遠勤使問，托以心膂。私念逢時遇主，自古爲難，棄昏就明，達人所尚，不敢抱咫尺之義，徇拘攣之見，遂乃委身歸命，倒屣迎師。於斯時也，大藩千里，棄之若遺，愛子在都，不敢有戀。士爲知己者用，雖絶吭斷脰，披肝瀝膽，且將不惜，尚何臺榭之足顧，妻妾之足云乎！義旗東指，進逼秣陵，猥蒙聖恩，授畀軍任，壁籬門，薄西明，提偏軍，對勍敵。委質伊始，奮欲圖功。每遇降人，呼問臺事，卒使危城薦璧，朝士膝袒。伯之不才，不敢貪天爲功，若以自結於明主，亦云幾矣。

大梁革命，還鎮本州。方思招附豪俊，爲國捍城。孰寤娥眉遇嫉，明珠遭嗔，樊沔舊人以新降進讒，臺省文史以功伐見妬，謂懷反側，頗涉猜防，遺尺寸之勞，録丘山之過。別駕鄧繕績效卓著，長流參軍朱龍符驍勇冠時，并皆久贊賓僚，深資忠益，迭被臺勅，勒使罷遣。男兒立功立事，開藩析土，亦願俯庇群下，快意自娱。今乃摇手舉足，輒蒙檢制，與吏民語，何以爲顔！此則有死而已，誰能屈身污行，以事左右勛戚之臣，回面腆䫉，以對刀筆舞文之吏乎！屢披情素，未蒙矜許。會鄭伯倫、程元沖等默探上旨，曲求親媚，倖功邀利，乘險迫人。或起兵見拒，或突入相攻，倉卒驚擾，罔知所措。而征南之軍已達柴桑，議者不察，見謂謀反有端。伯之雖甚不肖，亦頗識可否之勢矣。當夫襄漢始起，郢魯未降，弱息方整援師，本鎮尚多見力，搤咽喉之形，成犄角之勢，韓、白復起不能爲謀。逮乎臺城被攻，精甲尚有七萬，列朱雀之陣，麾白虎之旛，兩敵重輕，視吾左右，不以此時希圖至計，天下已定，乃欲舉一州之衆，抗天子之威，此乃淮陰所爲銜冤於兒女，絳侯所以被屈於獄吏也。嗚呼！希範子謂伯之顧出此哉！

夫人不能早自托於君宷，及乎罪至，即束身聽刑，仰藥明志，亦復何難？顧念主恩莫酬，壯志未就，雉經溝瀆之中，膏血鈇鑕之上，天下後世且曰：「陳伯之反覆小人，背叛嬰誅。」則辱在百世，死不瞑目。且使興朝有殺戮功臣之名，烈士有人人自危之意，甚非所以重朝廷而忠陛下也。夫射鈎斬袪，明主尚不以爲疑，豈以大梁受命，駕馭群雄，不推赤心置人腹中，自翦羽翼，顧謂得計！慈母受譖，投杼自驚；孝子被撻，大杖則走。用是渡江北竄。

暫逭天威。冀他日或垂矜宥，更賜收録耳。雖潛身異國，豈嘗須臾忘本朝哉！昔樂毅逃燕，不失見幾之智；信陵居趙，寧爲改節之行。以古方今，竊慕芳躅。而執事者云云，遂謂伯之屈節虜廷，絶義故主。丈夫一身，豈能再辱，子尚疑此，夫復何言！方今北敵尚强，西蜀不靖，豈宜久棄壯士以資敵國？若使聖朝追叙前勞，更俾逋臣獲申幽憤，憐其擇木之智，察其被讒之由，雪其逆節之誣，鑒其逃誅之隱，行當持繞朝之策，爲冶父之囚，歸罪闕廷，伏受處分。至於總戎北征，吊民洛汭，則舊部未散，堅甲猶存，伯之雖老矣，尚能負弩前行，揚鞭深入。萬一尸裹馬革，元歸狄人，揆之夙心，實已無憾。重辱嘉惠，敢布腹心。伯之頓首。

【輯評】

《八家文鈔》：集中駢儷文字止此一篇，其波瀾意境則從太史公《報任安書》來也。

答陳樸園論尚書手札

大箸《今文尚書考》，扶千秋之微學，羅百氏之舊聞，世業遠媲乎向、歆，專家近掩乎孫、段。自枚賾古文專行於世，即馬、鄭遺説亦就散亡，若歐陽、夏侯之學，則更廢墜失傳，莫可考引。是以我朝樸學諸公，得漢人片言，寶若彝鼎，而三家之學絶，無有尋其墜緒者。閣下獨旁搜遠紹，輯成《歐陽夏侯遺説考》，洵爲前哲所未逮。

至如《泰誓》一篇，武帝末始出自二劉父子，馬、鄭諸儒均以爲後得之書，其非伏生所傳無疑。《史記·周本紀》所載誓辭數十言，蓋如《殷紀》之載《湯誥》，皆史公網羅放矢而存之者。其時民間所獻之《大誓》猶未出也，王伯申乃曲證其傳自伏生，殊不足據。「白魚」、「赤烏」出於《大傳》，《本紀》以爲九年觀兵時事，其下十一年云：「武王乃作《大誓》。」則九年未作《大誓》甚明。而後出之《大誓》有「赤烏」等説，明與《史記》不合，此自後人割取《大傳》、《史記》而誤合之者。又其時《左傳》、《國語》、《孟子》諸書未出，亦未能剌取以彌其闕。江艮庭强釋馬融之疑，實非衷論，章句即偶有脱遺，何至諸書所引無一見存者耶？閣下既信《大誓》非伏生所傳，而猶取江氏之説，似尚未安。

又謂《書序》真孔子作，而以足廿九篇之數，亦仍有可疑者。唐孔氏謂伏生廿九卷而序在外，蓋以伏生所得廿九篇及安國以古文考廿九篇，皆主本經爲言，不應兼及序説。而《儒林傳》稱張霸分析廿九篇，又采《左氏傳》、《書序》云云，尤爲序不在廿九篇之確證。竊謂《書》惟古文有序，今文則伏生於經尚亡數十篇，無緣更存序文。古人經、傳别行，古文既入中祕，其《序》自傳人間，故張霸得以采取，非今文自有序爲張霸所采也。《詩》三家序彼此不同，今文《書》若有序，安得與古文略無異義？況伏生篇弟《盤庚》合爲一篇，《康王之誥》合於《顧命》，又自與序牴牾耶？《世家》稱孔子序《書》，《漢志》亦稱孔子纂《書》，凡百篇而爲之序。所謂序者，殆如《易》之《序卦》。《法言》云：「昔之説《書》者序以百。」温公訓「序」爲篇之次弟，是也。若謂孔子作《書序》，則有以决其不然。伏生《書》，《堯典》本爲一篇，而《舜典序》謂「堯使嗣位，歷試諸艱」，此則同於姚方興之分題矣。《孟子》太甲放桐前後凡六年，而《伊訓序》謂放桐三年，則同於枚賾之古文矣。今知枚、姚之僞妄，而顧信《序》爲孔子作，豈非知二五而不知十耶？

愚意《大誓》既屬後得，今文又本無序，則古經止廿八篇。《漢志》稱廿九卷者，班據《别録》作《志》時，後出《大誓》已合於經也。《史記》云伏生得廿九篇者，又後人據班《書》改之者也。孔臧言廿八篇象廿八宿，臣瓚《漢書注》亦言當時學者謂尚書唯有廿八篇，是知《史記》本亦言廿八篇矣。若如閣下所云伏生與兩夏侯同爲廿九篇，伏生則數小序不數《大誓》，夏侯則數《大誓》不數小序，篇數雖同，篇名各異，恐非其實也。

覽尊箸，服其精博，愧無以相益，聊獻所疑如此，若有未然，不憚互質。

張蓟雲墓碣銘

君諱懋畿，字蓟雲，四川漢州人。少孤貧，豪縱尚氣自喜，不能徽引墨削，有口辨，每稠坐，論議風發，衆張目息聲，不能儳一言半辭。始爲秀才，不樂隨諸生兀兀伏几上讀書求舉，或勸之，即笑謝曰：「公等貴富人，無與吾事。」日走街閭，從諸少年飲博謳唱嬉游。其友蕭廉甫世本誡之曰：「子有老母，奈何自恣肆如此？」君愧謝請改，實無絲毫聽信意。後復從少年游，遇廉甫，急走避，不得，色發赤。廉甫曰：「是固慚我言，易與矣。」

時陝西巡撫劉公蓉爲四川布政使，名愛士。廉甫爲言，劉公月廩給其母妻，即己所居一室三分割，取其二，設几榻筆硯書史之屬畢具，日坐君於牖下請共學。會督學使者按試至，君曰：「使者中無有而欲强取名，可君也。」則就廉甫所以居。比試，所爲文皆刺取司馬相如、揚雄辭賦中奇字，覽者至不可句。學使果大驚，弟之冠其曹，遂爲選拔貢生。

劉公遷帥陝西，以君偕往。君故人涪州周靄齡爲漢中守，會回逆圍漢中數月，守援絶，力戰以死。君聞，即提卒三百踔漢中，闖賊壘，求得守尸積骸中，抱持大哭，挈其遺孤女以出。輦喪還軍，即坐上數劉中丞不救漢中圍，致國家失奇節士。中丞忿詈，君即夜辦裝，遲明披衣上道西還，入劍閣不顧。道夢漢中守具冠服來謝，且語君曰：「帝遣我視師關中，吾欲辟子爲從事。」君曰：「諾。」寤而占之，以爲不祥。比還蜀，遂得疾以卒，年纔廿餘。方疾篤時，語人曰：「蕭廉甫長者聞吾遂至此，且大慟。」母夫人不忍其言而泣，君慰解之。已而使家人爲散髮挽兩髽左右，起坐床上，取常所吹笛吹之，笛音悽清感人。罷笛欲歌，氣纔屬，不能載其聲，放笛還就枕，遂卒。有一子尚幼。

廉甫交友篤至，後與余同客曾相國所，數爲余談君生平，曰：「子曷爲我誌張君，他日將伐石列之墓上。」遂爲銘。

【校】

〔岔罡〕「罡」或爲「恚」。

【輯評】

賀濤評：奇趣有似韓處。

合肥相國五十壽序

嶻嶻灊岳，作鎮南服。包淮擳江，蘊靈鍾淑。篤生相公，爲國寵臣。内奠區宇，外緝海垠。在咸豐世，有盜猘狂。竊城逋誅，洎於今皇。前江後胡，湘鄉曾侯。載士以舟，扼亢舂喉。東楚揚越，女絲男秠。九州上腴，財賦焉出。守臣不職，棄以資賊。乃眷南顧，聖心是惻。公起詞臣，秉節開府。義舊八千，海壖寸土。旌麾始涖，潛出賊後。公私赤立，盱目張口。萬夷旁睨，聲言助我。挾我短長，縱則不可。公一馭之，以信以威。群酋俯趨，聽我指麾。朝寸暮尺，披枝及根。卒復金湯，孰夔我藩。部曲矯矯，天下勁旅。以其餘威，鰌寇徒駭。于京告功，皇帝曰俞。汝恤予家，汝遂相予。戎夷忮强，勝之不武。往戒不虞，綏我方夏。公拜稽首，對揚休命。還鎮荆楚，督奸制横。兵頓西陲，以公視師。戎哄於郊，召公來尸。洎公之來，不震不驚。民曰父母，虜曰神明。大地修廣，厥里九萬。國以萬數，海居太半。鳥言獸心，雌雄首尾。公一謦欬，望風皆靡。夾舟爲輪，入海如風。强弱相噬，乃以火攻。公究其術，以教戰士。晝革旁行，同書文字。東有日本，著海如丸。叩關求市，群公忕焉。公曰何害，彼來求援，我拒不納，折而西面。蓋公馭夷，厥惟天資，兼取其長，折其械機。決勝制敵，文武爲憲。提師十萬，掉舌三寸。最公伐閱，孰與高下。賓校獻壽，洗爵授斝。訟言於座，執觶皆起。天佑聖清，錫公繁祉。册功析爵，絶等百僚。擢登台鉉，屈其輩曹。入拜於堂，几杖左右，皓髪龐眉，宰相之母。賜履數遷，代者則兄。南海北海，節鉞相望。人所難任，公荷負之。天所靳與，公具有之。永受胡福，天子是保。人亦有言，嘉我未老。群吏祝嘏，擇言匪諓。作爲此詩，以配江漢。

湯勉齋墓誌銘

光緒元年三月，桐城縣學生員湯君諱敦善字穀貽有疾，湯氏之宗數百人，日夜來床下，視疾劇減，可爲不可爲。歸，無貧富，盡拓其私藏，得百錢以上，皆送君家，與買藥齊諸可食飲之物。既疾甚，度不可起，則又相約合錢，辦麻葛可爲哀絰者，若賻布、斂衣、絞衾、纖纊、他明器之屬，甚備以待。其六月廿七日，君年六十有一而卒。於是湯宗失祭酒，里老人與君游故者失朋，後進之士失師，皆走君舍吊其孤，會哭，釐喪具。舍小不可容，則門外編蘆架席爲屋牆栖客。其孤守次不言以動而事行。其葬也，其宗故與其鄰爭墓地，訟久矣，相持而不決，莫敢先發。君之孤卜其爭處吉，告於宗，皆曰：「葬吾公，吾曹何言？」又告於鄰，皆曰：「葬湯公，吾曹何言？」於是相與負梋復土，視封乃去，其感人如此。蓋君之生也，雖不識君者，一聽視其言辭容貌，退不必考其行而皆信以服化。故其病皆憂，其卒皆哀，其葬皆來會云。已葬，其孤伐石請銘。汝綸辱知君久，銘其可辭。

君娶張氏，子二人，長曰伯裔，次曰奎兆。孫四人。君家世有隱德，君之父曰縣學生條枚，居鄉名善人，其卒以痰疾。君初侍疾，日取嘗其痰鹹平以驗疾狀，人以此知君孝也。君晚築斗室以居，榜曰「勉齋」，鄉人尊其字不稱，皆稱曰「勉齋先生」。葬在居室東三里，鄉曰大有，山曰徐捕。其葬以十二月九日。銘曰：

維俗敝，善衆忌，於慝比。翳湯君，惠宗親，洎鄙鄰。安修施，士慕懷，俗改爲。維老窮，匪忌叢，維永宗。

【輯評】

《八家文鈔》：遒練。

張中丞母李太夫人哀誄

於惟夫人，毓德孋良。劬躬委祉，集此蕃昌。爰初在室，懋功德言。母婦歎嗟，作嬪德門。追孝尊章，魚菽以薦。九子三宗，均顧一眷。旁逮鄙鄰，惸獨孤羈。實勞實勤，以食以衣。歲在辰巳，有盜猘驕。戎叔不爲，子骸父庖。哲人教忠，提挈義舊。高壘深溝，警宵備晝。公私赤立，萬竈不黔。市穀麥黍，脱其珥簪。約損口身，以蘇瘠枯。數百千人，尸祝厥家。卒成令子，忠孝奕奕。殁爲國殤，存乃柱石。大藩千里，秉節析土。祁祁童童，象服繡斧。處約匪嗇，在豐匪崇。枋持一節，以訖初終。謂宜貴壽，樂且有儀。貴則然矣，壽考豈多。季蘭知宗，彤管有掞。餘慶在門，九京奚慊。

送蕭渠卿序

得地長短僅百里，臨之以六七級之上官，羈束之以二百餘年遞積遞增之成法，畀之以數百大萬横目之民，使治其曲直緩急生死，此當世州縣吏之所爲也。亦綦難矣！然而賢哲之士或往往甘心者，彼皆有所棄有所就。不可於上而守吾法，不可於法而利吾民，不可於民而行吾志與吾學，是數者固將有一得也。不可於上而守吾法有之矣，不可於法而利吾民有之矣，不可於民而行吾志與吾學，所謂志與學者何歟？夫非以爲民歟？民有不可，而志與學將可篤信歟？曰：吾所謂不可，非真不可也。吾方字之而若棄之，吾方恢之而若虧之，彼不知吾之字且恢也，而見以爲棄虧，則不可於意矣。吾學之未成，吾才之不足赴吾志，而以周旋於上與民與法之間，誠不知其可也。學成矣，才足以赴吾志矣，而顧舍之，而上以徇上，中以徇法，下以徇民，其爲徇一也。

士貴能自樹立耳。齒朝之士、薦紳之徒，其是非可不顧猶不可勝聽，乃今取悦於蚩蚩然横目之氓，欲以決吾進退哉！曰：今之所謂循吏者與此異。曰：吾固不爲今之循吏者言也，奚而不異？

富順蕭棨卿選於吏部而令奉化，吾與之言，同於其行，遂書之。

【輯評】

賀濤評：先生爲政蓋如所言。

《八家文鈔》：此韓退之《伯夷頌》所謂「特立獨行、窮天地亘萬世而不顧者」也。千古豪傑之士，未有不如此，非恒人所知耳。

高郵董君墓誌銘

董氏其先，元集慶人，遷來高郵，始至正間。在明永樂，翰林諱璘，以忤王振，遂歸棄官。籍記在史，種德及裔。曠不世仕，於鄉行義。有綏祖者，國子監生，君曾大考，其門州旌。金入於炭，炭人不知，公市而得，更持與之。娶婦王氏，德偶行妃。方冬憐寒，褫身所衣。既易而新，仍前之爲。是生有臺，臺生之鏞。再世諸生，世其義風。爲君祖考，家瘠道豐。考娶吴氏，實始生君。君諱丙元，字曰燧臣。孝於其親，及其弟昆，昆殂孤遺，君實父之。以其恩紀，旁逮鄰里，比竈十數，恃君而火。孰寒孰孤，孰呻孰痛，孰壯無室，女不得夫，孰填壑渠，横骸瘠枯，君一周之，同其有無。以襦以哺，以夫以家，以封以腧，以收其帑，以止勞呼，百槁以濡。而身癯癯，而家負逋。人或君德，君讓弗克。有藴不施，此小何力。其於交友，又以義取，聞人一長，譽不容口，不可於義，譙不少假。及君之疾，問者咽門。或出禱祈，天活善人。正月五日，光緒改元，六十有八，君之卒年。

始君在塾，有突不黔。持棉貿粟，有母來饁。棉鬻不時，日昳而饑。已饑何苦，人饑是憂。如君而纍，希文之儔。君之發憤，肆力於文。周秦兩漢，洎唐宋元。傳記諸子，百家之言。手所寫録，裒高如山。試於有司，十進十黜，門牆小生，振翮群飛。人或君惜，君忿然作：「何得何失，我道孔碩。匹婦失所，古之人耻。苟竊名禄，非吾孫子。」此君顧言，以誡後嗣。君文美矣，行稱其世。曷不有位，宜騫而躓。州貢太學，用諸生老，籍於吏部，候選訓導。唯其不有，以昌其後。有子三人，對廷、覲廷，又次曰倫，皆賢有聲。倫及覲廷，爲州學生。對廷進士，户部主事。褒君能教，在帝之誥，覃恩加秩，大夫奉直。君娶於宋，宜人是封。孫男有二，增禄、增弟。

君卒□歲，卜君葬地，□□之原，日吉月利。孤摭君遺，乞文以誌。銘君墓者，吴氏汝綸，對廷之友，同賜出身。對廷嶽嶽，在職有操，忽如不樂，以歸養告。窮而益高，不易其軥，祖考之蓄，逮君猶鬱。君祉所委，庶其在此。

【輯評】

《八家文鈔》：古文中四言體，至公而造其極，開闔震蕩，變動鬼神，可謂前無古人，後無繼者矣。

黄氏族譜叙

黄氏，其先江西人。元順帝時，有諱圖者，生三子：回甫、懿甫、勝甫。徐壽輝之亂，圖死鄱陽，回甫與諸弟載其母避寇至桐城，家焉。

是時天下大亂，盜賊蜂午，居民所在結堡塞自固。黄氏亦集衆築城以居。諸孫有名鹿者，胄盛斗粟，尤驍勇，因以名城，謂之鹿城。明太祖既克安慶，舉宗迎謁，賜爵不受。唯懿甫、勝甫之子孫有從征者，皆積功伐封明威將軍，襲職數世不絶。其後或在桐城，或在金陵。在金陵者爲指揮，所謂指揮黄也。諸黄既皆遠徙，以武勇爲名將家。獨回甫之後，世居鹿城，以儒顯。太祖既定天下，詔州縣各立倉四所，謂之預備倉，選大姓一人爲倉正守之。桐城諸倉，則回甫之子源仲實膺是選。後五世有爲南京户部郎中諱某者，始爲譜，紀其先世。而江西之系及懿甫、勝甫，皆斷續不可譜。譜自回甫以下，故鹿城之黄皆祖回甫。户部君之仕當景泰、天順之間，其族姓寖蕃衍矣。然自洪武迄正德，黄氏占數桐城者皆止一户。嘉靖時傜賦滋繁，乃析之至數十百户，户益分而枝别益淆散難紀，則譜牒益重。其後，間數十年輒一纂輯，至於今爲桐城望姓五百有餘年。咸豐中遭洪楊之亂，稍復耗滅。及光緒紀元，黄氏諸老人又相與繼爲斯譜，蓋上溯户部君之譜，已七修矣。

其族有以知縣官直隸曰焜者，字植卿，與余家有連，又相與爲僚，告於余乞文爲序。余嘗考求鄉邦文獻，病方志蕪瑣，不足徵信。輒欲遍覽桐城舊家譜牒，仿王儉、王僧孺等所爲《百家譜》之例，爲一書以示後，亦禮失而求之野之意也。久客於外，不暇以爲。今讀《黄氏譜》，其明初武節多可紀者。又桐城諸族，大抵元季所遷，其遷多自江西或徽郡，而莫詳其移徙之由。《黄氏譜》謂避徐壽輝之亂，其言蓋信。而正德、嘉靖數十年間，户數多寡，迥然不侔。前代盛衰得失之林，於此可觀焉，又不僅一家一鄉之故實已也。因爲本黄氏所以興而譔次大略，以弁其首。

祔祧議

伏見穆宗皇帝將祔太廟，廟室已盈，事下百寮集議。禮親王等二百一十人議增龕座，其異議七人，皆欲改廟復古。醇親王以增龕爲是，以改廟爲非。有詔大臣覆議。昔唐議祫禘，四門博士韓愈賤不及議，亦爲議以獻，謹師其意，爲私議以述所聞。

竊謂禮緣人情，可以義起，制度因革，每代不同，苟其當於人心，不必悉依經典。至若格於時勢，雖法出古聖，亦須變通，此韓愈所謂「事異殷周，禮隨而變」者也。又况禮文殘闕，古制難詳，自劉歆已言「祖宗之序，多寡之數，《禮經》無明文，至尊至重，難定以疑文虚説」。况下此乎？

諸言七廟、九廟之説者皆以爲帝王不易之制。其實商之七廟，出於僞《古文》。虞之七廟，出於僞《家語》。後人考禮，當以鄭康成爲宗。鄭謂虞、夏五廟，殷六廟，周七廟。然則所謂七廟者，不過一王之時制，并非百代之定法。魏初廟制定於高堂隆，隆傳鄭學，特取東漢諸帝同廟之制。蓋必博稽往古，折中至當。晉武帝時群臣奏稱：上古清廟一宫，至周制爲七廟，聖旨宏深，遠迹上世，舍七廟之繁華，遵一宫之遠旨。晉臣所稱，蓋鄭康成、高堂隆之舊説。其後馬端臨亦極論七廟之失，以爲不如同堂異室，獨爲渾成。前代禮學康成最精，後儒禮學端臨最精，循二賢之論，則周室七廟不如魏晉一宫明矣。

至如議者所稱「世室昭穆廟以次而南」，則又經傳所無，特據朱子之圖爲説。宋理宗時，太常少卿度正疏言：大儒朱熹宗廟圖説，頗更本朝之制，學士大夫皆有異論，遂不能行。據此，則本朝之制，雖大賢不能輕議。朱子之説，當時已不謂然。愚嘗考之「匠人營國」，世室明堂，皆止五室。《鄭注》：「五室并在一堂。」是知周人廟制，無論七廟、九廟，實止五室。不惟群廟同堂，亦且群主同室。朱子所圖顯與「匠人」不合，非周制也。七廟既未必善，朱子之圖又與周制不合，奈何執而泥之，以爲復古？大清自有制度，豈必遠法周室然後爲賢哉？

且改廟之説，又有甚不可者。五廟、六廟、七廟、九廟之數多寡不同，要其規制，必定於一代創建之初，從無中年改立者。朱子謂周之世室立於後王，及其議四祖祧主，又謂廟祀有毁無立，是已自叛其説。宋仁宗時嘗議改廟，宋祁言：「國朝以七室代七廟，相承已久，不可輕改。」當時善其知禮。惟隋煬帝議立七廟，明世宗改建九廟，皆衰世秕政，豈足效尤！宗廟祖宗神靈協會一室已二百餘年，一旦改易移徙，勢必眷顧依違，神道人情，理無二致。宗廟事重，豈宜輕動？此馬端臨所謂「創造煩擾，非所以安神明」者，不可一也；我朝廟制定於國初，重垣周二百九十一丈，殿陛庭墀各有程式。前阻箭子河，廟壖更無可拓。本法「清廟一宮」之制，今欲就一宮之定勢，加八室、六室於其間，必且迫隘不容，無以聳示觀聽。而樂舞之數、陳設之儀、執事之列、拜跪之位，狹而不疏，何以成禮？不可二也；升祔大典「變而之吉」，《戴記》：「比至於祔，必於是日也接，不忍一日未有所歸。」今若改廟始祔，則考卜興工，猝難蕆事，廟工未蕆，祔禮不成，在天靈爽，於何式憑？古人不忍一日無歸，今乃需之數年乎？議者曰「暫假前殿」，夫曰「暫假」，則浮寄孤懸，不得謂有所歸矣。乾隆時繕修太廟，事非得已，今則可已不已，非其比也。廟者，制度之末迹，文質可以代變。祔者，妥侑之精意，淹速不可以意爲。㬤復古之虚文，愆事神之大節，不可三也。他若特建寢殿，有非正之嫌，似若降替，晉孔衍嘗言之矣。若建方殿、若改後殿、若合世室於中殿，不惟不合古制，亦與朱子不符，徒爲變更憲章，進退兩無所據。

此數説者既皆不可，因時立制，無有善於增龕者矣。今之龕制，略如古之坎室，晉加坎室，王導、温嶠、虞喜等往復商榷。宋始增室，蔡襄爲圖。此皆達禮君子，度時之宜，以成一代之典。今之增龕，同符前哲。又有道光時奉先殿增龕故事，踵而行之，更無疑義。議者嫌其簡陋，不知祖宗之旁正以静穆爲貴，且改廟而狹小制度，其簡陋不愈甚乎！

廟制既定，祧遷之議當奈何？曰：祧，非禮之善也。古人簡樸，祀止數代，限於廟數，於是乎有祧。聖人以是不安於心，於是乎有世室，以宗有德。今廟無五世、七世之限，歷代之祖與太祖同廟，無所謂世室，則亦無所謂祧。東漢之制得矣，群祖一廟，無遷無毁，故其廟號世世稱宗。晋宋以來，廟制宗號，一循東漢，而猶有祧遷，則泥古之失也。於是晋之豫章、潁川、京兆三世，唐之中、代二宗，宋之僖、順、翼、宣四祖，皆旋祧旋復，迄無定議。廟制不同而强行祧禮，其弊必至於此。且古之祧主，皆歸於不遷之廟，略如今同廟之制，非别藏也。鄭康成謂周世「先公之遷主藏於后稷之廟，先王之遷主藏於文武之廟」，蓋已祧之祖與不遷之主同處一廟，故廟亦名祧。後世止立一廟，近祖初祔即入不遷之祖廟，與古之祧主正同，復何庸於祧？祧廟之主，奉之何往？於是或瘞於園，或埋之兩階間，則毁棄之矣。或遷於西儲，或藏於夾室，則降屈之矣。禮無所不順，親廟近祖，其於子孫則祖父也，其於祧廟之祖則仍子孫也。今祀其子孫而舍其祖父，不順甚矣。唐玄宗知之，故《制》稱「禮緣於情」，廟之毁遷，情所未足，其祧室宜别爲正室，使親而不盡，遠而不祧，以爲變而合禮。宋胡寅知之，故曰「子孫於祖考無選擇而事之之義」，「其有功德無功德，非子孫所當祔祧而隆殺之也」。

是皆不安於祧遷之説者也。或謂：祀其子孫，舍其祖父，固不可矣，今醇親王之議祖宗不祧，祧自今上始，不亦善乎？曰：今日視之爲子孫者，固異日祖宗也。七世以後，不祧遠祖而祧近祖，又非人情所安矣。今日之子孫有尊崇祖宗之心，異日之子孫獨無尊崇祖宗之心乎？夫尊崇祖宗，人心之不容已者，雖有明詔，不能奪也。宣宗遺詔，文宗固未嘗遵矣。王之尊祖宗以至誠，導今上以大讓，甚盛意也。獨一代之制，十世以前不祧，以後則祧，其於萬世人心，未必犂然各當也。王之言曰：上以宗支入繼，自不敢上擬列聖。夫入繼大宗，即與大宗無異，統緒所歸，神人斯屬，豈容區別於其間？古之入繼大宗者，祀典皆豐於昵，今將矯而反之，善矣。然矯之至則又過正，臣子之於君父，不可解於心。若因有議祧之詔不得於此，或別出崇奉之途，則不如不祧之爲愈矣。

然則七世之後，廟不能容，當奈何？曰：晉太常華恒有言，廟以「容主爲限，無拘常數」。太廟之大，必不止容十，七龕雖再增可也。昔之論者謂江左中興，賀循知禮，循言昭穆既滿，終應別廟，若果廟不能容，即續爲別廟亦可也。與其未滿而祧於夾室，不如已滿而別出爲廟。後世君臣，必有考舊聞而衷一是者。我朝禮樂多制作於康熙之時，而廟祧之禮，聖祖獨無遺訓。其時廟中九龕尚餘其七，故不爲後人預定。今循奉先殿故事，東西可增八龕，餘龕之數與康熙時同。聖祖之所未議，今亦不議可也。愚見所及，不改廟，不議祧，行之當時而宜，推之後世而安，而廟號稱宗，亦且名實相副，則大清之制，固將超晉唐而軼殷周矣。謹議。

【校】

〔祖宗之序〕至〔疑文虚説〕此段引文與《漢書》所載劉歆語頗多異文：「多寡」原文作「多少」，「禮經」原文作「經傳」，「難定以疑文虚説」原文作「難以疑文虚説定」。〔禮隨而變〕韓文作「禮從而變」。〔事之之義〕原作「事之義」，據《文獻通考》補。

【輯評】

賀濤：此與劉子駿《毁廟議》、韓退之《禘祫議》、歐陽永叔《濮議》、曾文正《郊配議》皆有當於人人之心。

送曾襲侯入覲序

岸大海，憑島嶼，裂土而治者以百千數。中國恃海爲險，自古絶不通。聖清有天下，聲教桄被，東首致水，土物款關求市者卅有餘國。其强大者輒遣使詣闕下，置邸第，通聘好，以號令其人，邊吏失控馭，得自直於天子，不能以一國之法治也。其人好深湛之思，其爲學無所謂道也，器數名物而已。其爲治無所謂德厚也，富强而已。其術業父子世繼，以底其成。其政令上下共聽，以謀其當。其法由至粗者推之極於至精，以至近馭至遠，以至輕運至重。自天地之氣，萬物之質，皆剖析而糅合之，以成其用。其上之所教，下之所學，一也。其飲食、衣服、語言，與中國絶殊，中國之人不習也。其於中國聖人所謂父子、君臣、夫婦之禮，道德之説，詩書之文，渺然不知其何謂，若爰居之於九奏也。學士大夫尤簡賤之，以爲中國至尊，外國至卑，彼安有善哉？嗟乎！天下之變，窮而未有已，方其未變，聖人不能豫謀。及其既至，有不能測其終極者也。非閎偉奇特非常之材，誰與領此者！昔者，中國之勢嘗變矣，太傅文正公亟起而持之，到今天下受其賜。君侯爲太傅冢嗣，學贍而有文，才高而能博，太傅深器之。自太傅在時已嘗濳討天下之變，求所以康濟之，又益究通四夷之學，殆所謂閎偉奇特非常之材者也。今襲爵爲侯，將入覲，道塗所經，有進見者退皆伏曰：「太傅爲不死矣。」

汝綸自少居太傅門下，獲與君侯交，間獨以爲國家方以懷柔遠方爲事，君侯之材固天子與大臣所側席求者，繼太傅勛伐以世其家，將於是乎始。若夫太傅功在社稷，天子眷懷舊勛，必有以寵異君侯者，蓋又不足爲君侯道也。

馬太夫人壽序

穆宗九年，懷寧馬君松圃始守天津，奉母許太夫人以來官所。是時，天津一换上下故官，官有新置者，其僚三數人與松圃俱受命偕來，獨松圃有侍親色養之樂。其後數年，三數人或自引罷，或罷而又來爲，爲不久，更以遷去，代者或往往先後更數人，獨松圃久守是郡不去。嘗一再攝天津道長蘆運司，不别徙。出而從公，入而將母，太夫人便之。上即位之五年，太夫人年八十有二，其來就養天津也，適十年矣。吏兹土者，賢士大夫巷處所部下者，與松圃游舊宦此者，咸來賀，趨庭置酒太夫人前爲壽。

酒行，有洗盞升者言曰：國家行省州郡遼邁，往古官大小比地錯立，若列星環周，爲吏者東西唯所命。親且老在堂，有子不幸貴，不獲一日侍側，若無有子然。或迎將到官，牽率跋涉，今歲出嶺嶠，明年上隴坂，重山複關，縋幽走險，車馬撼摇，風露侵襲。水行西入峽，南過瀧江，利石惡灘，不可防測。東踔大海，茫洋無涯，外國火行之舟出入濤上下，數日卧吐，中不食飲。比到岸，尪羸眩旋，若沉疾纔起，扶掖行，足不可以步，少壯强盛之人，不能驟當也，勞苦如此。今太夫人到官所逾十年，不一移故處，不識舟車之物，無水陸阻修、風濤霜露、崖崿沙潬之驚；服習水土，長子孫，起處嬉游，同於舊鄉。禄仕養安，達官貴家，無有倫比，請以爲太夫人壽。

又有起且酌者獻曰：太夫人爲婦、爲妻、爲母，一式女宗。丈夫子五人，三人士宦，身膺一品太夫人之封。少而封臂療姑，老而振活饑人，子孫熟化，以節義相高，累有旌門之寵。雍雍愉愉，德充而符，至足而無求，定居而澹游。天錫康壽，以永饗遐福，固然無疑。請進此觴以侑。

汝綸進曰：太史公有言「神大勞則竭，形大勞則敝」。前客所稱，是謂形安，後客所稱，是謂神全。毋鑿而天，毋摇而精，毋晦而明，毋索而所，不獲而營，而所不成，形神參同，百疾不生。自古賢哲所難幾，而太夫人能之，壽考烏得而不長乎？至若松圃與其昆弟官秩日躋，孫曾仍世貴盛，世所稱願，太夫人皆將固有之，而吾且以爲抑末也。

【校】

〔神大勞〕「大勞」《史記》原文作「大用」。

張裕釗：極意刻畫昌黎，乃甚肖似。尤愛其陳義遺言之雅。

【輯評】

贈太僕卿故福建臺灣兵備道吴君墓銘

君諱大廷，字桐雲，湖南沅陵人，姓吴氏。由選拔貢生入資爲内閣中書，中咸豐乙卯順天鄉試舉人。縱學而甚文，警敏有器觀，明於去就趣舍，名字白著，交游附懷。賢公卿、耆宿名德多折位望行輩與交，寒畯下輩知名者，君亦禮下寵薦之不倦。

當是時，東南被兵久，將帥大臣爭以收召豪俊得能士自助相高。士輒由薦起，不循用資叙平進。而君始居京師求舉，湖北巡撫益陽胡文忠公、今大學士湘陰左公聞君名，皆走書數千里候問，日月以至。君益自奮厲，欲指取樹名績道路，引天下大事爲己負荷。咸豐十一年，詔從李中丞續宜於皖，用薦改員外郎。同治二年，從唐中丞訓方於臨淮，用薦改道員記名，賞戴花翎。李中丞知君由胡公，唐中丞知君由曾文正公。已而謝去，從左公自浙入閩。自君在皖，左公則薦君材，中司道選。及入閩，用左公薦補福建鹽法道。居一歲，埽故弊，變法下條教，屬吏洗手奉約束唯謹。免逋負八十餘萬，增税至六十萬三千有奇，軍饒商給。又用左公薦調臺灣兵備道，兒畜獸獮，夷中扞外，勢長聲高。用前勞加二品服，再加按察使銜，寖寖嚮大用矣。左公去閩，後帥適左公不好者，至則遣人微伺君，不能得毫毛過失。君即病免，徑歸卧家。

左公治軍乾州，沈尚書葆楨治船福州，曾文正公再鎮江南，治舟師海上，先後文章薦起君自助。始君在皖，文正公厚遇君，既官閩海而睽，睽八年而後合，合而文正公益重知君。君周旋諸公間，久饜食事，亦稍倦游，獨昵就文正公所。當是時，沈尚書、左公皆上所倚信，十言九見聽，而文正公言尤重。於是衆度君不久迴翔，且復用。未幾而文正公薨，君居吴淞海壖，鬱鬱無所嚮。久之，今大學士合肥李公密疏薦君，詔留不下。最後，沈尚書鎮江南，李公在北，迭爲奏論君行治，唯天子量材能進退之。君入見，出待命，月餘，命且下而君卒。卒而沈尚書以聞於朝，詔贈君太僕寺卿。光緒三年某月也，春秋五十有四。夫人孫氏，前卒。子文元，某官。孫二人。曾祖仿聖，祖元佐，父諧比，三世皆以君貴，贈資政大夫，妣皆贈夫人。

嗚乎！世嘗謂士得一知己，死不恨。若君者，傾一時名公皆知之，皆薦之，而卒久棄閑，不一究極其材以死。咸同之際，胡、曾二公所薦士無不光顯，君能則尤所欲振拔，尤嘿不獲施用，得知己死，果不恨乎哉？或往往孤特獨立，上無援，士無和，而顧自行其意，抑又何也？君既久不遂，益發奮，恣記覽，時時著書以自娱。汝綸友蕭穆，君所禮士也，爲君編次所著書，君卒而致君顧言，來徵墓刻。汝綸辱與君游，知君爲深，乃不辭而爲銘。

【輯評】

賀濤評云：譎宕。

又評文中「或往往孤特獨立」句云：自道。

前工部侍郎潘公神道碑 代

公諱曾瑩，字申甫，吴潘文恭公子也。少承門軌，續聞趾華，蚤有嘉問，以道光廿一年成進士，改庶吉士，授編修。宣宗皇帝以公宰相子，能用儒業自進，召見嘉歎。廿六年，以編修充雲南鄉試考官，滇帥阮文達公贈詩，爲道公與文恭公仍父子先後使滇試士，以爲滇光寵。卅年，以侍讀學士充會試同考官，又躡文恭公官侍講時故迹。

當道光之季，國家席太平久矣。天子好文，公卿用儒雅雍容登進。文恭公於時久録機事，作傅皇子，文學尤重於朝廷。而公又以名三公家子，能詩善書畫，文采毫翰，暉映門閥，中朝名德，皆慕與交游。使滇行來，戴文節公熙爲作飛雲覽勝之圖，勝流交口歌詠之。而公在清要右職，亦能其官，上每召對便殿論説，未嘗不移晷也。

文宗御極加禮師傅，家眷遇彌篤，珍器秘物寵賚相屬。遂躋三事，辯歷六曹。是時文恭公尚無恙。三年，以侍郎充會試考官，而文恭公以其年重宴瓊林。入國朝以來，太平公輔世家盛事，無有比榮者焉。

尋拜吏部右侍郎。遭文恭公憂，去官，續遭母憂。於是東南方用兵，有詔在籍治團練。服闋，召還朝，既上道，疾作，敕且毋行。公曰：「吾敢以疾故苟止！」遂行。至則命爲工部左侍郎，他曹乏使，公一兼攝。科場獄起，辭連公子編修祖同，主者危法中公，上寢不問。海上戒嚴，疏止出巡，上亦不以爲迕也。蓋公自宣宗時特被榮寵，度次除拜，及文宗尤加任使。會劇勞解職居憂，上遲其至，旦夕且大用，繼文恭公後。朝士目相語，人以漢韋平擬公矣。會得疾，謝歸邸弟。

穆宗既踐祚，公曰：「吾再世受恩先朝，今天子幼，四方多難，不可以疾故營自便。」遂力疾起。然是時人材新舊充周庶位，竟不獲更進用。自是閑居京師十有七載，纂著自娱。所爲書都廿六卷，而詩尤多。時時招攜故人游詠郊畿，徜徉山水間。聞其風者，慨然想見嘉道人物平世公族餘韵焉。

光緒四年三月以疾終，年七十有一。夫人同郡陸氏，賢孝，嫻詩畫，已而棄不爲，與公同歲生同日卒。子五人：祖同，編修；祖喜，户部郎中；祖福、祖楨皆殤；祖保，兵部郎中，後公五月卒。女適内閣中書汪克昌。

公與某先人同歲鄉舉，其教習庶吉士也。某實與在館，知公爲尤。祖同以狀來請，遂爲銘曰：

唯才與世視屈信，據勢冥會蛇升雲，不者泥蟠下沈淵。豈此不能獨彼賢，揆元都卒遭勢然，不信亶視公後前。有傑然起世轉旋，誰歟風波成世屯，隕涕寤歎念故先。橋於萬安潘氏阡，有永不磨此刻文。

【輯評】

張裕釗評：全篇極意經營，旨在詞表。銘尤奇詭可喜。

賀濤評：此與曾文正《季公碑》同一妙遠。

廣西潯州府知府薛君墓碑

咸豐八年七月某日，廣西潯州府知府薛君諱湘，字曉颿，年五十有三，卒於新寧官所。

又廿有一年，爲光緒五年某月日，葬於所居無錫縣之某鄉某原。夫人顧氏祔。其孤以狀謁銘，汝綸最其凡曰：

凡君之世，自曾祖燊、祖世琛、父錦堂，世爲儒，至君始大。子福辰，山東濟武泰寧道；福同，舉人；福成，直隸知府；福保，某官；福振，某官；福庚，某官；皆賢有文。孫三人，皆能世其家。

凡君爲書，曰《割圜指掌圖》六卷，曰《方輿備覽》廿四卷，曰《二篆圖説》四卷，曰《隸辨訂僞》二卷，曰《段氏説文翼》廿四卷，曰《河洛鈎玄》四卷，曰《折衝録》十六卷，文十二卷，詩十卷，都一百二卷。

凡君所歷官，以舉人充覺羅官學教習十二年，以進士除鎮江府學教授五年，爲縣湖南，在安福四年，在石門、新寧皆一年，擢澧州未至，卒。都爲縣六年。

其道孝悌於家，其文傳效於天下，其教信於徒友，所在治傍舍，舍來學者。

其治狀：洪秀全犯湖南，君糾安福民乘阸塞，詭徽幟，爲疑兵，賊愕不進，又戰殪其渠帥，却敵。上聞，擢守澧。命下，君方令新寧，新寧民相聚謂曰：「何奪我賢侯爲？」交走大府，守門乞留，不得，受代去。凡所已試可表見者，具狀如此。

君尤益守高。初成進士，廷試下等，及在安福，人有惡君於長吏者，侍講孫鼎臣詒君書曰：「足下以江表名宿，屈宰百里；出奇應變，臨事不惑；見忌闒茸，造作蜚語，嗟乎悲夫！能自樹立，不隨俗骫骳之士，未有能取容當世，不罵譏姍笑者也。」鼎臣，君故人也，爲書如此。

汝綸與福成游，加姻焉，從其家求遺事得此書，著之碑，遂爲銘。銘曰：

既文又武，志伉不俛，雍培其有，其大則戕，出其芒毛，群碎之忉。生晦其明，既没而名，不虧其成。維施不滂，而道則光，維後之昌。松柏丸丸，有萬其年，潯州之阡。

【輯評】

張裕釗評：前路叙次，純用昌黎家法，末乃自出新意，綴孫侍講書以亂之，甚妙。

吴闓生：此篇仿退之《貝州司法參軍李君墓誌銘》。

祭丁樂山廉訪文

維光緒六年秋七月日子，屬吏候補直隸州知州吴汝綸，謹以清酌庶羞，敬祭於誥封榮禄大夫、直隸按察使丁公之靈：

嗚乎我公，文武具宜。不有厥躬，以勇於爲。淮甸蒙難，結聯義故。草創徽志，恃公謀主。於東其征，迴旆北指。或從或別，厥績愈偉。元侯尹郊，求將之能。咨伯暨男，僉曰公材。武節彰矣，文則未知。備兵天津，乃沛厥施。萬夷睽睽，民始未定。脱危而安，克和以政。一士寒饑，若我有艱。匹婦而冤，餐未及咽。川潰於坊，起躬而當。謳謡載道，有萬其口。釋位以憂，詔奪而留。耋稚咽途，車不得驅。喪始逾祥，即家詔起。公一不可，除乃即事。自公再出，益勵首公。爰佐相臣，綏華威戎。式紀式綱，乃將乃明。餘惠逮鄰，畿哺之餉。陳臬郊畿，疑定滯決。進攝藩條，良升奸遏。世衰宦巧，無實而名。於中有公，一鶴孤鳴。武能持危，文厝之安。謂當大施，以庇我人。吕力未耗，壽考匪多。中駕忽税，命乎謂何。凶問初承，自朝及野，或愕或歎，或泣而雨。小子無似，辱知且舊，吊禍詒書，讀之身後。聞喪宜救，匍匐闕如。撰行叙哀，以御喪車。尚饗！

【輯評】

吴闓生評：「七月日子」，「日子」連讀，十日十二子也，見《南史·劉之遴傳》。

朝鮮貢使集讌圖記

六年秋，高麗國王遣其臣副司直卞元圭詣闕獻，見上言：「請比侍子入太學讀書故事，聘問李相國覽示海壖攻守器法。」其冬，元圭自京師至，相國選道員之在天津者五人接伴之。於是游使君自永平守升任永定河道，實與是選。卒事，賓主讌飲，賦詩贈答，用西海所傳幻藥，承水於日景中，寫人儀貌，移入紙爲圖。圖賓主相次坐，凡六人。

游使君間獨過汝綸，言曰：「始吾守永平，吏白外有高麗使，且入謁。已而久不至，遣吏候視，則使者獨上郡樓，登望以去。永平，空道也，樓陊壞，不修久，每高麗使行來，輒登覽以爲常。明年，吾飾是樓，新之。後使至，問知太守新樓狀，因入謁，吾以賓主之禮見。使者歸語其國相李裕元。裕元，老臣也，持朝秉，居國甚重，以太師致仕，有大事，王就諮之。明年，裕元寓書後使詒吾，吾報書勸以輔國求賢，變故俗，厲强兵，扞蔽東海，爲説甚具。自是後裕元遂爲書上李相國，每書至輒録幅示吾，因吾以上。高麗之奮發觀光，遣信使聘問畿内諸侯，自此始也。子其爲我記之。」

汝綸曰：國家懷濡遠矣。自騶衍所稱大九州天地之際，海内外萬國無不款關蟻附，前古未嘗有也。起西南陬，比次徼外，陼粤海絶而東，得島嶼浮著濤浪間，稟正朔，受册命者，爲國大小以什數，各仍用故俗治，不究切之。其朝請疏數，職貢薄厚，至不至，不繫於中國有無也。自以爲一州主，距京師遼遠，樂寬法，恣自便，弗慮弗圖，至萸弱不自葆就，則强大侵欺，禍釁駥發，莫可應救。豈非遜疏自外，不知憑藉威靈之咎歟？高麗附著方内，若肩臂在體，親附恭謹，異於他方。今天子方遠撫長馭，倚任大臣，究極四夷之學，創制興化，章武節，固藩維，元圭所請事，其必有以應待之驗也。而游使君爲吏南北，治行常爲天下最，守空道一郡，又能振厲東藩，扶微國如此。使得斷國論，尊朝廷，柔遠方，吾可以持券而策之矣。

圖六人，自使君及元圭外四人者，皆見於使君所自爲記，故不并著。

【校】

〔録幅示吾〕「幅」原誤作「福」。

【輯評】

張裕釗評：前面叙高麗貢使登郡樓數語，最閑遠可愛。後幅字句聲響，無一不酷肖退之。

吴闓生於「至萸弱不自葆就」句後評：文專就藩屬立言，而國家失於控馭，自見言外。

安徽按察使豐潤張君墓表 代

咸豐初，安徽徽寧池太廣兵備道豐潤張君，用大臣薦，遷雲南按察使。於是洪秀全反，安徽戒嚴，巡撫蔣忠愍公請留君自佐。君則上書言六事，蔣公以聞。有忌君者格不用，蔣公出君廬州使募軍，而安慶陷。詔以君爲安徽按察使。

洪秀全既據金陵，賊艘縱横大江中。安慶瀕江而城，新刳於賊，城赤立無門闑，附郭無居人，官無舍廨，無寸兵半粟，行省僑置廬州矣。君受事，方以掇拾安慶殘遺救集還定之爲事。未幾，金陵賊連艦上犯，再掠安慶。城北十許里有關曰集賢，道安慶北出，則關要其衝。君曰：「城敝惡不可守，吾且守關。」事聞，天子曰：「城敝惡不與凡不守者。」比賊叩關不得逞，遂拔城，君逐之，皆挐舟去。賊去，君空其城不居，還守關。天子又曰：「城敝惡不可守，守險其可。」然文吏猶持初棄城爲君罪，竟議罷君官。賊去安慶，遂犯南昌，南昌城守不下，折而再趨安慶，則君已去。集賢守關者不能禦，天子峻法誅之。自是後，吕文節公、江忠烈公相繼死難，江淮間無完土。於是人思君守關勞，而謂議君者爲非。

君雖議罷，仍署按察使。是時安徽阨塞數二關，南則集賢，東則東關。東關者，在巢縣界上，賊自濡須入巢湖以窺廬州，則東關要其衝。初君守集賢，某率鄉兵守東關，已而某往來近縣擊賊，總兵勤壯公玉山繼守之。賊踞安慶，分兵入濡須，東關不守，君聞，趨救關，戰而傷，退保於巢。其後，卒與玉山力復關守之。廬州之圍，江忠烈公故與君善，自東關召君赴援，師簿城下，奪賊壘，而玉山陷陳死。君收殘卒屯近郊，爲聲勢。比援軍麇至，將帥不相能，城卒以不救陷，君亦謝兵符歸矣。

初，君爲吏浙中久，歷知景寧、建德、海寧、桐廬、仁和四縣一州，同知石浦廳，擢歷杭、嘉、温三府，所至有績。建德、石浦皆以丁憂去官，桐廬、温州皆以攝他劇處不至。在仁和，海上用兵，客軍過，供張辦，驕兵奉約束唯謹。在杭州，會嘉興枝縣民以賦糧倍經徙市，戕兵役，巡撫吴文節公且徵兵，江忠烈時令秀水，上言：「苟張守往，可無煩兵。」遂移君嘉興。至則縛豪民一人而亂定，更定賦法，黠吏束手。吴公下其法他府行之，皆便。又議海運，當時不聽行，後卒用君議至今。他所興除人利病甚衆，尤盡心荒政。既授安徽道員，猶留浙振嘉、湖、嚴、紹四府災，浙人德君。大吏多知君能，及自軍罷歸，道浙江，浙撫强起君防徽州。君則既以勞致疾矣，竟卒於徽。享年五十七，咸豐四年閏七月也。

君諱印塘，字雨樵，由嘉慶廿四年舉人起家。曾祖嗣浚，祖棟，均縣學生。父灼。三世皆以君貴，贈如其官。娶灤州田氏，封淑人，有賢行。側室某氏。子六人：佩經，浙江知縣；佩綸，翰林院侍講；佩紱，浙江按察司經歷；佩緒，監生；其二人早卒。女七人，其五人皆適士族，其一殉難杭州，以貞烈旌門；一早卒。君卒廿有五年，乃卜葬於豐潤縣之八户莊東。

方江淮鼎沸，獨君與某率千百羸卒，崎嶇於擾攘之際。君每自東關往來廬州，輒過予里舍，或分道轉戰，卒相遇矢石間，往往并馬論兵，相慕用不厭。予謂古所傳堅忍負重者，君殆其人。自君罷歸，安徽軍事益卒卒。余亦展轉兵間無所就，久乃謀引去。而君則既不究其志死矣！豈非其命也！君既葬，佩綸以狀來請，乃論次其終始，俾歸而刻之墓道。

【輯評】張裕釗評：篇中提頓旋折鈎勒處，一一有法。

答王晉卿書

辱示《中庸説》，篤守家法，搜討滯墜，如釋篇題取《廣雅》「庸和」之訓，及中間考論禮制，皆極精鑿。其他古義至多，雖乾嘉諸老儒見之，皆當畏服，況若汝綸之寡學乎？敬佩敬佩！

往歲與武昌張廉卿商論《中庸》，連日夜不倦，以爲古人著書，未有無所爲而漫言理道者。子思之爲《中庸》，以後世例之，蓋即仲尼之行狀也。其數數稱述仲尼之言，若《史記·孝文紀》備載詔令者等比。仲尼布衣，無功烈顯著，獨其言貴耳。其稱「依《中庸》遁世不悔，惟聖者能之」，「聖者」非他，謂孔子也。其言「大德必受命」，在下位不可治民，蓋傷仲尼有天子之德無其位，不能制作禮樂，徒以俟百世聖人，爲不遇時也。然古之君子，不以遇不遇輕重。仲尼兼包數聖人之德，亦一天地也。至乃六合之内，有血氣莫不尊親，身世位遇，曾何足云！所謂依《中庸》不見知無悔者爲此。蓋非後有達天德如仲尼者，不足以知之矣。揚子雲文學之士耳，尚有待後世之子雲，況仲尼乎？此《中庸》之大歸也。儒者説之失其指趣，於是《中庸》之言與匡稺圭之文、枚賾之《僞尚書》殆無以異。獨鄭康成謂子思以昭明聖祖之德，此古今特識也。至其爲説，小小者不能無失。如以「追王」爲改葬，經所本無。又以「大經」爲《春秋》，「大本」爲《孝經》，皆逞臆無據。使其言然，作書者何不明稱之爲《春秋》、爲《孝經》，而乃深没其名待後儒之解説乎？朱子鈎釽章句，繆繞文義，不足厭後學者之心。至謂「素隱」爲「索」、「示掌」爲「視」，本於《封禪書》、《藝文志》，不可易也。《易》言「索隱」自與此異。猶大德、小德，古多以天子諸侯爲言，若此經及《論語》所言大德、小德，自與他經傳異，言豈一端而已。「費隱」之「費」爲「用之廣」，於文宜爾。《招魂》「費白日」，王逸解「費」爲光貌，古「光」「廣」同字，「費」可爲光，亦可爲廣也。此數者，皆不得以朱説爲過。

孔子之道大矣！自子貢門人之高弟與聞文章，乃謂性、天道不可得聞。是後表章孔子，惟《中庸》、《史記》爲著。《孔子世家》記夫子之文章者也，《中庸》記夫子之性道者也。鄭氏之説《中庸》，以文章説者也，朱子以性道説者也。其淺深離合之數，學不逮子貢殆不足以定之。獨所謂「木神仁」、「金神義」及「二五之精」等説，則汝綸向所不取耳。近儒如戴東原等乃欲取宋賢義理之説，一一以古訓裁之，是乃執文章以議性道，蓋未可也。宋賢於訓詁誠疏矣，子貢不聞性道，豈亦未通其詁耶？周祈有言：「子之學將盡行，願以名母爲後。」吾願今之爲訓詁之學者，亦以疏解義理爲後也。鄙見如此，敬以奉質。

續示《盤庚説》，與汝綸暗合者十之三，爲汝綸智所不及而閣下獨得之者十之三，其未敢信爲誠然者乃三四而已。汝綸塵冗廢學，習《尚書》卒業尚無期日。今往鄙著一册，乞不外棄，厚教之，勿以示他人，幸甚。溽暑，想爲道珍重，諸惟亮察。不具。

【輯評】

張裕釗評：酷似姚惜抱《與人論經學書》，間雜以詼詭之趣，則惜抱之所無也。

又評：承示大著，此一首尤服膺不置，必傳無疑之作。

李相國六十壽詩

今上八年正月，相國合肥李公登壽六十，文武、吏士、賓校、薦紳咸謀稱壽，公固不許。其幕下士某等相與謀曰：「以文爲壽，於古無有，公又靳之。稱頌大臣，在律有禁，勿爲其可。雖然，吾等不可以嘿已。伏見往古歌詩《江漢》、《常武》、《烝民》、《崧高》諸篇，列在二《雅》，推大方、召、山甫以顯周宣中興之功。裴相匡唐，韓柳之徒并有述作，文辭瑰偉，識者謂能聳唐德於盛漢之表。然則褒述功伐，歌詠盛美，所以宣上威德，尊朝廷也。公其可讓！」輒竭盡固陋，依古作四言詩一篇，拜手稽首以上。其詩曰：

猗惟我公，登翼聖皇。遠猷是經，不迷御衡。厥初中邦，有討而逋。我旗一麾，天下密如。裨海九州，傳自騶衍。古絶不通，賓之邈遠。鉅清受命，環海偕來。獸心鳥言，一覊縻之。叩關通市，詣闕獻見。控馭一失，枕戈待變。惟公遇之，陰陽闔開。驕子悖嗔，見母而摧。邊人反側，虜齧我疆。行人失辭，將隨以兵。公曰不可，自我構怨。一使之任，釋師十萬。倭踐琉球，好言來和。獨持不隨，下國交賀。高麗臣順，百國陵欺。誨以邦交，卵之翼之。凡公初畫，智驚愚悖。及其既成，萬口唯唯。天子命我，保釐是任。有十其年，扞城腹心。既綏既懷，自視則欿。一世之功，萬世猶慊。天牖下人，鼓物者風。智巧創述，哲人是欽。惟古六藝，絶而不緒。其一尚存，是曰算數。失之中國，守在夷狄。幼眇繁賾，豐淫衍益。天地奥清，萬化鴻洞。剖芒析微，糅合而用。制爲械器，魚脱於淵。守牢攻堅，富以其鄰。車金其軌，掉舟以火。陸無阻修，水行若飛。雷電之氣，用而置郵。俯仰萬里，前古無有。天泄其奇，地呈其寶。恣意而取，財賄焉阜。凡皆微學，數之極致。公參彼己，道我方内。始人未信，公一勇趨。風俗之成，豈不自吾。前千萬年，衆聾不聰。開物覺後，此萬世功。伊昔神聖，臣畜四海。不有濬哲，惠疇亮采。帝咨滑夏，作士命咎。禹叙西戎，式甸九州。説相武丁，殷服鬼方。周公南車，重譯越裳。越宣中興，有方有虎。叔季共主，武靈騎射。漢相博陸，外國賓服。學究四夷，厥有充國。公兼數子，而功加崇。自西逌徂，周回而東。厥里九萬，極車窮舟。人迹所至，靡不懷柔。抗威敷德，橫被罔極。匪直也僚，并受介福。小子狂簡，登龍於門。窺見美富，百分一端。本原事功，敷告海人。而君而長，侯王之群。無恃而有，式驕式傲。散我皇明，往息爾熸。衆賓序興，侑此觵斛。作爲好歌，用宏碩休。

【輯評】

張裕釗評：驅邁之氣，瓌瑋之詞，足以嗣響揚、馬。

又於「伏見往古歌詩」句下評：其氣古，其詞雅，最近似班孟堅。

讀文選符命

司馬相如作《封禪》，自漢明帝以來，不能明也，獨吾縣姚氏父子通其意，以爲風諫之作。近武昌張廉卿益著文昌言之，其説既信美矣。吾尤惜《劇秦》、《典引》，皆放依相如之意，而世乃病其摭實，而目之曰諛。夫此數子者，文采志意，蓋皆望孔子爲依歸，而後以關諸百世，其自處審矣。安有中材不屑爲，獨冒不韙不顧，輕妄作文字諛人者哉？

夫相如尚矣。及若孟堅之文，唐以來作者輒擯焉不載，宜其狹近易識。而所爲《典引》，譏讖録之不經，圖牒祥瑞之訞妄，而微見「漢爲堯後」、玄丘佐漢等説之怪誕無稽，其立意可謂至章顯，而世顧瞢然莫之辨也，又况其深焉者乎？且相如、孟堅立乎漢之本朝，親見封禪、圖讖之違失，欲言不能，欲嘿不忍，於是發憤而謬悠其詞，以冀主之一悟，其可也。子雲施之莽世，何爲者耶？曰此非可以俗論施者也。

昔伊尹五就湯，五就桀，孟子實論定之。公山、佛肸召，子皆欲往，事出仲尼，學者不敢議耳。蘧伯玉再出近關，亂定輒返。晏子君弑，受盟崔慶。季路死衛輒之難，高柴逃之，高不苟生，則季爲苟死矣。且孔子正名而二子仕衛，不亦詭乎？此皆孔子之高弟弟子，若所嚴事，出處如此。天下之事非一端，君子之處亂世，亦不必皆出於一涂，要以潔身不爲利，立意較然而已。子雲當王莽時，著書盛稱楚兩龔、蜀莊，而身顧不欲效之。又居貧自守，無徒黨，不能爲劉崇、翟義所爲。而所爲詘身信道，載而之乎萬世者，又非可苟而托也。故其封事曰：「恐一旦先犬馬填溝壑，所懷不章，長恨黄泉。」其稱莽之事「開闢未有」，所爲謬稱典文，改制妄作，乃與秦燔《詩》《書》、立私議無以異，是泛掃前聖用己私，不能享祐決也。所謂祥瑞符命，徒回昧壞徹者之祆碒耳，莽乃用以掩飾盜竊，其委心積意，亡秦不足爲喻。封禪祠祀，受命者不爲，如莽等比宜試爲之，以益其威詐而厚其亡耳。其列羲皇、唐、虞、成周，以著「新」之爲，乃前古未有之變。而繼以仲尼之《春秋》，則又自喻其文之所以誅亂臣賊子者，蓋竊取《春秋》之義，以舒憤懣於當時，而待後世之識者，雖以此誅夷鼎鑊而不悔也。豈直微文刺譏，且若相如之《封禪》，死而乃上者比哉！

嗟乎！莽之不知文，劉子駿之徒之不構子雲於莽，固皆子雲之不幸，而千百世之後，一有識其心而果其所待者，於子雲抑何加損焉。吾又以爲莊生之徒之齊物者悲也。

【輯評】

張裕釗評：此文高卓奇確，前無古人。

賀濤評：爲子雲文字辯謗，實論其所以自處。詞旨至爲悲婉。

范當世評：公之斯文非唐以後之文也。至其學問之宏毅剛正，亦庶幾乎太史公。

又：此與《李剛介誄》蓋已軼姚、梅而上之矣。

李起韓先生八十壽序

客有以深州李起韓先生夫婦八十壽求言於汝綸者，汝綸曰：先生之壽，宜也。天地之生，彼無所不有，凡以給養人而壽之耳矣。是故有氣有形，有光有聲，有化有因，有健有馴，有飛有沈，有胎有根，有特有群，有纖有鴻，有離有叢，有峙有僵，有襮有藏。是物也，人皆賴之，賴而不能遍怙取也，於是乎有少有多，有斂有侈，有唱有隨，有高有庳，有危有夷，有替有崇，有專有公，有雌有雄，有短有長，有虜有王。亘萬古而不能均，而爭由是起焉。爭則有拒有攻，有尸有從，有懦退、有勇先，有與散、有仇連，有初勝終殆，有小詘大信，有避而顧有，有就而益亡，有誘之輒進，有餌之不嘗，有失利而不振，有得隽而愈創，有絀有贏，有壞有成，有弱有强，而得失之數，至於億變百出，而不可勝原焉。其失則有愧，有憤，有怒，有怨，有憂，有恨，有忮，有慍，有侘傺失氣鬱抑不復訾省，有狂易而煩冤。其得也，則有酣恣而娭游，有倨敖而驕，有積艱累勤一快而精耗，有逆億豫度於後變而愁困不瘳。斯二者，皆所以夭閼遷落夷傷而不可聊。而天地之生，於是乎蹙焉。故生之蹙緣於有得失，得失緣於爭，爭緣於不均，不均緣於不遍取，不遍取緣於無所不有，無所不有緣於天地之生。故天地之所以生者，乃其所以蹙生者也。孰能外天地之生，一斥棄其諸有者，彼且與天地久生，其生也彌短，其棄也彌少，不有棄焉，吾未見其能久生者也。

先生自其少年時已能取科弟，已輒棄去不更試。歸率其配賀夫人，白首事母，不一夕違左右遠出。其於世顯晦升絀毀譽，泊然一不以千其慮也。雖視向所稱與天地久生者未知其如何，要能有所斥棄，無爭於世，晰也。如是而考壽，其誰曰不宜。

汝綸爲深州時獲交於先生，今忽忽近廿年，身未衰老而顔頹髮脱，鬢騣騣白矣。曩者千年之志，今消爍不復有，上壽於先生，輒自生愧。

既以此應客，繼聞深州人傳先生習方書《本草》，《本草》傳自神農時，中多不死之藥、道林養性之指，豈古人之求久生不得，退而索於形骸之内者之所爲乎？異日過先生，當就求其術，願悉以見告，勿秘留也。

【輯評】

賀濤云：濂亭先生謂「此篇有意述奇，未能臻於自然」。摯師亦以爲知言。

《八家文鈔》：瓌奇偉麗，似周秦諸子。此等文體乃先生獨創，非他家所能有也。

福建臺澎道剛介孔公碑銘

同治元年，臺灣枝縣彰化民戴萬生反，擁衆號數十萬。是時臺灣總兵老罷不任事，知府新至，倉無宿糧，庫無刀箭炮藥丸彈，廄無馬，城無兵。臺澎兵備道孔公方病卧，聞警立起曰：「吾責也！」出私錢募勇，舁疾疾馳抵彰化辦賊。淡水同知秋曰覲爲前行。曰覲戰死，賊乘勢疾進，薄彰化城下。公則激厲守者出死力閉拒，三日三夜不懈，益嚴。有内應夜開城内賊。麾衆巷戰，被大創。賊中有識公者，趨前爭持公曰：「吾等罪死，負使君，願送還郡。」公不可，令掖送彰化學，死孔子神位下。

初，公爲鹿港同知、臺灣知府，威德在彰化久，賊自爲民時，知與不知皆感公，故傷公而悔云。事聞，天子曰：「孔某在臺灣久，民吏愛戴，有司優卹之！」蔭襲騎都尉，賜祭葬，祀昭忠祠。臺灣人吏爲請謚，建專祠，上事狀，史館立傳，謚曰剛介。喪歸，民老幼相扶，携挽柩車送野，哭且自語曰：「孔使君去矣！吾其如何！願爲神臺灣福我。」歸葬泲寧，泲寧人又請建祠其鄉。

公諱昭慈，字文止，少力學厲節，概慕海忠介爲人。中道光十三年進士，改翰林院庶吉士。大學士阮文達公深器之。散館授廣東饒平知縣，母憂去官。服闋，揀發福建，補古田。調閩，歷署莆田、沙二縣，興化通判，邵武同知，皆有政績可紀。升鹿港同知。自鹿港同知升臺灣府、道，凡十四年未離臺灣。閩撫徐清惠公尤加敬禮，號爲獨立。君爲政有惠愛，不妄取民吏一錢，視民利病若憂喜在己。有急則自承其危，厝人於安，不以生死利鈍成虧去就也。所至尤以禁私鬬、能治盜顯聞。民鬬者至相戒：「勿貽我公羞！」得劇盜輒置之法而收其從，使名捕餘盜，盜發輒得。自始至臺灣，反者五六起，公一剗刈之。其規畫深遠。識者知其有以爲也。

始爲臺灣府，三爲書上大府，論戍兵空籍之弊，請一裁汰故兵，募土人，選驍勇，團練鄉堡，收實用。爲説甚具。既不得請，則規固鹽利，絶私販；穿渠爲溉，田課饒，穀滋益。拔取文武知名士，備緩急，爲國扞蔽。臺灣駸駸，嚮殷盛矣。粤寇犯閩，閩中徵調急，公亦急時安危，不專私一境，悉發賢將勁卒，委輸資糧相連屬，度海圖閩難。所遣彰化人林文察，卒以武勇顯功名於閩，閩人怙賴之。然臺灣自是始大空。咸豐十一年，外國大入通市，是時閩事棘矣，公猶力持不稍下，卒以滬尾閑處處外國人，使立館販諸物。外國無一人得至臺灣城下者。

戴萬生之初起也，以失意長官，潛結社聚衆。公聞，數戒彰化令先事爲備。令以爲團練也，一不何問。會嘉義反者孫白、毛鵠爲亂，公設方略捕滅之。甫滅而戴萬生事起，以公之速至也，持兩端。既害曰覲，不能復中立，邂逅集城下，故公及禍。卒時年六十有八。

公，孔子七十一代孫。八世祖贈光禄大夫，追封衍聖公，諱貞寧，始分大宗爲别子。曾祖傳炣，江南布政使，誥授通奉大夫。祖繼申。父舉人，候選知縣廣禧。自祖以下皆以公貴，贈資政大夫。自曾祖以下，由曲阜遷泲寧，故又爲泲寧人。夫人鄭氏。子二人：憲曾，翰林院編修；憲高，由郎中改知縣，爲新河知縣，狀公遺事，授冀州知州吴汝綸曰「願有紀」。乃最公臺灣事始末詩之碑，其詞曰：

翼翼重扃，膚使是宜。孰蕪不治，養俗而靡。後雖久賢，殘殺不瘳。蘊毒而摇，卒隕賢侯。維此賢侯，露洽霆震。始政於沙，爰發華問。有茶者田，椎埋穴藏。抇其株根，樹之穀桑。民聚説公，有聞以泣。上官揖公，謂公獨立。海釁翹翹，視賄卑高。踵常隨故，青衿用忉。公曰名器，不可假與。孔氏爲此，曷示我後。文以德優，武烈又崇。可用外揵，匪直内訌。胡閔不卒，濡人枯己。夜光隋璧，碎於一蟻。萬夷彎彎，睨我户庭。一楹而傾，而遑衆莛。誰司閘閎，來考吾銘。

【校】

〔戍兵空籍〕「戍」原誤作「戌」。後徑改，不再出校。

〔樹之穀桑〕「穀」原誤作「轂」。

【輯評】

賀濤云：此文初稿統論臺灣大勢，其説甚奥。已而謂賀濤曰：「其人其事不能稱此文。」濤曰：「韓退之《送鄭尚書序》非其例乎？」先生曰：「送序可言，施之碑志則不可。」乃改爲之。頃讀張先生《孔公臺灣祠碑記》，乃如先生初稿所言。兩先生皆逝，殆無從質所疑矣。

吴闓生云：銘尾六句，乃一篇大旨所寄，仍注重臺灣大勢立言，特通篇抑鬱不發，至末始一及之。文章之道，固無定律可循，至其精微之藴，則亦不能外也。

清河觀察劉公夫人詩序

清河觀察劉公，既喪其良嬪孔夫人，悼念之不弭，乃裒其遺詩爲一卷刻之，而使其屬吴汝綸爲之序。汝綸讀其詩，至於雕刻山川、憑吊阨塞之作，以爲古所稱登高能賦可爲大夫者，殆不是過。而夫人故嘗自恨生不丈夫行，不能助公以奉上德揚職阜人爲事，賦詠所寄，累累見之，其志意尤奇也。婦人之職，以酒食、中饋、織紝爲務，卑弱承事人爲德。有能通念書册，習文藝知道理者，世則以爲希矣。又况德業、材用、器量，壹仿依於男子如夫人者，豈易得哉！

中國之法，貴丈夫，下婦人。丈夫、婦人，有常名，無常行。丈夫之行也有三：婦人之行也亦有三：有職，有藝，有志。職也者，丈夫、婦人分有焉。藝也者，丈夫專之，而婦人兼之。志也者，丈夫、婦人交致焉。職則丈夫也，藝則不能丈夫也，志則不能丈夫也，丈夫名婦人行，且得而丈夫之耶！職則婦人也，藝則不專婦人也，志則不屑屑惟婦人域也，婦人名丈夫行，且得而婦人之耶！丈夫也，婦人也，是時爲貴下者也。雖然，丈夫而婦人者多，婦人而丈夫者少，則其貴且下也亦宜。昔者，戰國之時，有犀首、張儀者，丈夫人也，而孟軻氏賓之至夷於妾婦。張子房運籌策佐漢倔起，有天下，成帝業，功勞爲多，而太史公見其圖，狀貌乃如婦人好女。而婦人之中，又傳有所謂緹縈、洗夫人者，類不規規以弱女子自嗛，而慨然有烈丈夫之風。以彼所爲，與世之大冠長裾、雍容壇坫者校功比權，夫孰雌雄焉？儀、衍、子房，自恒人視之，丈夫之雄也，下是而不如之者多矣。及如緹縈、洗夫人，千百賢婦人中乃一二而已，求一二人於千百人中，誠知其難也，而果有得焉，有不敬畏而誠服者乎？於其亡也，有不憂悲思愁而求所以不亡之者乎？

夫人之詩之美，覽者多能言之。汝綸讀其詞，奇其志，以爲殆古之緹縈、洗夫人者比也。序其詩而傳之，庶夫人亡矣，猶有不亡者存。光緒某年月汝綸謹序。

【輯評】張裕釗評：儁傑廉悍，横厲恣肆。此等題乃能爲此奇文，作者故乃具絶大神通者耶！

李相國夫人壽序

光緒十三年二月，相國李公夫人壽登五十，僚吏賓校合謀獻辭稱壽。有問於汝綸者曰：「相公自未五十來鎮郊畿，於今垂廿年，亮翼本朝，撫綏方外，群吏率職，耄耋謳詠，政洽化成。退食雍容，室家和宜，子姓美好。持國秉，都將相，任事之日久矣，而貌加腴，神加王，斯天下之大福也。敢以爲相公獻！」

汝綸曰：「此殆不可公意也。且福者，天所資予，而亦頗不暇擇焉，一恒人能有之。及若天之篤生雄俊閎達非常之人，類非使自澤其身而已。自其未出，故以韞韣艱鉅，懸付儋何。既奮起獨立，則且爲天之諍子。天地事物，億變相繆，方壞方支，方成方虧，軼進互鬭，相尋而未有已，而卒未肯一聽隨於天。故乃開物成務，傍作穆穆，先人而憂，先事而謀，以與造物者權勝負。智紈力劇而恐不逮，則又博求夫同乎己而不聽隨乎天者，并智一力而助之爭。得則小休，不得則智益勞，力益瘁，儋何益重。蓋雖窮寵極崇，日處乎震炫凡庸之勢，而故以遺而外之，一不以自愉慰其中也。斯則公之所爲已。」

「然則福不可以頌我公乎？」

曰：「奚爲不可！吾嘗習毛氏《詩》，其稱《周》、《召》二《南》，以爲聖人賢人之化。吾意必有艱難綢繆，遐攬遠馭，恢崇横被之績。今詩乃無有，獨於后夫人所爲承祭祀、綏福履、宜子孫則永歎長言之，周復而不厭。非夫聖人賢人所以憂勞勤閔，錫福於天下者既深既遠，天下之人願欲其愷樂壽耇，永永無極，而聖人賢人則又未屑意此等，於是流聞其后夫人幃闥之行純懿碩休，雖甚瑣屑，皆樂得而傳載之與？而后夫人雖賢聖，以静順爲德，不見所施爲，則夫優游富貴，膺受多祉，非天所亨祐福祥美善之極軌與？今相國夫人毓德名族，自其大父雁平府君以一甲弟一人及弟，是後父兄群從繼踵翰林，耳目濡漸，被服禮則。當相國平亂南方，夫人固未來嬪，不見出入鋒鏑、喋血原野之勞。始至即爲一品伯夫人，有《鵲巢》『百兩』之盛。及往歲乙酉，公子尚少耳，已登鄉薦，諸孫賡續競秀，有《麟趾》『信厚』之美。承助相公廿餘年，登壽五十，康强逢吉，流慶一門，前古所未有也。所謂天下大福，意在夫人乎？坤道承乾，夫人總集福祥，歸成於公。吾等濯沐我公膏澤，稱是爲頌，奚爲不可？」

問者曰：「子之言然，請書而獻之，以附於《南有樛木》、《采蘩》詩人之義。」

遂獻以爲壽。

【輯評】

《八家文鈔》：奥博醇厚，近西漢人。

記寫本尚書後

《古尚書》百篇，今存者廿八篇，虞、夏、商、周之遺文可見者盡此矣。漢時《書》多十六篇，由時師莫能説，不傳，卒以亡。惜哉惜哉！

古帝王之事與後世同，其所爲傳載萬世、薄九閎、彌厚土不敝壞者，非獨道勝，亦其文崇奥，有以久大之也。楊子雲最四代之《書》，以爲「渾渾爾」、「噩噩爾」、「灝灝爾」，彼有以通其故矣。由晉宋以來，士汩於晚出之僞篇，莫復知子雲之所謂，獨韓退之氏稱虞夏《書》亦曰「渾渾」，於商於周，獨取其「詰屈聱牙」者。《詩》曰：「惟其有之，是以似之。」信哉！其徒李漢叙論六藝，又曰「《書》、《禮》剔其僞書之僞」，蓋自此發。且必退之與其徒常所講説云爾，而漢誦述之，不然，漢之智殆不及此。聖人者，道與文故并至，下此則偏勝焉，少衰焉。要皆有孤詣獨到，非可放效而襲似之者，知言者可望而決耳。吾尤惜近儒者考辨僞篇，論稍稍定矣，至問所謂「渾渾」者、「噩噩」者、「灝灝」者、「詰屈而聱牙」者，其蔑然而莫辨猶若也。於是寫其文，自《典》、《謨》訖秦繆，頗采文字異者著於篇，庶綴學之士，有以考求揚、韓氏之説而得其意焉。

嗟乎！自古求道者必有賴於文，而文章與時升降。春秋以還，丘明所記，管、晏、老氏所言，去《尚書》抑遠矣，秦繆區區起邠荒，賓諸夏，無可言者，獨其文崒然隮千載，上視三代，殆無愧色。吾又以知帝王之文之蚧蠁於後人者，蓋終古不絶息也。

【校】

〔渾渾爾噩噩〕下當脱一「爾」字。

【輯評】

劉咸炘評：「蓋自此發，且必退之與其徒常所講説云爾」句，何以知之？

又云：詰屈聱牙，何以言體耶？

又云：稍采異文便可辯渾噩爾。

再記寫本尚書後

自漢氏言《尚書》有今文、古文，其别由伏、孔二家。二家經皆出壁中，皆古文，而皆以今文讀之。歐陽、夏侯受伏氏讀，不見其壁中書，壁中書本古文，以傳朝錯入中秘，自是今文始盛行。吾疑安國與其徒亦故用今文教授，孔氏所由起其家用此。二家之異在篇卷多寡耳，不在文古今也。太史公書言《尚書》「滋多」自孔氏。而劉歆議立《逸書》，譏太常「以《尚書》爲備」。其時膠東庸生遺學，亦以多十六篇與中古文同。凡前漢人重孔氏學、稱古文《逸書》皆以此。及賈、馬、鄭之徒出，乃始齗齗於古文之廿八篇，而廢棄其逸十六篇，以無師說，絶不講。朝錯所受壁中書雖朽折，至哀帝時尚在，孔氏古文若廢棄逸十六篇不講，而止傳伏氏所有廿八篇，則與朝錯所受書何以異，且又何以大遠乎今文耶？今文自前漢時立學官，有禄利，學者習歐陽、夏侯經說之成市，而朝錯壁中書僅乃能傳讀而已。此同出伏氏一師之所傳，盛衰懸絶乃如此。其於古文《逸書》，以不誦絶之，誠無足怪。若賈、馬、鄭諸儒者，誚歐陽、詆夏侯不習博士經，不徇禄利，背時趨崇古學矣，乃亦不誦《逸書》，何歟？帝王之文至難得也。遭秦焚不盡亡，伏氏少失焉，而復出於孔子之堂壁，可謂至幸。是後雖微弱，猶尚絲聯襁續，彌留四百年，而卒廢棄於諸儒崇古學者之手，自是以來，逸十六篇舍太史公所録《湯誥》外，無復遺存者矣。此可爲深惜者也！光緒某年某月桐城吴汝綸記。

【輯評】賀濤評：因揚、韓之説，神游其境，與之冥合，而文之雄譎遂與揚、韓相類，亦所謂「唯其有之，是以似之」也。

《八家文鈔》：二篇氣體醇厚淵懿，蔚然西漢之文。

范蔭堂先生壽序

江出岷峨，沄沄其東。鉅海會之，淑靈焉鍾。宜有傑士，笁生是間。載考往諜，千歲不聞。赫赫范宗，于里斯濆。范之不朽，春秋是紀。蠡蜚增蹶，雲詩曄史。於後希朝，有秩於唐。至宋益大，自文正公。公材命世，德斂於家。忠宣繼之，條葉扶疏。子孫散處，於吳、楚、越。或出絶塞，攀龍爰發。占通州者，勛卿發聞。明社既屋，慭遺孤臣。既孝既忠，烝烝增增。明德百世，達人其興。勛卿八傳，先生實繼。承兹茂族，處得勝地。天錫純懿，億其有謂。卒老於窮，眩者其喟。負販駔儈，藏鏹百萬。高冠長裾，不能石甔。閭里小生，金門玉堂。經明行修，閉户窮鄉。馬醫歌兒，大夫夫人。有子逢時，聯軸告身。時之不諧，糟糠塗泥。堯言舜趨，子父寒饑。誰者尸此，爲此貿傎？弛張不存，曷主下人？下人之者，尚有不齊。赤白反易，三王異施。屈芰曾棗，膾炙焉加。又其甚者，逐臭耆痂。彼各有適，何醜何妍。又況造物，於人固懸？豈其好惡，一徇我民？華榱大夏，室家之庇。天曰幽汝，乃犴乃狴。好食鮮衣，口身之華。天曰豢汝，視彘負塗。靡色曼聲，爲樂無方。天曰酖毒，速汝於亡。尊官重勢，恩威盈握。天曰危機，汝禍踵屬。匹夫好德，一鄉慕善。天域之區，不化及遠。功烈在世，四海歸懷。天資之時，匪才獨能。凡兹數者，非天重寶。隨材斥予，使恣所好。惟其文章，天之緘機。文王既没，畀之聖丘，孟公熊熊，屈憤莊恢。馬揚代興，籥雲拂蜺，太史將聖，嗣者退之。旁逮甫白，風騷之遺，後有述作，瞠乎莫追。苟與於斯，得天蓋尤，菁英千載，彼不常聚。先生一室，網有今古。其爲祉福，可勝言耶？俗之美好，其與幾何？吉日良辰，君子壽考。聽聆高風，欽此至教。三子并學，吾識其兄。歌以侑觴，亦券其成。

【校】

〔馬揚代興〕「揚」原誤爲「楊」。以下徑改。

【輯評】

賀濤評：用退之意。

《八家文鈔》：擷揚、馬之精華而變其貌，奇辟雄麗，獨有千古。

劉咸炘評：此乃壽頌，不當稱序。

孔叙仲文集序

往汝綸始入内閣，則聞曲阜孔叙仲先生於諸舍人中爲最賢，會先生已東歸，願見而不可得。又後廿餘年，與先生之子厚甫同官直隸，乃得讀先生之書。蓋先生少師事李方伯宗傳，爲桐城古文學。桐城之言古文，自方侍郎、劉教諭、姚郎中，世所稱「天下文章在桐城」者也。而郎中君最後出，其學亦最盛。由郎中君已上，師師相詔，更嬗遞引，鄉里之傳不絶。獨郎中君自少至老，常客游不家於鄉，其流風被天下，而桐城受業者乃四五人而已，李方伯其一人也。郎中君既没，弟子晚出者爲上元梅伯言。當道光之季，最名能古文，居京師，京師士大夫日造門問爲文法。而是時湘鄉曾文正公尤以閎文繫衆望，其持論亦推本姚氏，故梅、曾二家賓客相通流。先生既傳業於李方伯，及入京師，則數與梅伯言、曾文正往來。其於姚氏之學既沈漸而癖好之，嘗寄詩伯，言自詭出桐城門下，用相矜寵。暇則從諸公爲文酒之燕，見於詩集者往往一會至數十人。今讀其詩，若承謦欬於諸君子之側，而身從其游，與之馳驟而先後之也。

方梅，曾在京師時，文章之士之趨歸之，相與講論姚氏之術，可謂盛哉。往年汝綸侍文正公時，公數數爲余稱述姚氏之説，且曰：「今天下動稱姚氏，顧真知姚氏法者不多，背而馳者皆是也。」汝綸竊自維念，幸生桐城，自少讀姚氏書，姚氏支與流裔，在天下有振起而益侈大之者。而鄉里後生，卒鮮得其近似，聞公言則瞿然而愯。今老矣，業不加進，無以逾侍文正公時。讀先生書，考其淵源所自，茫然不自知鍼刺之在體也。

【輯評】

張裕釗評：用意甚佳。

賀濤評：疏朗秀逸。

范當世評：淡而有鬱致。

李剛介誄

剛介名檁，宣城人。父曰宣範，官終松江知府。剛介以荆門直隸州知州殉難於興國之富池口。松江有吏能，事具《梅郎中文集》。剛介死事，名流爭爲詩文紀載之。其孤雯，又以命汝綸，乃爲之誄。其辭曰：

維咸豐初，盜始讙譤，擾我南服，鄂郛三屠。薦紳横死，堆骨成隴，事或無俚，豈曰能勇。洎賊之殲，罄竹書勛，會其成功，豈曰能軍。光光李公，眇然一儒，作宰江漢，贍災蘇枯。撫我赤子，暖姝求媚，及其見敵，勇乃百倍。提劍躍入，萬馬之場，四顧無繼，愈奮益張。當在鍾祥，寇環我疆，一柱支天，厥夏四傾。賊北逾河，風折後距，分旆入楚，指江南渡。公率偏師，遏江之渚，驟勝窮追，無一脱者。惟此田鎮，是曰楚門，南賊大入，公趨來援。三師成列，前行逗橈，獨奮出擊，賊敗遁逃。追之富口，而後不繼，義士八百，同日并死。英名千載，忠骨不歸，招魂葬衣，嗚乎哀哉！方寇之張，猋涌電過，所當立碎，無攻不破。王旅四臨，殫智傾財，開府連率，相顧瞤眙。民不知兵，吏怠其守，百年太平，狃習蓋舊。自非名世，雄雋之才，懷抱孤憤，往輒俱縻。矧在州縣，治纔百里，如横一草，以障江海。知義守死，已可咨嗟，至如公者，豈易得耶？

公之用人，人樂爲死，飲刃在腹，甘之如醴。取囚於伍，佩之將印，刳心相示，卒與同命。此義實古，名將之風。至其義烈，又不愧心。田鎮之行，非帥指麾，權其緩急，去安就危。軍之既陳，我爲中權，前軍不進，吾無責焉。與懦爲人，毋寧勇鬼！彼坐縮手，云胡不恥？昔江忠烈，勇於爲忠，不以朝命，便文自營。湘鄉作銘，表其大節。較然不欺，世固難得。死所而幸，猶生之愉。唯公與江，庶其同符。

公三爲縣，初令公安，孝感、鍾祥，乃擢荆門。荆門不至，所至畏慕，去則爭留，死皆俎豆。同時循吏，黄守金公，更令牧守，禦亂有功。寇大至黄，守兵纔百，城陷巷戰，短兵手斫。力屈赴井，贈太僕卿。夫人二女，殉節武昌。金名雲門，休寧進士，與公後先，時稱金李。其後十年，鄂帥奏曰：「吏鄂死事，史書不絶。惟二臣尤，古烈士心。鄂人歎嗟，不衰至今。」天子褒忠，皆予美謚。李公有子，厥名逾久。漢誄叔持，以命孟堅。馬敦守汧，亦誄於潘。我述李公，附金義烈。匪惟告哀，以訊來哲。

【輯評】

張裕釗評：此文自曾文正公外，無能爲之者。公於此體蓋專長獨擅矣。

又云：疾讀一過，使人變色失步，其高奇殆非近世所有。閣下前書謂肯堂有萬夫不當之勇，吾於公亦云：吁，可畏哉！

《八家文鈔》：英偉跌宕，光芒四射，於四言中創辟奇境，先生獨擅之作。

論語叙贊

自羲皇開文，降唐迄周，宰世成務。洎仲尼所居國與政竟死不遭，垂空言。述《學而弟一》。

匹夫抱一以終老，極於事天地、横四海，其唯孝乎！三王革因，俟後百君。述《爲政弟二》。

禮樂之用，先王以動化天下。禮失而霸，霸失而素王興。述《季氏弟三》。

大哉仁乎！發爲禮讓，存爲忠恕，不可析鈲。至德睽孤，乃傳諸徒。述《里仁弟四》。

性命幽微，顯諸文章。歷撰狂簡，揚搉今古。海桴不浮，志涸身休。述《公冶弟五》。

顔冉既亡，南面其雍。卓哉中庸，齊因魯仍，爰詘衛南。述《雍也弟六》。

精感若晤，千歲旦暮，饋詔寢周。聖善不得見，抗志浮雲。述《述而弟七》。

曾氏載道全歸，契顔惟微。厥淵源久古，自唐、虞、姒、姬。述《泰伯弟八》。

龍游鳳儀，天迪斯文。聖緒韞䪗，爰正詩樂。述《子罕弟九》。

聖莫大於時，幽閟靡窺。廟朝揖讓，齊居燕坐，誕略維章。述《鄉黨弟十》。

陳蔡既阨，四科是列。顏亡喪予。春風詠歸，異僎狂且。述《先進弟十一》。克復歸仁，唯禮兢兢，敬恕是階。遠哉舜湯，明哲煌煌。述《顏淵弟十二》。學而入政，正名攸先。富教即戎，需之歲年。不得中行，吾思狂狷。述《子路弟十三》。德仁積而禹稷興，禮樂崩而桓文出。篡弑滋起，《春秋》因是作。佞如果如，知我其天。述《憲問弟十四》。集四代制作，誕成王業，宏道者有焉。没世不名，君子羞諸。述《衛靈公弟十五》。三桓柄國政，魯道其衰。求志達道，夷叔是懷。述《季氏弟十六》。日月不居，東周孰爲。鄙夫不可與事君，法天無言。述《陽貨弟十七》。山林長往，聖哲栖皇，禮弛樂壞，或入河海。述《微子弟十八》。微言既絶，大義乖裂，源遠末分，道散諸師，商、偃、賜。述《子張弟十九》。堯、舜、禹、湯、文、武，傳之孔子，政不百年，教乃萬世。後生習傳，艱哉知言。述《堯曰弟廿》。

【輯評】

賀濤評：　刻意摹子長、子雲。

吴闓生云：《論語》、《孟子》皆集録之書，其編次先後皆有微旨。《孟子》七篇次第，公既於平本詮發之矣。《論語》之旨，則於此文闡之。

祭蕭君廉甫文

光緒十四年五月廿二日，吴汝綸謹以時修之奠，敬祭於亡友蕭君廉甫之靈：

嗚乎廉甫！子乃盡於斯！四方上下，邈不知所歸咎兮，嗟吾釋子將誰尤？彼世人之美疢兮，吾故必子爲無之。眸子炯炯神滿彌兮，曾幾日而我違。天所賦之甚才兮，豈故生之而無以爲之時？初自詭其如何兮，年中道而不兹。將陰陽之沴及兮，藥物又從而摧之。固壽夭任天爲兮，雖聖哲莫由離之。意亦膏煎於明、木材而斤兮，坐振迅而自疲。不然，其無乃有激於中兮，憤憾侘傺鬱伊而不能支。苟如是，信子過矣。彼凡常之大年兮，又豈盡泊乎其自持。嗚乎！司命幽昏不能對吾問兮，茹此恨其焉推！我官於畿，子無偶儕，唯子我昵，天又不憖遺。咎匪子罹，乃以窮我爲？春朝於塗，已覿復失，而子遽以疾歸。爲書勞子，良久乃達，子目已瞑而弗知。嗚乎！死生得喪之理，無爲爲子慟矣，追念疇昔，久要挈闊，吾則何能嘿已而不悲！尚饗！

【輯評】

張裕釗評：姚惜抱氏謂「哀祭之詞，楚人最工，大底鬱勃煩冤，虛無縹渺，不可方物，韓退之祖之。其祭朋舊之作，所以獨有千古者也」。文乃深得此恉，故不襲其貌，而神獨似之。

答張廉卿書

垂示《三江考》，辭高而義創，類韓、歐諸公。辯證經典文字章句之徒，不辦爲此。三江舊迹久湮失，蒙陋之見，正大論所譏墨守班《志》以爲不易者，何足以仰窺奥恉。私獨以爲，郭璞岷江、松江、浙江之説，與班氏無甚異同。頗怪執事既取《説文》「江水東至會稽、山陰爲浙江」，以爲有合於班《志》、《水經》及康成「東迆」之説，而猶以爲江不通於浙，而殊異南江，使自爲一江也。浙江自爲一江，今所見之水道然耳，古浙江固江所自爲，非別有一水。周秦人不稱南江、浙江，而但名之爲江。《國語》云：「句踐泝江以襲吴。」又云：「吴軍江北，越軍江南，將舟戰於江。」《吕覽》言：「越王栖會稽，有酒投江，民飲其流。」而樂毅亦言：「子胥入江而不化。」使江不通浙，則吴越境上無江，此諸書必不冒他水爲江。江自吴縣南至錢唐，折由山陰而東，徑餘姚入海，故曰浙江。不獨《説文》言之，晉灼説亦如此。

酈元亦言：「作者述志，多言江至山陰爲浙江。」漢晉以來，未之有改也。其在錢唐右會漸水，漸水故不名浙。《説文》分列漸、浙二水甚明。而《史記·秦紀》始皇「過丹陽，至錢唐，臨浙江，水波惡，乃西百廿里從狹中度」，蓋錢唐乃有浙江，錢唐西百廿里之狹中即非浙江矣。後以漸水歸浙，亦或互受，通稱而浙。要爲江尾，非漸瀆。南江既湮，於是江不通浙，而漸水始專浙江之名而自爲一江。此乃遷流所變，豈得執爲禹迹哉？

且南江爲江所分，固無可疑者。凡北水通目爲河，南水通目爲江，特後世轉移通借而號之者耳。其初則江、河各爲專目，非河不名爲河，非江不名爲江。南江非江所分，決不名江。江止二瀆，但可謂之二江，決不名爲三江。若北江、中江皆江所歧分，獨南江乃取其旁一水首尾不與江通者，配之而强名爲「江」，以足三江之數，神禹主名山川，殆不若是。南江經所未言，以江之有北有中而知有南，以三江之并得江名，而知南江非别爲一水，此決無以相易者。若謂經言爲中江，不言爲南江，則禹厮二河，《禹貢》固亦不見矣，況東迤之爲南江，其説固不易哉！執事之爲此説，徒以形勢論之，謂南江道不可通，避就而爲之辭耳。至譏班《志》而取景純，則景純之説固班説也。不獨浙江即餘姚入海之道，即執事引《江賦》所云「神委」、「東會」、「注五湖」、「灌三江」者，亦明謂三江承於一江。是南江上流，景純亦未爲異說。獨隋唐時南人乃謂大江不入震澤，而張守節遂以并阻山陸爲言。竊嘗以今地考之，江南諸山來自五嶺，入徽州爲黄山，東行爲天目，其北枝爲九華，《山海經》「三天子鄣」即此，《禹貢》所謂「東陵」者也。今浙江出其南，而大禹南江行其北，繞九華及黄山支麓，出天目之背，以入太湖。今自石埭、涇、南陵、宣城、寧國、建平、廣德諸州縣，水皆鈎連交注，無阻絶者，獨貴池、青陽之水，不通涇、南陵耳。疑池、寧比境南北數百里間，必有可通之處，即使地脈連延，亦必有絶水復出，如經所云「過九江至於敷淺原」者。且賈讓固言「大禹治水，山陵當路者毁之」矣，南江絶而水皆倒流入江，莫或考其舊迹，殆非目驗無以定之，要不得毁所不見，執今水以求故瀆也。

三江，班氏時故尚在，枚乘諫吴王謂「羽林黄頭循江而下，襲大王之都」，北江、中江皆不得至吴都，乘所云「循江而下」，蓋下石城分江水以東抵吴縣南者也。班氏推表山川，以綴《禹貢》、《周官》，立言至爲矜慎矣。九河不詳其處，於成平云「民曰徒駭河」，於鬲云「平當以爲鬲津」，皆闕所不知，未嘗臆决。又往往言「故大河」、「故虖池」、「故漳」以紀遷廢，至三江則各著所在之縣，詳其入海方所，是必前無異説，而經流見存。而石城分江水，則又據當時見行之瀆名之，過若干郡，行若干里，入海何縣，始末具備。此豈不知而强言者？許、鄭之徒勤於考索，翕然宗信，不聞一言違覆，今更千餘年後，求其迹不得，遂創爲一説以易之，可不可也？

執事又謂分江水班未以爲南江，南江未言餘姚入海。此則志文彼此互備，又不必辯者。湔氏道言江水「至江都入海」，毗陵北江不言江都，亦豈岷江、北江爲二水哉？執事又謂在吴南者亦松江，譏班氏混南江於中江，此又非班氏之過，班未以松江爲中江也。《水經》江水殘闕，酈《注》沔水述三江亦脱誤難讀。其言中江左會滆湖，乃軼而見於《文選》注。滆湖在常州西南，自滆湖東出直吴松口，正班《志》陽羡入海之道，皆在吴北非吴南。景純之稱松江，亦據其下口言之，爲不誤耳。若松江上游，韋昭以釋《國語》者乃酈《注》南江之枝津，不得指爲中江，此當據班《志》以正景純，不當復用譏班也。

歸熙甫論三江，取景純而引宋邊實所列海岸三口，曰揚子江口、吴松江口、錢唐江口，以爲「三江既入，禹迹無改」，亦據下口言之。至上游，則諸儒未有明辯之者。康成言江分彭蠡，班《志》、《水經》皆分於石城，石城當近彭蠡矣。漢石城在今建德，見《元和志》。而言南江者，求之貴池。漢蕪湖在當塗東南，見杜氏《通典》。而言中江者，求之今之蕪湖。皆據後城以定前地。執事謂酈《注》南江在萬山之中，殆亦由酈氏所稱縣地故城未易審知所在耳。夫執今水以求故瀆，據後城以定前地，言地理者之公患也。執事尚復如此，吾且烏乎正之！

謹貢所疑，不惜更教示。幸甚！

再復張廉卿論三江書

前得惠書，極論三江事，塵冗卒卒，久不報。頃得續示，復稍稍改定尊説，且曰：「師心背古，果於自用，固所甘之。」夫誠甘之，則亦何説不可，尚何取繁引曲證，前後更易紛紛之爲？若返之本志而猶有未安，則汝綸請得進畢其説。

凡執事所以譏班、鄭者，似未嘗究明二家之説。其堅持異論，不肯稍變易，固曰吾據經詞事理斷之。夫謂浙不通江而可名之爲江，因謂他水皆可名江，此則於經於事無一合者。由漢以來，至於近世，自全謝山、王鳳喈外，有謂浙不通江者誰乎？此何庸復强辯乎！若果不通江，又何庸强名爲江乎？始吾不解執事何爲必舍江而别求南江，今讀來書云：「經於『道江』曰『東爲中江』，此南江之别爲一江，居然可知者。」又言漢非江而被江名，證他水之可稱江。然後知尊意以江爲中江，漢爲北江，因謂别有南江，而經未言。經曰「東爲中江」，此中江之名起於會匯以東可知也。今指岷山至東陵者皆爲中江，可乎？經曰「東爲北江」，此明漢入江後所叙皆江瀆，因箸其瀆之分流耳。今謂漢入江匯彭蠡，行數百千里之後，仍獨成其爲漢，其爲北江者仍大別以西之漢水，可乎？三江經流，分繫江、漢二水，何以讀「東爲北江」之文知别有南江，又何嘗被漢以江名而爲他水，稱江之證哉？

凡江、漢、河、濟，禹所命名也。禹既名江爲江，豈得又名漢爲江？漢且不得爲江，他小水無論入江不入江，固亦各有主名，更安得僭名爲江？六藝經傳，從無稱他水爲江、河者，此何待程泰之、胡朏明始倡是説！執事又引九江亦他水，非江而名江，此又後儒臆論。《淮南王書》「禹身執虆垂，剔河而道九歧，鑿江而分九路」，太史公「登廬山，觀禹疏九江」，彼皆最初之説，目驗之論，豈故不足信！若據「過九江」謂凡言「過」皆他水，「道漾」曰「過三澨」，三澨即漢水所爲也，而可謂之「過」，何獨至九江而疑之？九江既江水，漢又不名江，他水又不得冒爲江，則南江本江所分，非别有一水，殆可循名而定。

且東迆之爲南江，固無可議者。執事所好者，經之文也，請更以其文决之。經曰「至於東陵東迆」，考之《爾雅》、《漢志》、《山海經》，所謂東陵者，固當西起彭蠡，而東極於太湖以東，蓋南江首尾略盡之矣。而執事必令質實言之曰「東爲南江」，以與「東爲中江」者爲儷，然猶未及其所入之委也，則又當分綴以「入於海」之文，繁委復重而不厭，否則以爲孤懸隱射之語。執事以爲古人之文固必如是乎？凡《禹貢》所云「東北」者，皆東行而迤北者也，云「北東」者，北行而迤東者也。然未嘗曰迤東、迤北。不惟《禹貢》，他經及《史記》、《漢書》亦未見也。惟歸熙甫作《李實行狀》載其疏語，稱「永寧迤東迤西」，而國家設官，有所謂迤東道、迤西道者，此乃後世常語，古人豈有此哉？《禹貢》「東迤」爲句，自漢以來，未之有改。馬季長訓「迤」爲「靡」。今所習孔《傳》中多漢人舊説，而訓「迤」爲「溢」，未聞有以「迤北」連讀者。即執事所引《説文》，亦不得懸定許讀爲「迤北」也。獨魏默深肆其疏野之見，妄改舊讀，以「迤北」説之，此宜淵懿君子所不道。執事虚志而讀之，此經之讀以「至於東陵東迤」者爲勝乎？以「東迤北」爲句者勝乎？康成固不知文，何至自漢以來無一人知文，知文者乃獨一魏默深也？

凡此諸説，皆顯與本經不合。其尤無解於「師心背古」者，則謂南江、浙江之不通江也。且執事固以漢爲北江矣，北江通江，南江何爲不可通江，而必謂「江不通浙」者爲？夫江一通浙，則景純之浙江，固即班《志》之南江，班、鄭之説無可易，石城分江水無可疑，而吴縣之南江爲分江水自石城至餘姚之道，無可置辨也。故《説文》「江水至會稽、山陰爲浙江」之説，執事既嘗以爲合於班、鄭、《水經》而取之矣，今則援王鳳喈之妄改者以離畔之。景純《江賦》所云「灌三江而湔沛」者，執事既嘗引用之矣，今則以其同於班氏而割棄之。《説文》之言浙江，六朝以前無異説。僕前引酈元説：作者述志，皆言江水至會稽、山陰爲浙江。酈氏所見方志多矣，惜其書今并亡佚耳，使其皆在，鳳喈能一一盡取竄改之以成其曲説乎？執事之以浙江爲南江，所據者景純也，《江賦》與所爲《水經注》一人之作，所説者三江一事也，此復何能左右而去取之哉？

尋執事諸説，惟以考論地勢山脈者爲最近理。要必真如所云萬山複沓綿亘，絶無平迤中斷之所，開鑿無所施，而謂大江不能經行於其間然後可也。使不徑萬山之中，不行複沓綿亘之所，尚有中斷之處，無事開鑿之勞，則執事立説雖辨，其如施之非其實何？凡酈《注》南江所經，大抵今池、寧、太、廣之境，而寧、太、廣之水至今通流，獨池州無水以通寧國，要亦非高山大阜盤亘數百里不中斷之地也。執事乃以徽、寧、池之萬山叢簇者當之，自昔言南江者，何嘗南涉徽州哉？經曰「東迤」，班《志》但言「石城東至餘姚」耳，執事何由知爲直東指吴哉？既直東指吴矣，豈又能出徽州而南繞哉？且執事考求故迹，而徵之行旅商賈，尤非得理者也。行旅商賈不出水陸二道，水行固皆今水矣。其陸行，則各指今所置郡縣城邑以爲都會，城邑遷改，道隨而變，豈能沿涉山川脈絡，推求昔之舊瀆哉？凡此諸説，皆揆之事理而甚不合者也。

論事既失其實，讀經又失其辭，則固不如墨守班、鄭之爲安矣。班、鄭之説，執事固明知其合也，顧乃强索疵纇，謂吴特南江中途一縣，距餘姚數百里，班不應於吴言入海，自昔紀水道者，未聞若是。是又班《志》常例，錢溉亭輩殆不足知此。河至章武入海，魏郡之鄴去章武逾千里，而云「故大河在東北入海」，信都去海亦數百里，而云「故章河、故虖池皆在北，東入海」，《禹貢》絳水亦入海。此皆中途一縣，執事曷爲未聞乎？中江自滆湖東出，執事譏僕何從得此水道，僕此道固與執事所稱分江水、經徽州及石城直東指吴者不同。班《志》南江在吴南，則中江不在吴南甚明。其會滆湖至陽羡入海，既在吴北。非自滆湖東直吴松口，當復由何道哉？吴南之松江，酈《注》明以爲南江之枝津，執事乃謂自昔説班《志》者皆言吴松爲中江，抑何不深考如此？禹廝二河，毘陵、江都之江，皆因尊論類及之，不足深辨。南江，經固言之，漯川則未之及，何論鉅細？湔氏道、毘陵所紀，但問一水二水，豈與執事論揚州？且江都獨非揚州乎？河於河關、館陶再言「章武入海」，江獨不可再言江都乎？凡此諸説，皆於班《志》未嘗究明者也。

鄭氏《三江説》，惟疏所引爲真，執事乃徵及《初學記》，《初學記》説與疏所引鄭説絶異，明非一人語。其稱鄭玄、孔安國注，尤猥并。余考之，必徐邈所爲《尚書音》中説也。《隋志》「《尚書音》五卷，孔安國、鄭玄、李軌、徐邈等撰」，與《初學記》稱鄭、孔者正同。當徐堅時，鄭注《尚書》未亡，無緣僞托，惟《尚書音》雜揉數人之説，故淆亂如此。近世陋儒，識不足以定取舍，乃兼采疏及《初學記》，妄合爲一，執事奈何從而信之？殆亦魏默深與有責爾。此又執事之未究明鄭説者也。

夫不究明其人之説，而好爲異論，近世諸儒，大率如此。而全謝山、王鳳喈、魏默深其尤也。不謂執事高識，俯視二漢，而所陰據者乃衹謝山、鳳喈、默深諸人。夫謝山、鳳喈、默深諸人之説，何足以抗班、鄭哉！

汝綸所見如此，儻有異議，不憚再質。

答張星堦書

承示施彦士《讀孟質疑》，謹以愚見平議誤謬，記其眉，奉納執事，伏維照察。

孟子游仕始末，載籍無可考，惟《太史公書》稱其先游齊，後適梁，而《六國表》魏惠王卅五年大書「孟子來」，此與「孔子相魯」皆特筆，史公所謹記者。是年齊宣王八年，周顯王卅三年。既一年，惠王卒，子襄王立。又十一年而齊宣王卒，子湣王立。又六年宋君偃爲王，是年魏襄王卒，子哀王立。又四年，當周王赧元年，魯平公始立，而燕噲亂死。又二年，秦楚構兵，秦敗楚將屈丐。此諸國事，皆與孟子相涉者。自魏惠王卅五年至是，凡廿四年。當孟子初至梁，梁惠王謂之曰「叟」，度其年當長於惠王，惠王以魏文侯廿五年生，生卅而即位，即位卅五年，年六十五矣，孟子又長於惠王，其游梁殆且七十也。又閱廿四年，及見秦楚兵事，世以此謂孟子年至高。自梁惠王未生時，文侯之十八年，受經子夏，是年爲魯繆公元年。繆公時而子思仕魯，孟子長於惠王，而子思宜少於子夏，漢儒者謂孟子親受業子思，度其年故相及也。孟子始逮事子思，而終見秦楚構兵之事，其前後略可考見者如此。

當太史公時，周譜蓋尚在，太史公因秦記、采《世本》箸所聞爲《表》，其年系决無誤。至魏晉間，所傳《世本》奪亂，失魏哀王一代。於是《汲冢紀年》出，又以魏襄王在位之十六年歸之惠王，爲後改元，而司馬温公作《通鑑》，乃舍《史記》而從之，其取舍已不詳矣。及紀齊年則又并無依據，奪湣益威，以伐燕歸之宣，以求合於《孟子》。於是齊、梁二國年系并失，而孟子事始末，益淆亂不可明。而閻百詩、江慎修以來，諸説紛紛并起，誤由棄傳習之明據，奮不根之怪論，懸改千載上列國之世紀故也。如施彦士等，殆猶未足比數。以近世矜創獲背前載，往往瞢不審是以非，貽誤後生，故不可不辨。

伏維鑒亮。不具。

吳汝綸文集卷二

送張廉卿序

孫況、揚雄，世傳所稱大賢，其箸書皆以成名乎後世。而孫卿書稱説春申，《法言》歎安漢公之懿，皆千世論之不韙，載而以告萬世者，世以此頗怪之。吾則以謂凡箸書者，君子不自得於時者之所爲作也。凡所以不自得者，君子之道不枉實以諛人。而當世貴人在勢者必好人諛己，十人諛之，一人不諛，則貴人惡其慠己，十人者惡其異己。貴人與貴人比肩於上，十人與十人比肩於下，上惡其慠，下惡其異，雖窮天地、横四海而無與容吾身，吾且於書也何有？於此有一在勢者雖甚惡之，而猶敬乎其名而不之害傷，則君子俛嘿而就容焉，而以成吾書。而是人也，雖敬乎其名，固前知其不諛己也，聞有書則就求而亟觀焉，察其褒譏所寓，得其疑且似者，且曰「此謗我也，此怨非我也」，則從而齮齕之矣。蓋必其章章然稱道歎羨我也，夫乃始慭置而相忘焉。彼君子也，其志潔，其行危，其不枉實而諛人衆，著於天下後世。及其爲書，則往往詭辭謬稱，譎變以自亂，以爲吾意之是非，後有君子讀吾書而可以自得之矣，安取彼峕峕察察者爲？嗟夫！此殆君子所遭之不幸，其用意至可悲！而《詩三百篇》所爲，主文而譎諫，孔子之《春秋》所爲，定哀之際微辭者也。楚兩龔、孔北海、禰正平之徒背而易之，乃卒會禍殃，至死不悟，豈不哀哉！二子之書，意其在此。

吾既推而得之，會吾友張廉卿北來，乃爲書告之。復書曰：「子言殆是也。」蓋自廉卿之北游，五年於兹，吾與之歲相往來，日月相問訊，有疑則以問焉，有得則以告焉，見則面相質，别則以書，每如此。今兹湖北大吏走書幣，因李相國聘廉卿而南，都講於江漢。

廉卿，今世之孫、揚也，見今貴人在勢皆折節下賢，不好人諛已，其所遭，孫、揚遠不如。其北來也，自李相國已下，皆尊師之。老而思欲南歸，而湖北，君所居鄉，其大吏又慕聲禮下之如此，吾知廉卿可以直道正辭，立信文以垂示後世，無所不自得者。獨吾離石友，無以考道問業，疑無問，得無告，於其歸不能無怏怏也。因取所意於古而嘗質於君者書贈之，以爲别。

【輯評】

《八家文鈔》：此義實前人所未發，持論精核而名通。

祭方存之文

維光緒十四年十月八日，汝綸謹以清酌庶羞，昭祭於誥封奉直大夫五品卿銜棗强知縣方先生之靈：

嗚乎！同治之初，君客始旋。吾初私學，君聞謂賢。招携觀游，試使爲文。搜我篋藏，持獻相君。學匪禽犢，有愧在顔。東南清夷，中冬科舉。已試强我，入謁相府。用下敬上，干冒是懼。我官中書，貧不自存。相君愛士，甄録在門。宏我道義，博我藝文。沾以微禄，使榮其親。始愧且懼，卒賴之緣。追維本初，非君曷因。從事在行，君數來萃。相君北征，奏君試吏。聚居一城，朝夕見誨。貽書往復，日或三四。法語德言，雜以謿刺。我悍不遜，口給爲戲。相見大笑，袖還子書。子後益進，悔庸可圖。我聞笑謝，後詎自如。君在棗强，我刺深州。相望百里，事必諮謀。我嬰禍讒，君欲拔我。愛我至甚，忘其不可。豈我能任，黨私實過。逮我再起，君歸已裝。期我早罷，溪山徜徉。斯言未踐，君胡遽逝？我懦而羈，曾不少待？自君之去，我孤又睽。十見十諾，背輒相非。幸君無恙，千里有師。今其已矣，誰乎予規？吾縣文學，聳德聖清。淵源所漸，自方侍郎。韓歐之文，洛閩之藴。并爲一條，壇宇維峻。五傳逮君，勇於自信。琴曾進取，愿人所訾。終其斐然，翳孔之思。及君無恙，士亦多口。今其已矣，誰嗣君後？君吏而休，有詔起用。老學上聞，旌秩爲卿。有文有書，有子克家，君其奚憾？惟是吾徒，俯仰今古。感念舊游，曠矣悲夫！尚饗！

【輯評】

《八家文鈔》：風趣絶高。

祭弟文三首

維光緒己丑正月某甲子，光禄君既病不起，三日成服設奠，孤子駒哀不能文，其兄汝綸撰詞以祝。其詞曰：

蒼天蒼天！專禍我家。二親既背，伯兄復殂。甫及十年，又奪予季以去。祖考何辜？責其丕子，曾不赦圖。酷矣痛乎！叔在山東，方有鬱紆，不敢遽赴敢告。嗚乎痛哉！君其臨饗。

成服之明日，孤子敬薦朝奠，汝綸再告光禄君之靈：

嗚乎！我殺吾弟，我殺吾弟！弟疾有牢根，不可卒拔。前四五年，時時間作，久輒復平。至去年夏秋，愈益佳善，與朋游詩篇唱和，往復不休。張廉卿、范肯堂皆稱其才過乃兄甚遠，弟亦自喜疾損，謂可減兄憂也。及聞吾乞退，寖尋加劇，弟素沖淡，何以至此？此無異故，家私以有官爲便，弟疾以無官爲苦，展轉煎迫，不能去懷，又不肯告語寡兄，疾乃以此益不可爲矣。嗚乎！我博高蹈之浮名，而置吾弟於必死。嚴冬疾甚，而吾曹不察知。及春，困篤日加，則又惑亂方藥，左誤右誤，不死不已！天下雖有兄弟相惡之人，不至必弟於死。吾忝讀書知愛弟，乃蹈此大惡。天地有窮，此恨何極！

今八尺之堂，六尺之木，吾弟偃寢其中。饋弟，弟不食；呼弟，弟不譍。疾苦之狀，呻吟之聲，且不可復聞見，何問朋游吟詠之事乎！遠聞風聲，怳如愾歎，清肌瘦骨，在吾目中。事至意動，輒擬咨度，翻然猛省，室已無人。遺書在牀，遺藥在几。寡妻悲號，稚子無色。嗚乎！此哀何時弭忘！酹汝一觴，庶幾在饗！

其三日朝奠薦事，以官舍將授代者，不獲朝夕將事，將殯於神祠，俟定期送還故丘，汝綸爲詞，終致其哀。其詞曰：

猗熙甫乎，子去何歸乎？子將上歸於九天。天公高居頗聵聾兮，自出瓌寶自毁棄而不珍。儲精蓄英鍾傑特兮，始生之豈非艱？宜擁護扶掖使底於成兮，乃旋而夭閼之若折一莖。吾欲使子摘擗日月，提擲星辰，使天不能神，有精英不自保兮，何用縣此空文！

猗熙甫乎，子去何歸乎？子將下沉於九淵。富媪深藏不别白兮，短長善惡糝爲一塵。閟瑋氣於厚土兮，發僅爲無知之楠梓、至脆之芝蘭。譬毁璧爲玉屑兮，銷昆吾爲錢。吾欲使子掀翻大海，蹴倒昆侖，化佳人爲異物兮，尚何理之可言！天地不足恃賴兮，吾誰愬此煩冤！父母日以遠兮，又誰呼而盡聞。

子尚歸來！子有兩昆兮，或衰或羸，昆有不適兮，子乃身之。仁以達其情兮，忠以致其謀。福若固有兮，禍則驚疑。遠者月有書兮，近不能以一日離。子去不還兮，夫孰問子昆之是非？

子尚歸來！子有令妻兮，先姑之宗。大義夙敦兮，匪燕昵是從。恩勤嬰稚兮，乃瘁厥躬。用勞致疾兮，子呻不寧。子去不還兮，子之妻恐不得生。子寧恝置兮，忍隔訣而不通？

子尚歸來！子有弱息兮，能讀父書。學爲文字兮，佳處足以爲子娱。幼不好弄兮，嚮學則劬。體孱不任執喪兮，子寧不圖！子去不還兮，能不眷此遺孤？

子尚歸來！子有嬌女兮，未離保阿。幼清中慧兮，齒少而能多。子所愛憐兮，拊手而摩。子去不還兮，奈此嬌女何！

兄弟妻孥招子歸兮，子乃瞑目而不顧。留子骨於孤城兮，吾又將家而遠去。百神哀而呵護兮，無毀傷此靈柩。秋水時至兮，吾當奉子以首路。幸中道過叔子兮，歸依父母之丘墓。

嗚乎哀哉！尚饗！

【輯評】

《八家文鈔》：沈鬱冤憤，騷些之遺。

張筱傳六十壽序

去年秋，汝綸至天津，主張侯。閑與客語，客語張侯賢，且喟曰：「張侯以名進士爲吏部，有聲公卿間，出以觀察事李相公於天津，不可謂不得主，李相公遇之不可謂不加禮，嘗一攝大順廣兵備，吏人謳思之不衰至今，不可謂無績效。然而待闕於天津且十年，年垂六十矣，迄不得一補官。每一道闕人，相公求堪其官者必首及張侯，然迄不輒得。張侯得毋有所恨乎？」余曰：「凡所謂官者，出其力能以辦治當時之事，使其才充乎其位者也。有其位而無所事，才力無可見，君子不以位爲樂也。位之未得而事蜂起麕至，而吾才與吾力皆有以副之，君子不以未得位爲憂也。今國家懷柔萬國，天津爲方内重鎮，李相公經畫艱鉅廿餘年矣。天子新臨事，張軍禦侮，接待殊鄰，一惟李相公是任。中外大疑大計畢集於幕府，天下瑰奇偉異之士四面輻湊，如水歸壑。得相公指付一事，皆前古無有，始開之於今，可留示後者，成輒爲奇功顯績，足自矜重，不論官位大小、蚤莫有無也。張侯既爲相公所加禮，又有聲績爲吏人謳思，其補官固可指取而有。今在相公左右，事緩急倚張侯辦治者不知凡幾，其才與其力裨益於當時者甚大，以視他人之被相公矜憐、苟榮以一職者，其輕重豈不較然矣乎！然則張侯將樂且不厭矣，奚恨之云乎？」

既以此應客。及今年張侯正六十，諸客嘗所往來者，謀侑觴之詞於汝綸。汝綸於諸客中最舊故，不可辭，遂書其語以爲張侯壽。

【輯評】

賀濤評：風神蕭灑。

趙忠毅公遺書後序

王君蓋臣令高邑，搜訪趙忠毅公遺書，得若干種，補綴殘遺，屬予識其事。予讀其書，大抵教授徒友之作，非欲流示後世者，獨所箸文章爲可久。今王君所得文集，僅《尺牘》四卷，無他體。天啓中所上疏及《味蘗齋遺筆》皆别行，不入集中，而詩歌又佚不見，蓋殘缺不完之本也。趙公文集廿四卷載在《明史·藝文志》，乃公没後所輯録，崇禎中刻者。蓋臣今所得則萬曆時刻本，蓋公罷考功歸里時所箸也。

方是時，公與顧涇陽、鄒忠介三人者，皆負天下重望，皆以齟齬於世，退休卅餘載，授徒講學，若將終身。及泰昌、天啓間，鄒公與公先後起用。顧公雖未出，其在林下，故亦以天下爲己任。自今觀之，三公者皆非能遺世枯槁者也。考其終，各有樹立，而公尤磊落儁偉。中奇禍，斥遷流離，縻頂踵而不悔，豪傑之士爭慕效之，遂成一代風俗。其於生死禍福，既已漠然無動於中，則其出處進退之間，夫亦豈漫然者！然使蚤知其後之獲禍如此之烈，其於君國曾不能少補分毫，則雖公相之榮，徵聘之踵屬而狎至，固將夷然而不屑以一眄也。以忠義爲天下倡，特公之不幸耳，夫豈本志所及料者哉！士苟出而任天下之重，義不可以苟退，斯已耳。已退矣，則其審所自處者宜何如也？

【輯評】

范當世：此文出而功名氣節之士有不以先生爲然者矣！固當獨令當世誦之耳。

賀濤：先生既罷官，無復再出之意，故其言如此。余嘗與范肯堂論此文曰：「先生此文所謂其中有我在者。」肯堂曰：「然。吾與張幼樵同讀此文，幼樵不以先生論爲然。以爲國家有事，復召而用之，寧得自甘安逸而終不出也。此亦所謂其中有我在也。」

銅官感舊圖記

曾文正公靖港之敗，發憤自投湘水，幕下士長沙章君壽麟，既出公於湘之淵，已而浮沉牧令間餘廿年，乃追寫靖港之事爲圖，名流爭紀述之。

或曰：「章君一舉手，功在天下，而身不食其報，兹所爲不能嘿已，於是圖也。」或曰：「不然。凡所爲報功云者，躋之通顯云爾。自軍興以來，起徒步，解草衣，從文正公取功名通顯者，不可勝紀也。其處功名之地，退然若無與於己者，一二人而已耳。人奈何不貴其一二不多得之人，而貴其不可選紀者哉！夫有功而望人之報我，不得則鬱鬱焉、悄悄焉寓於物以舒吾憂，此非知道君子所宜出也。且章君安得自以爲功也！夫見人之趨死地，豈預計其人之能成功名於天下而後救之哉！雖一恒人無不救矣。見人之趨死地而救之，豈必有贍智大勇而後能之哉？雖一恒人能之矣。事勢之適相值而不能自已也云爾，夫何功之足云。聞有功而不求報者矣，未聞不自以爲功而猶望人之報者也。」

然則是圖何爲而作也？曰：「文正公之爲人，非一世之人，千載不常遇之人也。吾生乎千載之後，而遥望千載之前，有若人焉，吾不能與之周旋也，吾心戚焉。吾生乎百載數十載之後，而近在百載數十載之前，有若人焉，吾亦不能與之周旋也，猶之戚焉。并吾世而生，而有若人焉，無千載百載數十載之相望，乃或限乎形勢，或間阻乎千里百里之遠，吾仍不能與之周旋也，吾心滋戚焉。若乃并吾世而生，無千載百載數十載之相望，又且不限於形勢，不間阻乎千里百里之遠，而獲親接其人，朝夕其左右而與之周旋，則其爲幸也至矣。雖其平居燕閑游娱登覽之迹，壺觴談笑偶涉之樂，一身與其間，而皆將邈然有千載之思也，而況相從於憂虞患難之場，而親振之於阽危之地者乎？此章君所以作是圖以示後之恉也與？妄者至謂使文正公顯擢章君，是深德君援己，而死國爲僞。此則韓公所謂兒童之見者矣。」

章君既没，其孤同以汝綸與其先人皆文正公客也，走書屬記是圖，爲發其意如此。圖曰「銅官感舊」者，靖港故銅官渚也。光緒辛卯八月汝綸記。

【輯評】范當世：此惜抱先生評《峴山亭記》所謂「吸風飲露，蟬蛻塵壒，絶世之文」也。其曰「神韻縹緲」，真善讀歐公此文。然頗議其人爲誰二句爲俗調，欲依海峰改之。當世則不以爲然。二句正歐公神韻起處，特其調爲後人用俗耳。若依海峰，則似强而實促矣。當世以讀彼篇之法讀先生此文，自謂能得先生深處。

張靖達公神道碑

公諱樹聲，字振軒，合肥縣學生員。曾祖監生世科，祖傑，父府學生蔭穀。三世皆以公貴，贈光禄大夫，妣皆一品夫人。

合肥自咸豐初遭洪、楊之亂，豪傑并起，收召徒黨，勒習軍陳，與死賊抗拒六七年。及相國李公治軍上海，諸公各提閭里子弟爲軍，猋起景附，從定江南，席卷中原，再剗劇寇，遂爲國家勁旅，天下稱爲淮軍，公其一軍也。

始諸公初起閭里，皆散處四野。公獨以謂寇來無方，不得地利，不足自葆就。於是創結堡塞，阻河山爲險，嘗據堡擊却悍賊陳玉成。由是諸公先後仿依爲堡，百數十里間，連屯相望。賊豕突狼顧，不得便利，淮甸以不大蹂。皖將帥上公功，累官候選同知。

先是諸公以武節相侈，快恩仇，務兼并，互爲長雄。而公以諸生周旋其間，獨用儒雅遜讓爲義，諸公多呰笑之。公既倡爲堡塞，及後李相公從曾文正公軍江西，公又遣間使走江西軍，貽書李公，論賊形勢利鈍及鄉勇可倚辦賊狀甚具。曾公見其書大奇之，詫曰：「獨立江北，今祖生也。」由是公名始顯聞。

同治元年，以軍從李公上海，會諸軍擊賊泗涇，大破之。福山降賊復叛，會攻福山，拔之。遂會攻江陰、無錫，克之。會圍常州，別將卒三千横截援賊，夜蹙之三河口，禽斬萬計。還軍薄常州，先登，克之。移師入浙，會克湖州。江南既平，積功補徐海道。

公自始起從李公上海，訖平江南，凡三年未嘗離李公軍，及是始釋兵之官。而曾文正公督師剿捻，駐徐州，公朝夕受事。逮後陳臬直隸，曾公又爲直隸總督。故公爲吏，隸曾公爲多。及晚爲大吏，則又與李公相資濟云。李公伉爽不爲謙，諸所部將帥皆果勢進取，或不相絀下，獨公退讓逡逡，與諸公折節交歡。既從曾公爲僚，見曾公深自約敕，則傾心慕效其所爲。好士親賢，見後進有文字論議忠亮，輒罄折禮下之，唯恐不當。好推薦賢士，所薦或起家至封疆，公顧未與識面。以此中外名士翕然歸嚮，歆公謙德。然公雖執謙讓，至國家有緩急大事，則忠勇勃發，不可稍遏抑也。

在徐海，未幾遷直隸按察使。與平捻亂，遷山西布政使漕運總督、江蘇巡撫、署兩江總督，所至有績。回任江蘇，丁繼母憂去官。光緒四年服闋，入見天子，面論二事：一停捐例，一變通緑營。時論益附。唯天子亦注意用公，補貴州巡撫，未至，調廣西巡撫。以平李揚才功，遷兩廣總督。摘猾勵廉，風改化漸。

會李相公居憂，調直隸總督、北洋大臣。朝鮮亂，燬日本使館。是時，廣東水師提督吴武壯公長慶防海登州，公傳電謀之李公，急檄武壯東渡。武壯自登州率師三千，用一日夜徑抵仁川，直入朝鮮國都，取其大院君李昰應送天津，朝鮮大定。日本海軍遲一日至，頓兵海口，錯愕不能發。事聞，上大賢公，進階太子少保。

九年秋，法蘭西侵越南，越南人來乞師，中外士大夫斷國論者皆以爲當救，於是朝廷決意用兵。是時李相公已還鎮天津，公方以病休假，聞越衅，即疏請出南關督師，不報，命還廣東治軍防海。至則扼長洲險隘，築炮壘，益募兵教練，傳電西國購大炮、兵槍、水雷之屬，自廣州至龍州創設電綫，規畫粗具而廣西關外軍敗挫。公聞益憤，切請解官專一治軍，報可。已而奉命督師關外，又奉命援閩。而廣東大吏輒疏請留公，公亦疾甚。不可爲。遂以十年九月卒於黄浦軍中，年六十一。

遺疏入，天子震悼，宣史館立傳，予謚靖達。李相公爲再疏請直隸、江蘇及安徽皆立專祠。

公前娶陸夫人，生二子，曰華奎，己丑科進士，四川川東道；曰雲霖，縣學生員。女一，適劉某。繼娶吴夫人，生一子，曰雲鵠。

公終始兵間，神思縝密，臨敵堅重，不爲表襮。在粤東，位望益高，軍日夕警，中外恃賴以無恐駭。善官文書，在軍在官，決事有程。暇輒不廢記覽，於淮軍中最爲儒將。其從行間入官及擢任疆吏，亦於淮軍諸公最爲先達。爲政務持大體，不爲煦煦小惠。

汝綸少習於公，又辱與華奎游，華奎狀公行來告曰：「先公墓碑未刻，子無用辭。」乃爲銘曰：

皇督九夷，荒遐四歸。有怢懷濡，決藩内闞。伏戎乘墉，孰愒不憤。嗚乎我公，雖死猶奮。予伐不究，激懦則多。彼驕亦摧，以卒交綏。匪知匪勇，兹艱孰抗。及在醜夷，則頹然喪。不卒其施，委祉其延。我銘式旌，勞臣之阡。

【輯評】范當世評：「李公伉爽不爲謙」，此昔時尊論以《董公行狀》等作，惟其人肖之，無容心者。然文斯妙矣。

又：「相資濟」云云，開拓之筆，此則關紐後半篇。好在皆以澹語經營，蓋果能自然矣。

《八家文鈔》：叙次一本《史記》，銘尤淳古奇峻，他家所無。

誥封淑人梁淑人墓誌銘

淑人姓梁氏，今總河侍郎奉新許公之側室也，故番禺人。父戰死軍中，淑人幼也，鬻於南豐趙氏寡婦所。趙氏仕宦大家，憐淑人，女畜之，寢同衾，食坐同席。許公既入翰林，年長矣，而未有子，聞淑人賢，則遣媒導言於趙。趙愕曰：「是尚幼，吾且資以共命，未須嫁也。」媒者曰：「若嘗奇貴此女，遣嫁得許翰林，今貴矣，奈何惜留之？」趙因復謾謝曰：「必求是者，當持聘錢若干萬來。」趙意許公貧，不辦此也。媒者復命，則應曰：「謹如議。」趙不得已，諾許，遂歸許公。既歸，通敏識大體，語多傳薦紳間。

許公視學陝甘，將眷累以往，會迎考，光禄公不就養，淑人則請與嫡夫人歸奉新侍親，使公得摶心營職，絶家室累。其後，左文襄公疏言：「學臣不避險艱，親歷窮邊，漢回歡迎，爭拜馬首。」天子嘉之。許公所以能出入賊地，諭招降附，以塞職補曠試者，淑人力也。

淑人年十八歸許公，卒於光緒十七年十二月，年四十有五。生五女子，無丈夫子。嫡夫人有子曰恩緝，實母淑人。淑人之封，則恩緝推覃恩所得者。其卒也，恩緝哭之絶慟，至不忍聞。

許公以爲義不顧私聞天下，於淑人之卒則爲詩百章以叙其哀。與許公游者爭爲文述淑人之懿美，以塞許公之悲。好事者題之爲《詒煒集》。始淑人事嫡夫人恭甚，既爲三品命婦，嫡夫人命易章服，卒不敢，終其身不易。既歿，乃以三品服斂云。

汝綸與許公俱出曾文正公門下。將葬淑人，許公使爲銘。銘曰：

蘭澤兮流芳，履綦兮房櫳，綺麗兮綢繆，判獨離兮木强。忽變兮煩寃，千辭兮萬言，魂杳冥兮不聞，多文兮徒煩。一室失賢兮，吁其謂何！

【校】

〔陝甘〕原誤爲「陜甘」，以下徑改，不再出校。

【輯評】

《八家文鈔》：詭雋，銘詞直逼屈、宋。

讀淮南王諫伐閩越疏書後

淮南王諫伐閩越，爲漢計謀至忠懇，而世輒以謀反少之。吾考之史，淮南之反，則審卿、公孫弘構之，而張湯尋端治之，蓋冤獄也。凡史所稱謀反，反形未著而先事發覺受誅者，事大率皆類此。

古無所謂謀反之律也。公羊氏之説《春秋》，乃曰人臣「無將，將而誅」。而商君治秦則有「告奸」之賞，有「匿奸」、「不告奸」之罪，其卒也，身坐反誅，車裂以徇，曰「無或如商鞅反者」。此亦足以明造法者之受禍烈矣。乃自是以來，有國者一徇商君之法，不少改也。漢興，高祖用之以除韓、彭元功之逼，文帝用之以翦濟北、淮南宗親骨肉之忌。而淮南仍父子被惡名，隕身失國，太史公蓋尤傷之。後之帝者，開創則除功臣，守成則忌骨肉，而皆以謀反爲主名，亘千載踵躡一轍，是其尤可悲者也。

昔者嘗怪賈生以天下才自任，既痛哭上言，請「衆建諸侯而少其力」矣，乃又欲廣梁、淮陽封皇子，以導迎人主忌兄弟、信任己子之私心，且逆慮易世而後當復忌兄弟信任己子如今日也，故以爲「二世之利」，此真小人逢君之惡者之所爲耳。以此議法，庸有當哉！

三淮南之封，文帝徒以解慚，固非本意，賈生逆探其意而欲爭止之，其説雖未行，漢君臣自是固日日以白公、子胥待三淮南矣。王安知之，故以讀書、鼓琴、學養生之術自溷，使天下衆知其儒柔無武節，冀可少安，乃卒不能自脱。吴楚之反之不從亂，至歸功國相所劫，蓋不待伍被詣吏告變，而識者知其不可以終日矣。此小山《招隱》之所爲作也。悲夫！

或曰：王安方以讀書、鼓琴、養生之術自溷，閩越用兵，當取道淮南，安乃欲諫止其役，似恐漢知其國阨塞地利者，不益中漢朝之忌乎？曰：此國家利害，不得顧己私，是乃安之所以爲忠懇也。且武帝用兵，决於英略，無敢訟言諍論者。公孫弘諫伐匈奴，卒受難自任過；司馬長卿欲諫開西南夷，亦不敢正言，而托諭於蜀父老；獨王安於閩越之舉，莊言切論，不稍避忌，此其賢於長卿、弘遠矣。用刻深之法，聽讒間之言，以自遂其忌克之私，至於獄成而示之天下，雖皋陶聽之，亦以爲不誣，而前事豫計者，且因以受遠見未萌之譽。弘、湯不足論，吾獨怪賈生、申商之學之禍人才、傷國體至於如此，而世且詫爲奇才，群晏然而莫之省也。

【輯評】

賀濤：先生讀《漢書》諸王傳，於發覺反謀處皆用紅勒，即此篇之意也。

又：先生嘗言：「賈生間人骨肉，乃小生之尤。吾嘗有文論之而不敢示人，恐駭人聽聞。」濤請一讀，堅不許。即此文也。今讀之，文筆雖奇，而理則確切，乃世間不可少之文，且可因此而悟讀史之法。

題玉露禪院

余始從曾文正公軍，在泲寧玉露禪院。既逾月，隨軍去。其後往來南北，數數過泲寧，皆未獲復至是莽。今年留泲寧涉旬，乃始一訪舊迹。既至，門牆庭院邈不復省記，蓋去是已廿有七年矣。久之，始得吾故所居樓，又久之，而得文正居室。問舊時老僧曰脱塵者，則死十許年矣。今之諸僧皆少年，不知舊事。有五六十者二人，其一吾去後始來居是莽，一人雖前至，而文正駐軍時僧則之田收穀麥，與余故不相識也。始吾在是莽，公事稀簡，日從文正諸客娭遨。每飯罷，輒連鑣走馬，始出皆垂策緩行，已忽縱轡怒馳，爭先鬭捷，取獨出絶塵爲快。有墜馬者，則皆跪足迴旋，叢集而譁笑之。是時諸客中吾年最少，意氣之盛，豈復有度量。今之來也，孤游獨往，追維曩蹤，旁無知我，前後財幾日，盛衰聚散遽如此！遠想前古，俯念來哲，益自悼身之將老而無能爲也。既怊悵不能去，乃記此以諗後之來游者。

【輯評】

《八家文鈔》：流連感歎，歐陽子得意之筆。

策問二首

問：《乾》繇「元亨利貞」，《文言》以爲「四德」，前世明《易》者翕然信之無異詞，獨歐陽永叔據《左傳》穆姜之辭，以爲《文言》取之左氏，其說甚辨。然而，後之儒者莫之是也。六藝折中於孔子，而歐陽氏，宋之大儒也，其致疑於孔子如此，其亦有他說乎？不然安知非《左氏》之有取於《文言》也？六十四卦，繇詞所以爲占也。獨《乾》稱「四德」，與他卦不類。謂之「四德」，則每字爲句矣。而《文言》又以「乾元」連讀，一篇之中，前後異解，其說安在？朱子《本義》不依《文言》「四德」，釋爲「大亨而利於正」，辭義致爲明捷。顧「乾元」之文，《彖傳》、《文言》皆有之，與他卦言「元亨」者實異，則「大亨」之解，其果當乎？諸卦之「亨」有不稱「元」者，又有所謂「元永貞」者，其說云何？「亨」之爲「通」，常詁也。諸卦爻詞無言「亨」

者，獨卦詞有之，其果爲「通」乎？揚子《法言》又有所謂「亨龍貞利」，是揚子之讀「亨」、讀「利」皆與今詁不同。「貞」之爲「正」，亦常詁也。至如「利牝馬之貞」、「不利君子貞」，豈亦可訓爲「正」乎？諸卦又有「利女貞」、「利艱貞」、「利居貞」、「利於不息之貞」，及所謂「利貞征凶」、「利永貞」、「勿用永貞」、「可貞」、「不可貞」、「小貞」、「大貞」、「貞大人」、「貞婦人」、「貞凶」、「貞厲」、「貞吝」、「蔑貞」、「得童僕貞」、「喪其童僕貞」，此諸「貞」之詁當爲一義乎？當有數義乎？《易》之道大矣，辭之未通而能知其道，未之聞也。《乾》繇，《易》詞發端，而疑滯難明如此！諸生學《易》有日矣，當必有以開之。

問：太史公謂孔子作《春秋》，七十子之徒口授其傳指。魯君子左丘明懼弟子人人異端，各安其意，失其真，因孔子史記，具論其語。循是言之，《左氏》所記皆當得其實矣。今其書開卷即有「子氏未薨」、「歸賵」及「君氏卒」等説，非所謂失其真而爲異端者乎？史公所載事多異《左氏》，蓋采之他書。至華元饗士，固本《左氏》矣，而云「其御羊羹不及」，古以「斟」爲「羹」，其説是也。而今《左氏》則以羊斟爲人名，豈史公所見《左氏》書固與今異耶？《左氏》記事之書，不主釋經。其泛爲釋經條例，如所云「五十凡」及元凱所稱「變例」、「非例」等，大抵皆後之經師所附益。顧或謂《左氏》本名《春秋》，不名傳，名傳者自《七略》始。今考史公於《左氏》稱爲《左氏春秋》，與虞氏、呂氏《春秋》并言。《戰國策》：「虞卿謂春申君曰：『臣聞之《春秋》，於安思危，危則慮安。』」所引即襄十一年《左傳》魏絳語。又孫卿爲書謝春申及《韓非子·奸劫弑臣》篇，皆引楚王子圍、齊崔杼弑君事，皆見《左傳》，而云「《春秋》記之」。是太史公以前至戰國皆名左氏書爲《春秋》，不名爲《傳》。漢儒者謂左氏不傳《春秋》以此。若如今書，多爲釋經條例，則一望而知爲《春秋傳》矣。尚何深閉固距之有？雖然，循是説也，將杜元凱所稱「發傳」三體者固非其實，即《左氏》自云謂之「禮經」者，亦且不足據歟？抑史公稱二傳亦止曰公羊、穀梁《春秋》，若言施、孟、梁丘《易》，歐陽、夏侯《尚書》，齊、魯、韓、毛《詩》云耳。其書本皆傳，皆釋經，其稱傳、不稱傳固不必論歟？要之，釋經條例固必有後人附益之者。班《書》稱《左氏》多古字古言，學者初傳訓詁而已。及劉歆治《左氏》，引傳文解經，轉相發明，由是章句義理備焉。而《後書》又言歆使鄭興撰條例，賈徽從歆受《左氏》，亦作條例廿一篇。近儒以此疑《左氏》所稱書法皆劉歆之徒爲之，固不爲無據。證以《漢書》《律曆》、《五行》二志，所引如「不書日，官失之」，如「六鶂退飛，風也」，如「人火曰火，天火曰災」，如「分至啓閉，必書雲物」等説，皆稱爲傳文。班氏於躋僖公引《左氏》説不引

《傳》，於大雨雹，既引《左氏傳》又引説，是其書於漢經師之説，不以羼入傳文，分别至嚴。若劉歆等所爲條例，其不引爲《傳》决也。然則今書中所有條例果誰爲之歟？昔之知《左氏》者推揚子雲、韓退之，其言曰「品藻」而已，「浮誇」而已。今讀其書，知所謂「品藻」者云何，所謂「浮誇」者云何。且韓於諸書皆著其美，獨於《左氏》目爲「浮誇」，又何説也？近世顧亭林、姚姬傳皆謂《左氏》書非出一手，果何所見而云然耶？抑二子所舉之外尚有他證耶？凡爲書詳略有體，今《左氏》記十二公時事，獨襄、昭爲詳，其所載當世名卿大夫多矣，而獨子産、晏嬰事迹爲詳，其義安在？能詳述所聞以釋疑滯乎？願聞其説。

保定曾文正公祠堂碑記

上之元年，保定薦紳之士四十有九人聚謀曰：「曾文正公來鎮兹邦，遺德在人，今天下皆立公祠，保定獨無有，無以寄吾民之思，請立祠以永大惠。」語聞，上可。既而閲十有一年，工不克興。大學士、總督李公乃以白金二千畀今正定知府陳君慶滋，使庀材營構，思公者頗以資繼。於是成前堂正室以妥靈薦誠，方續規其後隙宇爲燕饗之堂，中作而輟。後六年，署津海關道李君興鋭，又以白金二千屬記名提督獨石口協副將陳君飛熊卒成前功，思公者又以資繼。於是後堂既成，材用有餘，則又新其前所成堂室，更易撓折，飭治陊剥。猶有餘財，又别爲屋若干間，收其屋食以給歲事。是年冬十月，功竣。已竣，行事祠下，文武吏士在位列者，耆老大夫之退休於居者，賓校之逮事公而客兹土者，咸會於庭，相揖并進，皆曰：

昔公膺受疆寄，南則江南，北則畿輔。公於江南，親揃滅蛇豕，蕩滌巢窟，再造土壤，還之太平，與民更始，功亦偉矣。而前無因襲，恣公自爲，譬之猶操利刃割濡塗也。至於畿輔則不然，密邇京輦，事取中制，憲度久故，甚設而窳，民吏惰偷，敝極不還。公又爲政日淺，斂抑勇智，投合故迹，凡所經畫，率疆吏常職，無奇迹異狀。獨其精誠纍積，貫洪洞纖，事往神在，卒用回易聽視，曠然大變，掃因循之習，開維新之化。當時觀法頌治，身没數十年，餘教不沫。中材以下，不知所以致之。其視江南，難易縣遠。而江南自公即世，首詔建祠，以慰塞民望，名都大城，勸率祠祀。畿輔獨天津有祠，保定首善，公故治所，而物力艱絀，屢爲屢輟，被澤閎大，答不副施。然且窮歲累年，不怠逾奮。距公薨廿有一載，卒訖功役。由公功德湛漸，彌久益箸。思公之心，人不自已。是用卒底於有成，不可以不記也。

於是衆以命汝綸。汝綸則原本邦人思公之恉，謹識其作之始末，使鑱之石，以流示後之君子。已，又爲之詩曰：

巖巖邦畿，四方是儀。四方奚儀？曾公實來。昔公未來，吏頹不興，公既涖止，厥治蒸蒸。昔公未來，兵尫而孱，公既涖止，勁旅如雲。士昔失學，民亦不澤，有婇有樸，有繻不複。孰師孰父，孰覺以煦？公既涖止，乃塾乃庾。維民維士，維兵維吏。譬病且瘻，得公并起。凡公之施，人亦貌爲。疇則陶鑄，一世之才。才之既成，其施逾遠。八區一風，自我而轉。風則轉矣，施則蕆矣。歸公於南，旗翩反矣。公行去汝，嗟汝無苦。公歸於南，饑公汝哺。公南尚可，死誰郵我？死今二紀，公惠猶始。雖則猶始，公身往矣。我思曷已，百世其祀！

【輯評】

賀濤評：中幅用韓公體，益加恢奇。前後古雅頓宕，其神亦絶似韓公。

又評「公於江南」節云：仿退之《鄆州谿堂詩序》而變其貌。

《八家文鈔》：銘詞風神宕逸，宛轉多姿，韓公不能逮也。

袁望清詩序

會稽陳雨樵，有友曰袁望清名河者，喜爲詩，病且卒，盡舉生平所爲詩付托雨樵。雨樵受而藏弆之，逾十九年，乃謀刻而傳之。望清棄百好，畢世而獨肆力於爲詩，身死骨且朽，而不能忘情於其詩之存亡，其志蓋可悲夫！抑雨樵之風義，又何其近似古人也！

文章之士，類不能無待而傳，老死蓬藋，名業不表於世者衆矣。然且爲之不止者何也？負才絶異，不能不有以用耳。窮極艱賾，至於精變神會，上通造化，無問世遠近，必有護持而嬗傳之，决然不聽其沉没者。是雖在千載之外，猶一室相付受也。夫然，故暗澹没世而不辭，殆宜爾矣。

【輯評】

范當世評：筆勢鬱盤，無波瀾生發，亦無意思掉弄，只若就事論事，平放數十語，澹折一二筆，而已深遠綿邈不可攀迫。讀此纔知熙甫《題張幼于哀文太史卷》尚嫌俊快，而王介甫挾道德待世等文真不免淺滑也。

旌表節烈張太宜人碑銘

長垣知縣程君熙狀其母太宜人遺事曰：

吾母無錫張氏，先世携家遠賈，來居運漕。運漕瀕大江，吾含山一都會也，熙家在焉。

吾母幼警敏，尚志節，喜爲詩，時時與兄弟唱和，外大父母特愛之。年廿來歸先君，是時家隆盛，内外宗衆多，吾母恭儉仁恕，事上撫下，曲盡婦職。咸豐癸丑，賊蔽江下竄運漕，熙家悉破。先君避地無錫，吾母挈熙與兩妹繼往，崎嶇江關，遲久乃達，生事大窘。熙時九歲，無力就傅，吾母手刺繡，口授熙書，提携弱妹，晨炊夕汲，一身百役，勞勩異甚，薪米資用，盡出十指。性耿介，耻求人，念終不自給，遂習帶下醫，聚方書數十種讀之，三年業成。而金陵潰圍，三吴瓦解，無錫城陷。念終不能俱全，勸先君携熙遠避，身獨留不去。賊至，大駡赴水死，時咸豐庚申四月十四日也，享年卅有八。事聞，奉旨旌表。子一，即熙也，某科江南舉人，由工部主事出爲知縣畿輔。女二人，適無爲薛三錫、和州林述彭，遇賊時皆以小弱得脱，無恙。先君諱某，以熙在工部時有加銜。贈某官，贈吾母太宜人。太宜人生平詩甚多，寇燹後皆散佚，僅存數十首。其見危效節，時時形之吟詠，志蓋素定。平居深自刻厲，教子有法，熙始垂髫，言動即示以規矩，不使偭錯。其大節雖蒙詔褒録，其懿文高行，恐久且湮滅，謹追溯幼所親聞見敬述一二，乞賜銘章托不朽。

汝綸曰：太宜人文節操行應銘法，是宜銘。銘曰：

士或有文，而隳於行。矜行在細，或節不光。具一闕二，群褒而賢。備有三德，丈夫實難。而況婦人，教久不敦。於惟賢母，完德於素。避亂屯蹇，卒禍於寇。於義雖豐，在遇爲嗇。報之俎豆，而德不塞。維積維流，維後之熾。刻銘樂石，傳示無極。

胡氏譜序

巢山胡氏譜既成，副貢生胡君調燮自桐城涉江東行，浮大海，踔五千里，到保定徵序於余。余問君族姓始末，君曰：「吾胡氏占籍桐城自五代始，元《天曆舊記》已稱傳三百餘年、十有餘世，迄《永樂譜序》則稱四百年餘矣。以迭遭兵燹，《譜》數亡佚。北宋世系斷續不可譜，譜自宋南遷以下。而國朝順治時所爲《譜》，又頗附益失實。吾王父考辨其謬誤者，缺其遺佚，而定箸其可知者爲《譜》若干卷。族之人或起而非議之，王父不顧，而《譜》卒堅定。今又五十年，吾季父又繼述焉，吾隨而編輯焉，以先生辱與吾仲父游也，故敢來請。」

余曰：「吾桐城諸箸姓大抵元明間始遷，唐宋舊族今存者實鮮，獨君之始祖興於唐季五代，逮今向千歲，而子姓蕃衍，詩書庠塾，肩摩踵屬不絶。傳云『盛德必百世祀』，殆謂是歟？世益遠，文字益殘闕難紀，乃祖所爲《譜》，考於舊牒而述其可知，疑者則闕，蓋其慎也。是非久而後定，當其未定，昧者僨於近聞，篤於咫尺之見，遵循謬妄而不敢稍變易，此常態耳。及其既久，未有不運移而隨其是者也。君子之處宗族鄉黨也，蓋不徒逡逡退讓爲也。故有一家非之、一國非之者焉。要於見事明，守義不忒，始縱怪駭，終必翕然。狂狷之所以異於鄉愿者爲此也。乃祖所爲《譜》，是其一驗矣。往者，曾文正公在皖，爲吾桐城置教養士夫之業，歲入以萬數，久而乾没於射利齷齪者之手。一縣之士，莫能誰何，子之仲父知縣君與吾先兄肫甫兩人者，獨攘臂爭救其失，縣之人或起而非議之，兩人不顧也。會知縣君遠宦於蜀，已而遽殂，而吾兄亦旋即世，事以卒不定，有識至今以爲遺憾。事成否不必論，若知縣君之發憤公正，棘棘不撓，夫非漸漬於乃祖之遺風者歟？乃祖文行重鄉里，一時名士咸與周旋，箸述多，教子孫有法。知縣君既率其道不改，今子與季父又能繼續其所爲《譜》而踵成之，如此吾知胡氏狂狷之才，日新月異，盛德之祀，千歲之世澤，蓋綿延未艾而不可紀極也。」

既以語調燮，遂書以告其族之人。調燮字相臣，其季父秀才某字某，知縣君諱爾梅，與余同歲鄉舉者也。

【輯評】范當世評：公評叔節文，以爲空翠撲人。此自深洞中古時緑也。

吴闓生評：公於舉國蒙昧之秋，獨立主張開化，不屈不撓，其所守正自如是。此絶大識議，特借譜事發之。

姚公談藝圖記

吾桐城能文諸老，率以經術道義相高，獨湖南按察使姚公自少以天下自任，所至延攬人才，四方賢士景附波屬，雖顛沛不去。其在臺灣，以擊夷船事被逮下獄，豪傑之士知與不知，皆爲扼擥矣。此圖，公道光十七年攝兩淮鹽運使時所作，安化陶文毅公爲題其首曰《談藝圖》。圖中宴集諸公，蓋極一時之選，如吴仲倫德旋、李申耆兆洛、毛生甫嶽生輩，皆天下知名士也。是後中國多故，封疆大吏無網羅人才之意，賢俊離散，海内無此風流矣。獨曾文正公在江南時，大亂新定，往往招携賓客，泛舟秦淮，徜徉玄武、莫愁之間，登眺鍾阜、石頭，流連景物，飲酒賦詩，以相娱娭。汝綸於時間厠末座，實嘗躬與其盛。外此，不數數見也。

今天下無事，王公大人泰然群士之上，不肯稍貶威嚴，一問韋布編摩之業，自其宜耳。今以位論人，則在上者至少，在下者至多，至於無位則尤多焉。少者勢會，多者勢散，理勢然也。是故在上者耳目思慮有所不及，在下者群趨而拾其遺、補其闕焉。有位者耳目思慮有所不及，無位者又群趨而拾其遺、補其闕焉，夫是以身臂制從而天下無廢事也。橫絶而不相通流，一日有事，衹在上若有位者數人，遂可分形而遍給矣乎？

往者，故人劉少涂嘗爲余言：姚公在位時，交游族鄙，待而舉火者數十家，錢米之饋，日月以至。及被逮，自度後且不繼也，則饋之各倍他日。是時行橐蕭然，賴相知有力者饋贐之，乃能辦裝行。以故公之遇禍也，老者欷，壯者憤，婦人啼，皆若大憂之在己也。及聞其獄解而歸也，則皆若有身得之喜也。蓋天下之士歸之如彼，鄉黨故舊戴仰之如此。設令當國家大任，有事疆埸，振臂一呼，有不盡氣交走爲之效命致死者乎？惜乎公老而周旋兵間，迄不得一竟其用也。世之仕宦得意，儗富陶猗，而門下乃無一士者，何也？

【校】

〔少者勢會多者勢散〕二「勢」原誤作「執」。

【輯評】

范當世評：曠然千載之感，實切於身，遂爾恣意唱歎。此已上與太史公六序精神混合爲一，下與歐陽公抗手矣。

又評「豪傑之士」二句：悲咽從此起。

又：收句，用筆有宜向盡處盡者，此類是也，避之反尖。

賀蘇生先生七十壽序

武强賀蘇生先生與余同歲鄉舉。余爲深州，賀氏群從多從余游，先生獨未嘗一至州宅。間遇之人家坐中，始通姓名，遽别去。居二年，余去官歸，遂未獲繼見。顧嘗自謂先生之爲人，吾能以意得之。

先生之弟鐵君，瓌奇人也，好讀書負氣，欲有以爲。其言曰：「周之積衰，繇周公之好文爲之也。商君之法，無異三代，屏商君不道，乃曰『我欲爲三代』，此妄爾！」其論議驚人，類如此。人皆笑鐵君，以爲狂，鐵君亦自負，少可顧，獨昵就余。余問鐵君安所受學，則自先生外無他師。余固已慕望先生，以爲一世異人矣。

先生二子，曰濤，字松坡；曰沅，字芷村。自余未爲州時，年皆才及冠，已同歲領鄉薦。松坡淵懿而文，芷村簡默有條理，皆以先生命來謁。余得二子，益歎先生之教蓋多術也。當是時也，與鐵君晤語，豪激卓犖，鱝鱝如也。松坡入吾室，嘯詠終日，琅琅如也。芷村繼至，沉密練核，不動聲色，秩秩如也。余雖未獲交先生，以夫三賢者參定之，亦安往而不見先生者？

後十餘年，余爲冀州，鐵君已前卒，先生官故城教諭。故城去冀僅百里，松坡兄弟歲必過余。於是松坡學益邃，文章益高，余自度無以益松坡，則爲書通之武昌張廉卿。廉卿得之以爲奇寶也。已而，松坡又與其弟同歲成進士，余請松坡都講冀州，朝夕過從。舍中人往來故城，多見先生者，余亦自詭與先生皆久於其地，終得因緣一見。及余罷官教授，則距先生益遠。芷村亦出翰林爲令福建，在數千里外。獨松坡官刑部郎，猶主冀州講席，每歲自都還冀，或省覲故城，往來過余。余時時從松坡問先生起居而已，迄不能一至故城見先生也。今年春，自山東還保定，則先生前至，余大喜過望，始相見握手一笑，則往時所接夫三賢者，皆已窅然不知何往焉。徐而聽其言議，挹其風采，然後益知吾向所意得於先生者，實未能擬似萬一也。

先生長余十有六年，飲啖視余加健，其寢處動作若三四十許人。余問先生何以得此，則笑曰：「心無事也已。」又笑謂余曰：「吾某所見子時，美好少年也，今子鬚髮如此，亦且老矣。」余深愧之。夫以一天下之大，自天子至於匹夫，自始有知識至於老死，有一不勞其心智者乎？古之道人，所爲絶殊倫輩者，孰有大於「心無事」者乎？余自顧生平於世俗聲利亦頗澹忘，獨其心終日卒卒不能稍暇，此余所以易老也。先生精神意度，既已涵濡孕育其弟若子矣，而皆若遺棄而掃除之，其淵然之中，杳然莫能測其所際也。蓋今聚處旬日之久，吾於先生未能盡知也，向者余乃欲隃度而懸定之，不亦遠乎？

先生來此，以官滿當謁上官，事畢徑去，不能留。吾固已思之不忘，松坡又屢書言先生今年正七十，乞文爲壽。因書廿餘年以至今日所得，先生於心與其目者如此，且以志吾愧焉。昔歲松坡嘗貽書論蘇明允《木假山記》，以爲自喻己與二子，吾不謂然，松坡不服也。今歸壽其親，請從容以質之先生，必有以定之矣。

【輯評】

范當世評：纏綿往復，外集中爲人取法之文。

賀濤云：先生謂濤曰：「子嘗爲叔父乞余文，余訖未爲，故於此文及之。」濤敬應曰：「得此數言足矣。」

《八家文鈔》：（末段《木假山記》一節）案先生二子皆知名，與明允相類，故引《木假山記》作收，妙極自然，非泛設也。

題范肯堂大橋遺照

異時范君當世既喪其前夫人，哀思之不聊，則命工圖其父母所家曰大橋者，以寄其思，且誓不更娶。汝綸謀所以散其哀而敗其誓也，見是圖則深非之。又爲書告濂亭翁，翁復書曰：「是《易》所謂『恒，其德貞』，而夫子凶者也，吾助子破之。」已而，范君以其私白翁，翁竟止不言，而更爲君題字圖上。君歸，矜語汝綸，殊自得也。當是時，吾縣姚慕庭先生方郵寄其女公子所爲詩示余，且屬選婿。余曰：「莫宜范君者。」於是以書徑抵范君之尊甫，平章昏事，詞若劫持之以必從者然。復書果諾許，余然後喜吾謀之卒遂，而笑濂亭之不足與計事也。

范君既別余去，贅姚氏，蚤暮與姚夫人爲詩更唱迭和，閨闥間自爲師友。於是又命工圖其生平所歷事爲《去影圖》，與姚夫人淋漓題詠其上。今年復見余於天津，間持示余，余笑謂：「君今圖如此，前所爲《大橋圖》可愸置不復理也。」君乃曰：「《大橋圖》子終不可嘿已，謝頌唯命耳。」余笑謝，君則請之益堅。已別，又爲書敦促之至六七。始君爲是圖，殆將堅持初誓以寫其哀，余既勸君令更娶，則是圖之作固無取余言，故余時時誹笑是圖以拒其請。今別數年，君與後夫人相得甚，前哀忘矣，不惟無事余言，即君自視茲圖，殆亦若《老子》所云「芻狗」者。乃復持之以申前請，且必欲得平日誹笑是圖者爲之一言以爲快，吾無以測君之用情之所究極也。意其中之所存，固有遠而不可測者而特寄之是耶？爲記其作圖後事，曲折如此。

【輯評】

賀濤評：此文之佳，固在有詼諧妙趣，尤當玩其節奏。

合肥淮軍昭忠祠記

國家兵制，至淮軍凡三變。始者旗營之制，命將出師，取兵於素養，事定則兵歸伍、將歸京師。川楚之役，兼資召募，不專用額兵，變兵用勇自此始。粵盜起，大學士賽尚阿募潮勇擊賊，而江忠烈公以楚勇顯聞。潮勇不循法度，難用，江軍能戰守，可用矣，亦以奔命熸。獨曾文正公起湘鄉，教練鄉勇，倚以辦賊，號曰「湘軍」。湘軍興而舊時額兵盡廢，兵之制於是始變也。

文正公之起湘中也，今相國合肥李公仍父子奉詔，出治團練淮南。江忠烈之撫皖，文正公嘗貽書忠烈，言相國「可屬大事也」。是時相國以編修治軍，名位未顯，展轉無所就。及贈公没，久之遂棄淮南軍，從文正軍江西。同治紀元，以文正薦，募淮南義故六千五百人赴援上海。於是劉公銘傳、潘公鼎新、張公樹聲、吴公長慶等各領數百人從，號曰「淮軍」。軍占募到皖，皖撫李勇毅公續宜名爲能選將、知軍勝敗，文正公使勇毅按視新軍，還賀曰：「皆勝軍也，吴平矣。」相國率軍至上海，凡廿九月而吴果平。於是淮軍增至七萬人矣。吴平，曾文正公與相國定議，盡散湘軍，淮軍稍汰羸弱，留五萬人，備中原捻患。於是淮軍興而湘軍又廢。未幾，文正公率淮軍討捻，病罷，相國代之。是時捻分東西，相國討之，凡十月，東捻平，又六月，西捻亦平，中原悉定。是後中外大臣爭建議用淮軍衛畿甸，鎮撫南北交故用兵處。討捻時，軍頗增益，至是留者四萬餘人。及相國移督直隸，治兵北海，淮軍屹爲中國重鎮。天下有事，取兵於相國，相國輒分遣淮軍應之。劉公銘傳率之至秦隴征叛回；沈文肅公葆楨又與劉公先後率之渡海至臺灣禦倭，禦法蘭西；潘公鼎新率之出廣西關外，戰法人於越南；張靖達公樹聲兄弟率之北戍山西邊徼，南防海粤東；吴武壯公長慶率之東過渤海，定朝鮮内亂；今湖南吴中丞大澂率之北略吉林、黑龍江；周剛敏公盛波、武壯公盛傳兄弟更迭隨相國天津屯戍海上，而天津又間遣偏師平朝陽之盜。淮軍旗鼓，獨行中國者垂卅年。

始相國起湘軍中，所用皆湘軍法制。既至上海，見外國兵械精整過吾軍遠甚，於是盡棄湘軍舊械不用，用外國器法勒習軍，軍成不留行，百戰而士氣常振奮者，以器利而傷亡者少也。蓋兵之制至是又一變矣，變未有已也。

兵者，逐事而具，事已而更新，不可終窮，而大要歸於去所不勝以從所勝。是故八旗之戰也以弓馬勝；湘軍起南方，與賊爭長江之險，其戰也以水師勝；而淮軍則以外國兵械勝。外國兵械，中國盜賊所無有也。用兵之道，我能是彼不能是則我勝，我能是彼亦能是則彼我遞勝、遞不勝，若彼能是而我乃不能是則我處於必不勝。今環海萬國，强弱相制，長短相形，莫不以攻堅保危、凡戰守之器法相耀，其智巧之士，瞑目而思，閉門而造者日興月盛而歲不同。其國家之增兵益餉，備物致用，扞禦攻取之策，亦百變而未有紀極。而我中國之議論，乃至今猶貿不知彼己，欲以往舊朽鈍之器、已廢不用之法枝梧其間，是肉與刀競勝，植木禦斧，持薄縞當强弩也。一旦有事，乃始周章四顧，束手而無如何，甚乃從其後發奮改悟，而思所以補救之，而勝敗之數已效於前矣，庸有及乎？斯國論之一蔽也。

相國之治軍也，雖無事如臨大敵。自中原大定以來，卅年間，聞外國有一器新出、一法國新變，未嘗不探求而寫放之以教練將卒。故淮軍至今日，視卅年前用兵之時，其所用外國器法，又屢變不一變，而無一彈一鏃之襲乎其故。設局以討其制，立學以研其理，日習月試以究其用，凡所規爲，不遺力餘智矣。顧猶以中外之議論未盡同，聲光氣化制作之本未盡明，財力未裕，學校未廣，人才未出，無智者創物之能，無通微合莫之效。西域之議吾國所爲，以不能生新爲歉也，而吾乃且規規焉齗己守常之爲務，斯不亦遠乎？《易》曰「功業見乎變」，又曰「日新之謂盛德」，自古任事之臣，所以不肯牽率於庸人之論，而必自盡其才，爲國家開物而成務者爲此也。

昭忠祠之始設，以將帥之任推轂廟堂，故惟建祠京師。嘉慶中兵有召募，始詔外省立祠。湘軍屢蹶屢起，死事至多，則所在奏立昭忠祠祀之。淮軍以器利少挫衂，然將士戰死者往往不絕，成軍數十年，積勞病故者又前後踵屬也。舊惟江蘇有祠以祀平吴戰死之士，近年立祠直隸以祀北征以來將士，而合肥則淮軍本所自起，祀典不可闕也。今奏立昭忠祠，巢湖雎上祠成，相國以命汝綸曰「宜有記」，汝綸則取國家兵制之變及淮軍所以制勝者論之，俾後之謀國是者有考焉。

【輯評】

《八家文鈔》：前半有關清代兵制，後半所以開迪新學，矯切時論，文之英光瑋氣，與曾相諸祠記相埒。

吳闓生云：文作於中日戰事以前，而淮軍之必敗，已若燭照，數計而決之。後幅「學校未廣，人才未出」云云，若代爲惋惜，實即所以箴之也。

贈光禄大夫記名御史刑部郎中合肥李公廟碑

光緒十有八年某月，安徽巡撫沈秉成上言：「大學士、直隷總督臣某，與兄兩廣總督臣某力勤爲國，禀訓於家，其先臣贈光禄大夫、記名御史、刑部郎中某，當咸豐三年，奉文宗皇帝命歸治團練，有功鄉邑，往來渡巢湖搏戰，合肥、巢界上二縣父老，請即湖壖立廟祠祀，宜順輿情，答忠藎，慰勞臣孝思。」制曰「可」。於是相國兄弟既合詞陳謝，則簡選親吏，相度經始，庀材董役，礲堅斵良，不窳不華。明年廟成，又明年有事於廟，將文其麗牲之碑，相國以命汝綸，且曰：

「先公性方嚴，不俯事權要。初在刑部，邺囚謹獄，刑官傳其法到今。江淮俶擾，奉詔治軍，屢戰有績，具在國史記，人多知者。至其忠悃奮激，以殺賊立大功，報國自放，時不展其用，位不充其志，獨抑塞摧鬱，發憤以卒，世莫得而言也。始天子命吕文節公治安徽團練，吕公引某自助，先公聞，乃曰：『奈何用兒子獨慭棄我？』既吕公效節，皖大吏疏留某助治軍。軍事日棘，淮甸益縻爛，天子南顧憂勞，用户部侍郎王公茂蔭薦，詔先公歸廬州治團練。命下，單車就道，至臨淮，廬州已前不守。袁端敏公疏留先公聯結緣淮堡寨，居數月，安徽巡撫福濟又請趣先公赴合肥。當是時，天子注意團練，屢詔各行省在籍大臣團結鄉勇，助官軍防剿。而統兵大臣皆樂用兵，不喜用鄉勇，以爲團練徒空名耳，郡縣吏則尤忌之，主客牽制，形勢沮格。而先公以一郎官與重臣名帥抗行鈞禮，不相統攝，無寸兵、半菽、一錢可自給也，則視他團練大臣，所處又獨難。既歸合肥，客或請先公專葆就鄉縣，不輕詣群帥。先公方鋭意討賊，不謂然也。其後率所團卒會諸軍進攻，出入廬、巢間，時有小勝負，不足言。渡巢湖，會戰白石山下，敗悍賊陳玉成走之，軍稍稍振起矣。已而糧不繼，挫衂，徑揮散其衆，罷歸卧家。先公本自詭滅賊，一不效而軍罷，鬱鬱不自得，居閑輒劇飲酣醉，以怠忘其憂。嘗寄書軍中，誡某『必滅此賊！餉不足，吾田數十畝可盡貨也』。某讀書心動。一夕，先公召兩從父縱飲，且醉且呼酒，酒至輒盡，連盡數器，不知人，徑卧，明晨遂不起。某自軍奔歸，既驚慟，不及見先公。後七年，某始率鄉子弟起上海，轉戰吴、越、齊、豫、燕、秦，悉定中原，天下號曰『淮軍』。軍多先公舊卒，諸將中兩廣總督張靖達公樹聲，即先公故幕客也。軍事既平，先公故不及見。又後廿餘年，乃克承詔立廟。廟成，將立石繫牲，宜有紀述，具著先公志事，載之石上，昭示後君子。子其無讓！」

汝綸曰：「合肥自孫曹以來，用武之地也。山水奇傑，人民果勁立節概，著在前紀。曠歲千百，不聞有閎達名世君子出其間者。今相國乃始提挈義旅，猋起雲蒸，蕩滌河山，燀威外國。兄弟節鉞相望，所薦拔文武吏士數十百人，充周列位，大氐合肥一縣之士。意山川之氣閟蓄久，故必昌通乎？本所緣始，則盡光禄公所涵濡而孕育也。名位啬於一時，功烈不卒於身。藴結如彼，流風遺教，漬乎一家一鄉，横被乎薄海内外，光大如此。前古所稱劬躬燾後委祉者，未或倫輩。宜垂顯刻，流示無極。」乃不辭而銘之，銘曰：

灊嶽嶤嶤，其神雄尊。鍾於淮淝，實生哲人。哲人之生，國步急難。視國急難，若疾痛在身。欲横一軀，塞漏九淵。不究其施，賫恨下泉。是生孝子，卒所未竟。掇輯遺旅，爲天下勁。終奠九土，幹蠱承考。威風過海，萬夷内首。子父繩繩，載聲而久。在昔文考，决策撥亂。取民於野，是束是訓。卒其成軍，於湘則曾。公起於淮，是攘是扔。身仆軍立，與湘代興。居巢之湖，其水滂滂。守臣上言，即祀於旁。帝曰「俞咨伯，嘉乃先功，其以廟享，世旌爾忠」。伯拜稽首，答揚休詔。告丕顯考，亦世追孝。騰蛇天飛，其蟠在泥。河江始濫，譬帶在衣。初菀不極，後焉大光。刻銘牲繫，下告茫茫。

程忠烈公神道碑

咸豐十一年冬，上海人間道至皖，乞師於曾文正公。當是時江蘇全境淪陷，獨上海一縣藉外國兵助守，勢岌岌不自保。文正公疏薦今合肥李相國用道員往署江蘇巡撫，援上海。李相國既募淮士五千人，遂請於文正公，願得參將程某自助，文正許之。程公諱學啓，字方中，安徽桐城人。始從賊中自拔，歸曾忠襄軍，忠襄克安慶，公功爲多。忠襄進規金陵，且倚公辦賊，公亦自誓滅賊以報國家。及李公募軍東行，忠襄亦還湘增募軍。文正知忠襄惜留公，不欲斥與人也，貽書忠襄曰：「吾督江南且二載，無一兵達江蘇，李君新軍遠涉，不可不資以健將。」於是竟以公與李公。李公新軍號「淮軍」。公本以隸曾公爲湘軍，軍瀕行，文正令公軍改「湘」爲「淮」。公曰：「無九帥命，不敢。」文正歎異以爲不倍本，九帥者，忠襄也。

公以參將隨李公東援，同治元年三月，軍至上海。是時江蘇兵尚五六萬，不能戰，戰輒敗衄，賊張甚。賴英法外國兵代復嘉定、松江，已又棄嘉定不守。李公軍新至，當勒習軍陳。外國將趣新軍疾戰，新軍將多未當大敵，獨公所領千人爲勁旅。李公檄公屯虹橋，不遽言戰也。公行至漕河涇，卒與賊遇，敗之，遂據虹橋。明日，賊大至，又破之，追至七里堡，大破之。從李公進攻泗涇，鏖戰三日，解松江之圍。進擢副將。與美將華爾會克青浦，自青浦還援北新涇，馳入壘與守將并力禦賊，却之。移守嘉定，以總兵記名簡放。賊圍四江口，從李公救之，裹創力戰却敵，加提督銜。公起虹橋至四江口連三大捷，皆用少擊衆。李公於是增公軍至三千人，使進規蘇州。道太倉，太倉賊乞降，察其詐，許之，嚴陳以待，與英將戈登會克太倉。進攻崑山，告李公曰：「崑山三面阻水，一面陸走蘇州，先據其陸，斷蘇、崑要脊，賊必膽落。」從其計，克之。補南贛鎮總兵，記名提督。

先是太倉既克，李公令公總領諸軍，軍將人人異言，及見公臨敵指揮，則皆大服。諸軍統將，軍中號之曰「統領」，公既總領諸軍，李公令軍中別稱公爲「統率」，以旌異公。是時前江蘇巡撫薛煥入覲，太后臨朝，問程統率狀貌、戰績良久。而外國將初侮吾軍，及是，戈登自崑山貽書李公，稱公有大略，足自制賊，不煩外國兵佐助。公亦盛稱戈登智勇，以爲中國諸將莫能及也。

蘇州城大而堅，四面阻水，自盤門至婁門，賊築長城十餘里，長城内穴地爲石壘以避炮，外憑水爲固。公自崑山進攻蘇州，連拔花江、同里，下吳江，悉平太湖洞庭山賊壘，抵婁門而軍，破嘉、湖援賊，自寶帶橋直入，遂碎其長城。先是劇賊李秀成守蘇州，及是急援金陵，留死黨譚紹洸據蘇守禦。長城既破，賊將郜雲官、汪有爲等汹懼，介副將鄭國魁乞降。國魁者，雲官舊識也。公與國魁單騎會雲官，約以斬獻紹洸頭爲信。已約，攻城益急，紹洸召雲官、有爲等乘城，有爲突起，拔佩刀刺殺紹洸。賊衆擾亂，擊殺數十百人。夜開齊門降。犂旦，雲官等持紹洸頭來獻，公入城鎮撫。是時城賊尚廿餘萬，降酋八人請署爲廿營，八人分領之，讓蘇城之半處官軍，自踞半城助守。公陽許諾，語雲官等「日日出謁巡撫」，遂還軍密白李，公請誅八人者以定亂。是時常州、嘉興皆未復，李公愕然曰：「殺已降不祥，且令常、嘉賊聞風死守，是自樹敵，不可。」公爭不能得，則脱所著冠提李公曰：「以此還公，某從此訣矣。今賊衆尚廿餘萬，多吾軍數倍，徒以戰敗畏死乞降，其心故未服也。今釋首惡不殺，使各將數萬人，糜軍餉大萬百餘，與吾軍分城而處，變在肘腋，吾屬無遺類矣！」拂衣徑出。李公急起挽公曰：「徐之，吾今聽若，何怒爲？」公曰：「苟見聽，請一依某指揮。」明日，李公過公裨將營，八降人者出城屏騶騎上謁，李公勞苦良久，給總兵副將冠服有差，留宴軍中，且去，曰：「吾屬有公事當去，吾令此裨將代吾爲主人觴。」若等八人者既謁送李公，入就坐，坐定，酒三巡，伏甲起，八人驚愕格鬬，皆死。先是公嚴陳入城，及八人首至，諭衆曰：「八人反側，已伏誅，餘人不問。」逆黨驚擾，殺二千人而定。降衆廿萬，分別遣留，皆安堵帖服無事，蘇州平。當是時，鄭國魁怨公次骨，以謂公賣友。而外國法尤以殺降爲大禁，戈登至欲勒兵與公確鬬，逾時乃解。而曾文正公在皖，聞蘇州殺八降將，歎李公明決，能斷大事也。

自軍到上海，至平蘇州，凡十八月。蘇州既平，軍威益振，乘勝援浙江，拔平望，復嘉善，遂薄嘉興。嘉興城守不下，吾軍驟勝且驕，於是公陳斬臨戰逗撓者守備姜寶勝以徇，士皆股栗用命。攻嘉興匝月，城破矣，賊輒堵禦復完。公募死士登城，四登四却，憤甚，突出奮身先登，飛彈貫腦，踣復起，部將繼登，竟克嘉興。奏入，天子曰：「程某創甚，其加意療治。」已而以傷卒，諸軍將士皆慟哭失聲，遠近士民涕泣相弔。同治三年三月也，得年卅幾。事聞，追贈太子太保，予謚忠烈，遣官弔祭有加禮。

公爲將紀律精整，應機捷出，陰陽闔開，神鬼眩駭。大小百餘戰，未嘗敗挫，賊望公旗輒走。自到上海，見外國兵械勁利，深研潛討，一變中國舊法，師彼長技。淮軍用西域槍炮，自公倡始。李公以外國將驕蹇，難制馭，獨令公挾以攻戰。起太倉迄蘇州，與戈登交推互服。殺八降將，議論中乖，及聞公死，戈登乃獨流涕歎惜。從李公求得公戰時大旗一，携歸英國，以爲表記。曾忠襄在金陵聞公戰比有功，深惜公軍去己。文正亦悔，嘗曰：「吾湘部坐失程某一名將，吾愧吾弟。」屢檄召公還，公亦誓平吳會，還軍助忠襄，答知己，迄不得還，竟賫志以没。公没卅年，中國與日本戰，諸將失利，李公匡居歎息曰：「程方中若在，何憂勍敵爲！」其遺烈在人如此。

曾祖允中，祖列義，考大林，三世皆以公貴，贈如公官，妣皆贈夫人。前夫人高氏生一子，與公同陷賊中，公自拔來歸，夫人母子皆遇害。夫人之父復以季女與公爲繼室。後夫人高氏後公九年以同治十一年卒，年廿八，無子，以弟子建勛爲主後。前後累得世襲，并爲三等男，既冠，引見，用員外郎。某年某月葬公某所，二高夫人祔。建勛以墓碑屬汝綸，乃爲之銘曰：

運圮不反，得人則轉。大盜據江，東顧席卷。海壖片土，借人息喘。李公東討，旗始孤偃。公提一旅，單進深阻。剚賊胸膂，使解身首。挈吳會壤，復還蘇撫。江東事已，藏熱厚土。論功中興，諸將未有。在公猶小，大世未睹。絶域萬里，懸鬲自古。柬耀厥武，械器是寶。我寫而放，如魚脱藪。試之三紀，永勁我旅。追元溯初，伊公本始。得粗畫止，微漠不討。持以應客，恃失其所。使公不死，國孰我侮。曷不憖遺，蔵兹功緒。

【輯評】

賀濤評：一氣奔瀉，而節節收束，紀律謹嚴，而提頓蕩漾處精神洋溢，自馬、班、陳、范及韓、歐、王外，皆不足語此。

《八家文鈔》：全篇皆從旁面、側面烜染生情，是爲加倍寫法。尤以戈登陪襯，奕奕有神，時出時没，如《史記·平準書》之有卜式也。

武安縣孫君墓誌銘

君少孤，事母孝，善居喪。喪母，十餘年未葬，不官不娶，持喪服不變。除設几筵，朝夕上食如新喪，終其身一不易。始遭喪，在官所，逾祥禫不能歸，終日麻衰弁絰坐草土哭泣。部民爭持豚肩尊酒獻殯宫，泣拜受。以粟若薪蔬來餉，則敬辭，固辭固請，即不可，卒委之竟去。如是者蓋數年而後歸。歸又不克葬，殯喪於所居堂，寢處不離次。客至，入拜殯則加敬，若承異寵，退躡迹造門泥首謝。户内無婦人，有妻早卒。母爲續聘外家張氏女，未及娶，母卒未葬，遂不娶。久之，張在室無恃賴，間往爲經紀，有疾爲問醫求藥，視如姑姊妹然。然終不娶。

其營葬且十年。始，桐城人喜相宫宅地形書，親死不得善地，輒留喪待，不葬。君先世留不葬者凡七喪。君單傳，無緦功親。葬恐不卒期，畢葬舊喪而後及母。貧無資，亦頗信相墓説，得地，卜不吉即棄去，用此十餘年不葬，亦十餘年不娶，不釋服從仕，竟持喪以卒，卒時年五十五。

君桐城孫氏，諱慧基，字積甫。大父起端以二甲弟。一名入翰林，終某官。父某，早卒。君同治甲子舉人，戊辰進士，改庶吉士。以母老求禄，散館，自取墨瀋涴試卷，得知縣，選河南武安。爲政有惠愛，縣宅後園有閣道抵北城，暇則從城上縱紙鳶爲戲娱母。光緒二年旱饑，君爲券從富家貸粟賑貧民，券文曰「知縣孫某貸粟若干石」，加縣印其上，給出粟者。袁文誠公保恒奉命辦賑，過武安，面歎君賢，且曰：「好爲之，吾爲君任其咎。」君坐是逋負鉅萬，不能償。及遭喪，文誠公死矣。河南大府持其事累年，用此不能扶喪歸，留滯官所，久乃解。君卒後，族兄子美始就君所棄地，悉葬君舊喪及君若君母。君所聘夫人張氏來吊喪，遂持服不去，爲君立後子。縣人皆曰：「非獨孫君孝子，夫人亦貞婦人也。」縣凡五鄉，鄉醵若干金，買田供君祭祀，君之門絶復立。

汝綸少與君同就試有司，又嘗同出京師南歸，相與共資財，最爲知君。乃爲銘曰：

畸耶庸耶？過耶中耶？媢俗者同耶？傑不世者窮耶？何窮何通，惟吾母之從。事則不終，厥操罔蹤。

【輯評】

賀濤評：其體勢及自醒作意處，皆似韓公《孔君勝墓銘》。

題馬通白所藏張廉卿尺牘册子

嗚乎！此吾友張廉卿手迹也，今不可復得矣。

往時，廉卿嘗從容爲余言：「比者吾書乃突過唐人。」余曰：「此不足多也。古人書留者，以有金石刻也。今世漸不知文字可愛重，金石刻稀少，子書即工，世不求，無所托以久。身死而迹滅矣。視吾徒不能書者奚擇焉。」廉卿曰：「吾歸，於黄鶴樓下選堅石良工，書而刻之，鑿懸崖石壁，使中空如篋，陷吾所書石其中，别用他石錮篋口四周，不使隙也。千百世之後必有剖此石壁得吾書者，子且奈我何！」

嗟乎！此杜元凱欲沉碑漢水者類也。彼自信其名之可傳以久，而傷并世之莫吾知也，則發憤曠覽而儌幸萬一於千百世之後，以幾其必不亡，賢達高世之志，其怪奇故應有是。廉卿今死矣，其所箸文章與所作書具在，足以傳世行遠，固無俟於沉碑鑿壁之爲者。獨汝綸老鈍廢學，歲月已逝，生平志事不一就，内顧無可挾以待後來，身雖未死，愧負吾友多矣，可悲也！

自廉卿别余去，余則集其生平所寄書札，裝池之爲六册，時時展對，以釋吾思。今廉卿死，通白亦裒輯所與尺牘爲一册，屬余題其後。昔莊子過惠子之墓曰：「自夫子之死，吾無以爲質矣。」夫獿人亡匠石輟斤者，其質死也。今匠石亡矣，求所謂成風之斤一運於獿人之鼻端者，當吾世殆無復有矣。雖其質之空存曷益乎？嗚乎悲夫！

【輯評】

賀濤評：奇情、逸興、高韻，非復人間所有。

陝西留壩廳同知陳君墓銘

留壩廳同知陳君既卒之二年，陝西巡撫上其績狀於朝，有詔宣付史館。其兄大名知府署保定知府啓泰捧詔書以泣曰：「吾弟幸永不死。雖然，顯於朝而晦於野，即後進何觀？宜得知友文字，表於墓道之阡，用昭示來禩。」遂以狀授汝綸，汝綸則爲之銘。銘曰：

君諱文瓛，厥姓曰陳，勔庭其字，世長沙人。諸生從軍，累官同知，饋餫征人，壹絶奸欺。榷氂白河，人曰利藪，砥節營職，官羸商阜。補官留壩，檄攝鄠縣，大開縣門，哦誦經卷。民來訴訟，釋卷裁決，滯獄數百，再月而絶。留壩僻陋，介萬山中，西走隴蜀，綰轂其衝。民苦繁徭，吏斂孔棘，貰貸子錢，倍稱取息。君壹汰蠲，出錢假民，準物若衣，予期贖歸。少取息錢，以更徭費，豪富失氣，徭亦辦治。

蓋君治民，首乃富之，其富無方，惟土是宜。田少食艱，教之蠶桑，募師給種，董戒使成。成絲不織，教之機杼，收償絲帛，使咸鼓舞。地力未盡，教之藝茶，茶絲并興，傾戎走華。國家柔遠，開關互市，方外瓌貨，日月以至。或益軍國，而害人身，朘吾利源，納之弱貧。吾國之産，惟茶惟絲，攙雜濫惡，遠賈不求。求吾苗種，挾以西邁，自植其國，與我爭利。印茶倭絲，遍行西域，氈罽加非，流入吾國。厥弊曷由？由吾自病，已利不有，坐授人柄。使凡爲吏，盡如君才，桑茶滿衍，利權自持。爲吾國重，夫豈微哉？最君吏能，異迹實蕃，絲茶之效，其尤著云。

值歲大饑，躬民疾苦，便宜發粟，以活餓者。携持米錢，假與下户，冒涉沮洳，浸淫溽暑。施粥近郊，雜作傭保，舍中均食，日粥一盂。自秋徂春，流冗四歸，官錢不足，私財佐之。私財又匱，繼以假貸，既所救振，民忘災困。君負私券，至八百萬，嗣是終任，一無饑歲。民以絲茶，用益饒矣。君之始至，民不知學，學附鳳縣，入者麟角。君倡其教，購書聘師，進高材生，而面迪之。已而横舍，學子莘莘，鳳縣學籍，半留壩人。大吏上言，專立學官，留壩有學，建始惟君。山邑崎嶇，盗所逋逃，迹得黨魁，名捕其曹。盗懾不入，入輒捕獲，嗣是終任，一無動劫略。武則盗弭，文乃育才，匪直富民，文武具能。留壩十年，官滿且遷，遮留不可，泣繞行旃，老幼扶將，闐市溢廛。祖餞未還，遽以喪告，輟耕罷市，走哭相吊。或五晝夜，踔九百里，會喪長安，若戚在己。控於大官，請立祠堂，載事於碑，以永不忘。臚陳治行，上之大吏，遺愛在民，至於如此。謂宜壽考，厥施大遐，年未五十，天乎命耶？君積資勞，進秩知府，授君告身，朝議大夫。君之卒年，光緒壬辰，妻李繼梁，皆封淑人。存質、存實，君之二子，卜葬某原，祔以前母。狀君行者，君兄啓泰，御史出守，有聲中外。由曾及考，以啓泰貴，贈如其官，每進益大。我表君阡，匪詳伊概，賢兄之思，用式良吏。

【輯評】

賀濤評：質健奇古，惟韓公有此筆力。

又「國家柔遠」句評：憤世之心乃時時發露。

姚節婦贊

有婦嬪姚出王系。大曰佃南具父母，嫁年十五孀廿四。大男四齡幼襁褓，慈稚娱老忍九死。尊章不禄一男夭，孝婦號天霜夏雨。母哭持子勉就傅，力學齎志痛厥考。兄死惟汝一髮繫，兒學有立孫繼起。劬躬保危歷四紀，有詔表門旌厥里。嗟爾母婦勉肖似，誰其贊者冀刺史。

從兄鄆城知縣吴君墓表

君諱某，字康之。始以孤童子徒步入京師，傭書部小吏。大學士文靖公寶鋆時爲部堂，見君所書牘，善之，問吏曰：「此寫官誰也？吾有書使録福一通以來。」吏曰：「諾。」持歸，不與君，別使人寫上。公怒曰：「此非前書某牘者迹也。」以擿吏。吏不得已，更持書歸送君。君發視，則公所自爲詩也，寫福竟，附詩一章入所寫福册中以進。公得之大喜，折節與唱和，期待甚厚。已而行役出都，以君自隨，得數百金歸。故事：吏從役有私入，歸輒分其曹。君不習故事，不分也。於是吏久者交口毁議君，久之，公又出都，又以君自隨，得金而歸，遂自免去。入國子監，應順天鄉試，不中，弟取謄録。既試，譚端恪公迎君教授其弟，譚公巡撫山東，用君爲幕客。譚公遷河督，幕下獨君一人，事鉅細一倚辦君。於是君名大振，汴中自司道以下爭慕君，願與交。譚公還京，君遂留汴。

君始爲寶公所知，有名於京師。後知譚公，歷齊汴幕府，名益有聞。汝綸乙丑成進士，寶公、譚公皆座主，兄弟俱居門下，二公嘗矜寵之。後譚公攝湖廣總督，又以君往。已而用謄録叙勞爲鹽大使山東，由大使徙爲知縣，自是在山東廿年，歷署寧陽、禹城、蒲臺、武城、章丘諸縣，補鄆城知縣，所至皆有政績，爲縣人稱説。先後爲丁文誠公葆楨、陳中丞士杰所識拔。而張勤果公曜又前君在汴時故人也，遇君益加禮敬。

君爲人通敏能書，喜爲詩，與人交和易忼爽，善謔以不忤於敵。以上不能爲曲謹苛禮，爲政簡而有條法，斷獄明恕。

君幼失母，育於吾父母，與汝綸同卧起，游處必偕。長汝綸二歲，汝綸始受《詩集傳》，君爲録《詩》小序於書眉，長者見者，疑爲成人。江南亂，兄弟皆廢書，樵采山中。咸豐戊午，吾伯兄肫甫徒步入京師就試，君隨往。至汴，錢用絶，肫甫留君父執殷閑先生所，獨身抵京，不中弟，且還，而君亦自汴抵京。時秋且盡，君尚衣褌，肫甫脱中襦衣君，爲君營書傭，乃去。

君既幼教育於吾父母，兄弟皆若同生。君在武城，汝綸爲冀州，武城與冀州枝縣鄰接，兩人月一行縣，因兄弟會飲。其在鄆城，余弟詒甫令汶上，又相鄰接，行縣會飲如武城故事。

光緒十四年，余乞病自免去，君亦棄鄆城南歸，余送之濟南郭外。君謂余曰：「弟用科舉起易耳。吾始出絶艱阻，幸多偶合，然困殆者屢矣。近世士夫多競進，獨吾兄弟仕方得意，皆自引去，此可自慰薦者。」君抵家三日遂卒，十五年某月也，年五十有二。君娶豐縣張氏，一子馥孫，先一年卒。女適金匱廉泉舉人，户部主事。君無主後，葬未有期。汝綸謹摭遺事述家狀始末，異日將揭於葬君之阡。

【輯評】

賀濤評：此篇及《孫封君碑》，篇幅均疑少長。

《八家文鈔》：有逸趣，義法尤精。

跋五公尺牘

胡君列五，久客官文恭幕下，得諸公手書，自曾文正以下，曰胡文忠公，曰今相國合肥李公，曰左文襄公，曰彭剛直公，凡五人，聯爲大卷弆藏之。間以示汝綸曰：「子爲吾發其意。」

汝綸曰：功名之際，蓋難言哉。方曾文正之敗靖港，困南昌，守死祁門，豈知其後贊明中興，盛烈如此。官文恭周旋曾、胡諸公間，當時見謂「媪相」，卒與胡公俱饗顯名，血食至今不絶也。湖南初開幕府，左文襄調兵笇食，以諸葛君自待，而彭剛直徒步千里，出入賊中以赴曾文正之急，皆烈士也。功有鴻殺，各非偶然者。二公之論外事，皆以持和議、購船炮爲非；越南之役，皆領兵用舊法防海，未遇敵而兵罷，亦云幸矣。然世或多二公威望，謂能固圉走堅敵也。曾文正既殂，今相國合肥李公獨膺艱鉅，經營遠略垂卅年，天下想聞其風采。及國兵挫於日本，中外歸過焉。盛衰有時，豈人力也哉！權勢既替，歷聘方外，周游九萬里，所至國君優禮過等，他國使臣望塵不及，皆曰：「此東方畢士麻克也。」畢士麻克者，德國名相也。西國人舊以李公配之，東西并峙焉。國兵新挫，而宿望故在，其是非之不同如此。中國《詩》、《書》之説，《春秋》功罪之律，殆非海外殊方所與聞知也已。

【輯評】

賀濤評：抑揚吞吐之間，其風神絶似《史記》。

黄來庭墓表

始余爲冀州，求士於前政今山東巡撫李公，得二人焉，曰李馥堂某，曰張楚航廷湘。馥堂年已七八十，有大議，時來會州宅，余嘗禮於其廬，而不復煩以事，事大小一倚辦楚航。於是讒謗朋興，楚航欲自引退。余尉薦勞謝之，而時時從楚舫訪求賢士，楚航矜慎其選。當是時每得一士，雖戰勝而得一國，不足喻其喜也。最後乃得黄鳳翽來庭。

來庭，光緒丙子舉人，教授閭里，楚航數數爲余道其爲人，顧不可强而致。久之，聞余經畫書院有起色，又得賢師，乃始一涉足書院中。余從衆中望見來庭，端静沈毅君子也。坐與語，合意，來庭自悔相見晚。自是月一會書院。是時，余所得州士并來庭，數之已十許人，凡有施爲，便不便，興革於民，必與此十許人者共之。此十許人者，其視一州之事，皆若家事然。先事則商較利病，事及則均勞逸，忍謗怨，爭難趨險，競智獻力，不稍觀顧畏避瑟縮也。其風類動撓，旁逮鄰州比境，與余久故者皆來會事就功。武强賀墨儕孝廉、深州張溯周秀才，其尤箸也。

余待罪是州，州有期會，諸君勸趨不倦，而吏此者反偷假安拙，坐享其成，余以是深愧之。而來庭於其間狷介吶口，遇事殫盡誠悃，勤求善敝。其始出由楚航，而論議趨尚，不爲苟同。性好學問，尤昵就余，時時相從論學。及余引疾去州，諸君意戀戀不忍決舍。余後嘗偶過州下，來庭與向之十許人者，即夜驚喜傳相告以來會，犂明四面而至，樂飲三日，脱車轄，藏馬韉，不令驟去也。嗟乎！昔浮屠不三宿桑下，余獨何能恝然於諸君子耶！是後，余久客保定，楚航與諸公往往以事來省余。獨來庭授經不出，未嘗一來。間遣其子錫齡就余問學，已而亦散去。去年七月，余有弟喪，會喪於汶上。九月還保定，楚航來唁，余則聞來庭死矣。悲夫！

余去冀八九年，來庭迹雖疏闊，心則傾向余。凡吾舊政，有所變易改革，來庭輒不可於意，傳語謝余，耿耿若有不釋然者。余既無移德於是州，其一二遺迹，皆已陳之芻狗，何足復顧藉？而來庭獨眷眷於此，則吾於聚散之感，亦何能無概於心，又況重以生死之戚乎！

今年，錫齡狀來庭行義年徵文表墓，余於來庭其何能已於言也。來庭以光緒廿一年九月五日卒，得年五十有一。其葬祔黄氏先兆，在冀州西北若干里。曾祖有起，祖立泰，父萬清。妻尚氏，子三：錫齡，戊子舉人，錫榮、錫祺，皆州學生。

【輯評】

《八家文鈔》：聲色並茂，先生治冀之精神，讀此可以想見。

弓斐安墓表

君少孤廢學，學治生，以資使兄弟學。兄弟學皆成立爲諸生，有聲學官。而君以一身生聚，衣食百口者餘五十年，躬行孝弟，有餘財則施與。居鄉里能避怨憎，而治生益精以力，思慮縝密，凡所營度，利病豪芒，剖析翔審，專其業者不能逮也。

善構造，構造室堂門塾，以楹計前後累數百。法皆自定，櫙櫨枅桷瓴甓之屬，先事商功度用，調笇既具，召匠杇賦之役，不失尺寸累黍。尤善爲田，田高下燥濕瘠沃，時其稼，種所宜，而進退增損之。每歲初行視原野，歸則誥誡田者，某所宜麥，某所宜稷黍，某所宜菽、宜麻、宜薯蕷、吉貝、穀，某種宜植，某種宜穉。如其教則熟，不則多稃不入。雖沮洳澤鹵不易治之田，君一相度，審所宜樹，無不倍收。其精如此。

蓋古昔治生之學，作室、稽田二端要矣。周初尤矜重之。後世以爲勞又賤，棄不習，習此者大抵蠢愚椎魯無聞識之民，先後輩口相傳以故法，二三千年來不聞有變往制、開新利者。匠氏成屋，千室一法耳。吾喜與西國人往來，見其室圖，百數十法，隨所擇用之，不顓顓故常也。就其法之不易者，則以木爲堂皇而窟室其下，以謂地之氣能敗損人若物，其高以尺計者大率五六焉，是故空其下使氣旁出，不以及人。而門牖之啓閉有機焉，以聚散光熱，出納炭養，人居其中，便體蠲疾，此化學養生者事也。中國之儉簡者猶或非之。至爲田則用機器代人畜以耕，一器之用，廿於人之功，而四五於牛若馬。其説曰：凡地之質其别十有四，四氣十金，揉而和之，以孕萬有。偏勝焉，偏絶焉，則生也不蕃。草木穀蔬之質與地相得也則宜，戾也則不。糞田之物，類視田質之衰少者而捊補焉，譬之醫然，羸不補，補不羸，病皆不起。糞穀地參相得矣，又益之以電學，則其收也五於其故。凡其爲學，至深邃微窈，大率類此。蓋皆本富之至計，未宜以來自異國而閉距之也。

今國家方議變法，變法莫急於治生，恨學未易明耳。君生不聞西學，而所得輒暗與之同，則天與優也。假令君明習西國築室、治田之術，於以倡導閭左，研悦致行之，其於尊生强本，豈小補也哉！君嘗自憾廢學，以君之能，視世之咿唔文術以求舉選，拾殘遺、盜朽蠹以矜高曹輩者，其得失何如也！

君諱某，字斐安，安平弓氏。嘗以饑歲賑災民有勞，由貢生加五品銜。卒於光緒甲午十月十日，年七十有三。曾祖炳翼，祖允升，父省度，世以儒爲業。君娶王氏，繼娶吴氏、趙氏。男四人，長者汝恒。汝恒、生，均皆副榜貢生。其餘孫三人，曾孫二人，汝恒、均先後從余問學。君之葬也，汝恒狀君行徵文，乃叙論其利賴於世者，使歸而揭於弓氏之阡。

【輯評】

賀濤評：此熙甫《歸府君墓銘》之類。然彼論古，此言今之外國古所未有之事，其創端造境極難，而文之古奧淵雅，乃過之遠甚。

石埭李氏族譜序

余讀《唐書·宰相世系表》，見其所列氏族，多出自古公侯將相名臣，其傳系著望，往往千餘年不絶，而怪今之世舊族何少也？說者以謂自魏晉行九品官人之法，士之齒朝籍者，率取之世家，其時世家子弟亦多明習國故，不墜世守，以保族滋姓。及後世取士用科目，科目不世得，公卿子孫或降旽隸，其興替不常也固然。然唐世已改科目，而舊姓相承不絶，逮北宋以後，而向之所稱崔、盧、韋、杜者乃始曠不見紀，此又何也？得非五代之亂，薦紳之被禍視前世尤烈，抑古昔名賢世澤久而不能不稍衰歇也歟？

石埭李氏，本自宣城。當唐宣宗之世，李氏之别子曰伯陵，始居宣城，以孝義顯聞。觀察使孔温業上其事，詔旌爲義門，賜田宣城之龍門里，其後世遂稱義門李氏。宋太宗時有曰登者，仕至太常禮院中書侍郎，始居太平之美溪。高宗時曰回者，自中大夫同知樞密院、參知政事，謚文端，生子約三，約三子旭，復居龍門，以先世有賜田，爲賜田李氏。約三之後，族益蕃衍，散處宣、歙、池諸州，所居皆以田爲號，號爲「七田」：居婺源者曰館田，居青陽者曰徽埂田，曰管埠田，曰上章田，居涇者曰竺田、曰頃田，而居石埭者曰啓田。

啓田之李，自宋景定間始遷，元明以來，世有譜諜。自道光元年以後，至今七十餘年，族長老始議增輯，而其族蔭棠大令問序於余。蔭棠爲縣奉天直隸卅餘年，所至有能聲。而與余交最久，余不獲辭，則爲考約三所爲《家誡》及《譜》，而爲之最其本末，發明其意。

《家誡》謂伯陵賜田事詳勅册，其《譜》云中書侍郎登爲石龕藏大唐賜田勅，蓋李氏世守此勅而其事不見於史。史家謂宣宗時簡籍遺落，舊事十無二三，信矣。約三又稱其族爲唐魏王泰之裔。泰，太宗子，後降封濮，爲濮恭王，約三稱魏者，從其始封而名之也。伯陵名不見於《新史·世系表》。蓋宗室後裔，降爲士庶，表不能悉具。約三，宰相子，所謂明習國故者，其言必有據。然則江南諸李出自有唐宗室，殆無疑也。今譜自約三之父參知政事回，上至中書侍郎登，凡七世；自中書侍郎登，上至始遷之别子伯陵，凡八世；皆有名字、官位可譜。自伯陵上至濮恭王泰，世系斷續不可譜，譜自伯陵以下。蓋「七田」之李，同祖約三。約三以上居宣城者爲義門李氏，居太平者爲美溪李氏；約三以下自太平復居宣城者爲賜田李氏。凡江南諸李皆祖伯陵，皆本義門爲始。由義門而美溪，由美溪而賜田，由賜田而分散爲「七田」，皆大姓，而啓田著望尤蔚然敦茂，歷世有人。其世序遷徙，枝别條繫，大略如此。

今世舊族希矣，北方人家大率無譜諜，不能自言其世。南方之族，考其始遷至今，遠者率不過十傳、廿傳，獨大江以南用南唐納士於宋不被兵故，往往有唐世舊族。然其始起或微弱，專用積厚滋衍。獨李氏之族始以義旌，又本自帝王之系，視唐以前所稱古公侯將相名臣之世無愧也。吾是以尤望李氏子姓之不墜其世守也。是爲序。

賀濤評：叙次分合順逆復疊處，皆似《史記》，論尤精確。

【輯評】

榮成孫封君神道碑銘

榮成孫卿葆田，將葬其考孫封君於濰縣草廟之阡，先事走保定，以所爲事狀授汝綸徵銘。會汝綸有弟之喪，未及爲而失其狀。逾年，更寫狀以來，貽書曰：「葆田始聞吾子名，自武昌張先生。張先生與先人爲兄弟交，葆田獲從游。先人之没，乞銘於張先生，未及爲而張先生卒。惟先人屯蹇抑塞於生前，必求光顯於後，將吾子是賴。」

汝綸讀其狀曰：府君諱福海，字鏡寰，世爲榮成人。祖如維、考苑翔，皆縣學生，皆贈榮禄大夫。府君少有文譽，爲諸生，屢試不得意，即棄去，改用宛平籍，入宛平學，舉道光廿三年順天鄉試，又久不弟。咸豐三年以知縣揀發湖北，始還籍榮成爲榮成人。是時，洪秀全反，湖北列城多失陷。九月，賊犯武昌，君縋城出迎，餉中途，以便宜發練卒禽賊百餘人歸。分守東南門，總督吴文節公夜巡城，天寒，見府君衣裘薄，解所服狐裘以贈。圍解，文節公將上其功，會殉節黄州，不果上。是後，湖北先後大吏如胡文忠公、新繁嚴公、曾忠襄公，皆偉視府君。歷署隨、穀城、漢川、天門、漢陽、鍾祥、蘄、興國諸州縣事，所至有名績，然卒不補官。累加同知銜升用同知，賞戴藍翎，加運同銜換花翎俟補同知，後以知府用，然未實升一級。在穀城，百姓立碑頌德。以失守奪職，以漢川捕蝗力復官。在天門三年，天門人爲立生祠。時方用兵東征，財用急，以歲歉催徵不力奪職，以穆宗登極恩復官。君居官持廉，不有其官一錢，於進取泊如也。再奪職罷官，屛居武昌郭外，築小樓栖止其間，命曰亦愛樓，爲文以記，倏然自得，色不加戚。既復官，署漢陽事，色不加喜。於民生利病興罷，若禍福在己，不勇趨避，不肯即安。先是在天門修鍾祥、漢水堤幾萬丈，民賴之。及在漢陽，又築漢口堡呰長千九百餘丈，民又賴之。大府亦習知府君能，稍稍嚮用矣。去漢陽未幾，遂署鍾祥。漢陽、鍾祥皆附郭名縣也。會任柱、賴文光等率黨自豫入鄂，躪黃安、雲夢等縣，陷天門，分軍犯安陸，府君與知府覺羅同某登陴守禦，凡五十餘日。先後儲備兵械、芻糧、薪炬之屬，犒賜之費，累鉅萬金，由是逋負以萬數。會援軍并集，圍始解。先是府君官湖北，十四年不將家到官，任鍾祥，大人始率子婦盡室以來。城圍方急，知府謂府君：「吾等妻孥在圍城中，亂人意，奈何？」府君曰：「民室家盡入城就保，某已戒家無敢去。」知府然之。是歲鍾祥大水，府君完堤振災，鍾祥人又立石紀績。然自是迄府君之終，鍾祥逋負竟不能償，所遇多阻抑矣。嘗一再署蘄、興國二州，然無益也。已而遂以疾卒，卒年六十七，光緒元年十二月四日也。貧不能斂，卒後，所逋負大府始釋不問。府君先後歷八邑，當官直道正行，人亦無忤，雖困約不言貧，嘗稱處患難不能樂道，必非知命之士。習吏事，條理秩秩，嘗上書胡文忠論天門錢漕積弊，文忠從其議。斷獄明決，在漢陽，有某總兵使奴客賈漢口，奴客奸利置石篋中，告逆旅主人竊篋金，計贓鉅萬，府君驗篋石非漢口物，一訊引服。其亭决疑滯多此類。其他服官行迹，葆田兄弟隨侍日淺，不盡知狀，述其耳目所熟聞見具如此。

武昌張先生者，鄂之賢人也，名裕釗，字廉卿，曾文正公高其學行，嘗寓書先生以「韓孟雲龍」爲比。先生之賢在道德文章，其在衆若無能者。文正嘗薦之胡文忠，文忠客禮之。文忠公薨，先生不容於鄂，文正聘至金陵，竟文正薨，留金陵不去。繼文正治江南者多賢帥，左文襄、沈文肅其尤也。然於先生皆不能有加禮，衆人之而已。後去江南之保定，依合肥李相公，老而歸鄂，鄂帥又賢也，而先生卒以無所合，轉徙襄陽，流落關中以死。蓋賢之難容於世也如此。君在鍾祥，迎先生至官舍，尊事之爲上客，遣子葆田從先生游，葆田以此有名於世。其識足以知賢，心又能篤好之，近今未有倫比也。世所稱賢者，智名耳，勇功耳，智名勇功之賢，接迹於天下，而天下卒以不理者，無道德文章不足持世變故也。有其人如張先生者，人又以粥粥無能忽棄之。蓋非識足以知賢，又心能篤好之如君者，賢故未易得也。是故君之吏能在當世爲至高，而識者尤多君知賢能得士，以爲不易及，謂君惟能禮賢士，故在所有名績如此，而恨君位不充其能爲可惜也。

君子四人，長曰葆源，附貢生，江蘇知縣；次即葆田，進士，由刑部主事出爲宿松知縣，既引退，大臣多薦其賢，天子降詔褒其篤行，加五品卿銜；次叔謙，舉人，祥符知縣；次季咸，選拔貢生。葆源、季咸皆早卒。孫男三人。君始授朝議大夫，以葆田官刑部遇覃恩加四級，封中憲大夫，以叔謙加三品銜，封通奉大夫，叔謙又輸財助餉，封君爲榮禄大夫。狀所稱屯蹇否塞於前而光顯於後者，庶其在此。君凡再娶，前夫人王氏早卒，事不大傳；後夫人于氏，在家能配君之義，在官能成君之化。自葆田以下皆于夫人出。君之葬也，兩夫人之喪皆祔焉。汝綸既慕君名績，又嘉君能得當代賢人，乃不辭而爲銘，銘曰：

猗唯君，儒起家。吏八城，氓大蘇。世棄賢，敝踪如。爲君得，性命俱。治亟聞，宜蒙嘉。垂翼飛，施不遐。家兩子，分遺餘。昆聲高，弟績多。身不有，後之奢。摭功行，告遠者。

左文襄公神道碑

贈太傅二等恪靖侯、大學士、謚文襄左公者，湖南湘陰人也。諱某，字季高。曾祖某，某官；祖某，某官；父某，某官。三世皆以公貴，贈如公官。

公少有大志，使氣，喜爲壯語驚衆。年廿一，與兄宗植并舉於鄉，三試禮部不弟，遂絶意仕進。究心輿地兵法，討論國聞，名在公卿間。當道光時，英吉利構禍，公已深憤國兵之不競，當事之澳涊恇怯，顧不肯苟出。年且四十，顧謂所親曰：「非夢得敻求，殆無幸矣。」會廣西盜起，始佐湖南幕。在幕府以諸葛亮自比，與人書輒戲自署爲亮，人亦以亮歸之。麾兵四援，尤以策應曾文正一軍爲己任。常曰：「曾公辦賊之人，不可不赴其急。」胡文忠在鄂，屢謀劫公出助。而文正曰：「湖南吾根本，不可無左公，慎安無動。」是時公名日盛，文宗虛己待公，知編修郭嵩燾籍湘陰，召問嵩燾：「若識左某乎？何久不出也？」已又問：「年幾何矣？」對曰：「四十七矣。」上曰：「過此精力且衰，當及時爲吾出辦賊，汝可爲書告左某，諭吾意。」於是胡文忠聞之喜曰：「夢得敻求，時至矣。」會有爲蜚語上聞者，文宗察其誣，而下詔曾公謀所以用公者，於是命以四品京堂從曾公治軍。已而蜀事急，又命公治軍入蜀，公曰：「蜀緩吴急，吾當從曾公。」乃以五千人東助曾公。

初，曾公創立軍號曰「湘軍」，湘軍制四哨爲營，營凡五百人，諸軍遵用之。獨王壯武公鑫不用，别爲營制。公所募五千人參用壯武法，有營有旗，旗凡三百廿餘人，不稱湘軍，别自號爲「楚軍」，楚軍名由此起。公既成軍而東，胡文忠爲書告湖南曰：「左公不顧家，請歲籌三百六十金以贍其私。」而曾公見公所居幕狹小，爲别製二幕貽公。尋請以公爲幫辦，率師援浙。上命曾公節制浙江，曾公固讓，薦公督辦浙軍。杭州陷，薦公爲浙江巡撫。已進閩浙總督，仍兼巡撫，浙事平然後謝巡撫事，入閩視師。

公起湖南幕府，提五千人出襄曾公軍，轉戰江西、皖南，入浙江，遂復杭州，翦翼披枝，以助成金陵之功。由浙而閩，四封清夷，卒聚殲窮寇於嘉應，使粤盜滔天之禍，根株鏟絶，蓋金陵之功，於是始竟也。先是曾公、胡公謀取金陵，以今相國合肥李公爲北軍，出淮陽；以公爲南軍，出皖南。其後，李公自上海取蘇州，公自徽、婺取浙，而金陵平。如其初議。於是上嘉公功，封一等恪靖伯，移督陝甘，授欽差大臣。督辦陝甘軍務，與李公會兵平捻逆張總愚，加太子太保。關内肅清，補協辦大學士。回疆底定，進封二等侯。自公始出，領軍至是，在軍中凡十有八年。始曾文正以大學士封一等毅勇侯，公本以異數由舉人入相，至是亦以大學士封二等恪靖侯。湖南先後兩相侯，世以爲榮。

自英人構禍後，外國既數數生釁，俄羅斯乃安坐割地，而方内叛者迭起，粵盜最劇，次者捻逆，次者回，公皆手芟薙之，收其成功。而塞外平回，朝廷尤旌寵焉。塞外回，其酋曰帕夏，本安集延部之和碩伯克也。安集延故屬敖罕，敖罕爲俄羅斯所滅，安集延獨存。帕夏畏俄逼闌入邊，據喀什噶爾，稍蠶食南八城，又攻敗烏魯木齊所踞回，并有北路諸城，收其賦入。及陝回白彦虎被剿，竄處烏城，臣屬帕夏。帕夏能屬役回衆，通使結援英俄，購西國兵械自備，英人陰助之，欲令別立爲國，用扞蔽俄。今上初，公既平關隴，而海防議起，論者多言：自高宗定新疆，歲糜帑數百萬，此漏卮也。今至竭天下力贍西軍，無以待不虞，尤失計。宜徇英人議，許帕夏自立爲國稱藩，罷西征專力防海。公曰：「關隴新平，不及時規還國家舊所没地，而割棄使別爲國，此坐自遺患。萬一帕夏不能有，不西爲英并，即北折而入俄耳，吾土地坐縮邊，要害盡失防。邊兵不可減糜餉。自若無益海防，而挫國威長亂，此必不可！」當是時，文忠公、文祥當國，獨善公議，遂決策出塞不罷兵。既克烏城，進規南路，帕夏聚黨抗拒，會道死，二子爭立，内亂，群回解體。兵至喀城，而帕夏長子自立者帕克胡里與白彦虎皆遁逃入俄，兵不血刃而塞外平，新疆復矣。

公用兵規遠勢，防後路，尤善審機，隨賊勢變遷，不常其方略。籌西事尤以節兵裕餉爲本謀，軍始西征，慮餉由各行省協撥，不能如期約，請一借貸於外國商賈人，得成數濟軍，令各省關分償債子本。許之。及決策出塞，會滇中殺英人馬嘉利，海防戒嚴，餉匱，公乃議借外國債千萬，用十年分償。沈文肅公尼其議。詔曰：「左某以西事自任，國家何惜千萬金。」爲撥款五百萬，勅公自借外國債五百萬出塞。凡廿月而新疆南北城盡復者，饋餉饒給之力也。

公初議西事，主興屯田，聞者迂之。及觀公奏論關内外舊屯之弊，以謂挂名兵籍，不得更事農，宜盡兵農爲二，簡精壯爲兵，散愿弱使屯墾。然後人服公老謀，以爲不易及。

國家承平久，武備弛不振，而海外諸國，近百年以來，日出其算數、氣化、光電之學，用之治兵制器，爭以武節相侈，神怪揵出，每變益新，雖中國屢平大難，彼猶私議以爲脆弱也。至公平帕夏，外國頗稍稍傳説公，而公與曾公等自始治軍時即欲稍取外國長技，用自輔益。公尤不耐久忍詬，顧内憂未艾耳。内平，行且事外務，欲一振拔，抗國家威棱。先是俄人乘回亂入據伊犁城，公既恢復新疆，國家因遣使赴俄，議交收伊犁，議久不決。有詔備邊，公亦席累勝之威，親出塞至哈密整軍待發。頃之，召公入備顧問，公入而伊犁還，俄事定。遂命入值軍機，兼值譯署。居數月，引疾乞退，命出督江南。法人攻越南，自請赴滇越督師，檄故吏王德榜募軍永州，號曰「恪靖定邊軍」。法人議和，召公入，再值軍機。法人内犯，詔公視師福建，檄王壯武子詩正潛軍渡臺灣，號曰「恪靖援臺軍」。詩正至臺南，爲法兵所阻，而德榜會諸軍破法兵於諒山。和議成，再引疾乞退，以其年七月癸亥薨於福州，年七十三。明年，歸葬於善化之某里某原。

公性剛行峻，不爲曲謹小讓。始未出時，與曾公、胡公交，氣陵二公，出其上。二公皆絶重公。公每語人曰：「曾、胡知我不盡。」三人者相與會語，公輒題目二公，亦撰語自贊，務壓二公，用相謿謔。又嘗言「當今善章奏者三人，我弟一」，餘二人謂二公也。公與曾公内相傾服，至趣舍時合時不合。既出治軍，交歡無間矣。及金陵平，又以爭是非不合。後曾公薨，公西征在肅州，聞之歎曰：「謀國忠，知人明，吾不如曾公也。」中興諸將帥，大率曾公所薦起，雖貴，皆尊事曾公，公獨與抗行，不少貶屈。厥後與曾公位望相埒，俱以功名終。曾公議外交常持和節，公鋒穎凜凜向敵，士論以此益附。顧志事未竟，初平粤盗，即建議在福州設船廠，購機器，募外國人造船。設求是堂其中，教子弟習外國語言、文字、算數、測繪法。移陝甘，且行，奏起沈文肅公主船政。西事既定，在蘭州設織呢局，購開河機器，治涇水上游。在江南，議購船炮防海。視師福州，又請增製船炮。公精吏事，所至恤民、興學、理財、治水利，閩浙裁兵加餉，各行省援用爲法。而於製造船炮尤兢兢。議者惜公材用之未竟其志也。

公娶周夫人，先公卒。側室張夫人，子四人：孝威，舉人，以廕爲主事，先公卒，旌表孝行；孝寬，郎中；孝勛，兵部武選司主事；孝同，候選道員。孫十人，冢孫念謙，襲侯爵，通政司副使。曾孫五人。

汝綸辱與孝同游，孝同以公墓碑見屬，乃爲銘曰：

維清有家，襲聖其延。在亂而撥，孰競有人。完窳藥羸，爰始曾公。誰其代興，公功與朋。在文穆世，盜群附連。腹蠱其已，或齧於邊。勍者旁睨，相市欲剖。公曰吾故，棄則不可。飈發霆擊，吾封有塹。國功斯蕆，公志未慊。彼敢吾瀕，吾燔不焄。忍此敦槃，死愧在顏。韔弓踠馬，萬古一棺。世高公功，公志或蔑。無恃而憍，挾公自張。偏指傲權，豈公謂臧？課所已施，威謀孰當。英霸之略，中試而藏。誰起九原，爲國鉅防。鑱詩貞石，下告茫茫。

【校】

〔國功斯蒇〕「蒇」原誤作「藏」。

【輯評】

賀濤評「公既伐軍而東」段：此段初讀之，以爲既稱公不爲曲謹小讓，此二事似不必書，已乃悟此文皆推本於曾、胡之智，公書此二事者，非言公之謹讓，乃言曾、胡之喜公出也。或欲删貽幕事，尤不可。篇中皆曾、胡並舉，此處自不得獨言胡公。

《八家文鈔》：氣勢瑰偉，震蕩六合，而意旨所寄，尤在筆墨之外。

又評「號曰恪靖定邊軍」：先生嘗謂恪靖者，國家褒異之稱，豈可自以爲號。記此蓋譏之也。

劉咸炘評「不爲曲謹小讓」段云：學韓太瘦，無柔厚之美。

汪星次墓銘

汪星次名應張，汝綸弟二女婿也。年廿中光緒壬午科舉人，又九年，客死於懷慶。始，星次父布政司銜署河南南汝光道景度，嘗從吾父學。吾爲深州，布政公入覲，枉道過吾州，定昏而去。吾遭憂在家，布政公亦携星次歸桐城。是時星次年十五六，見余於張氏園，麗哲端豐，偉然大男子也。其後吾宦天津，布政公時時寄星次文字見示，未之奇也。補官冀州，遣吾弟詒甫送女至汴梁歸汪氏，賫贈貧薄，布政公至慚，其僚稍稍補益之。星次曰：「父母愛我甚！」益自刻勵嚮學。其秋，江南榜發，則聞星次中弟矣。又後數年，星次挈吾女寧冀州，州宅内外宗無老稚疏戚，見星次皆加敬愛，幕下賓友無愿黠通介，與星次游處，退皆曰：「星次端謹君子人也。」好學，自力爲文，讀之，知其學日進而未止。考其行義，知其於道近而欣然有慕於中也。其道未成，其文未大鳴於世，而宗親徒鄙見其人，退敂其所業，皆意其後之必將有以爲也。孰謂百不一酬，而竟以夭死。悲夫！

君死懷慶，父母皆前卒，吾女自汴奔喪，不及視含斂，欲相從死，不得，亦未忍赴告余也。久之，君弟茂生始以君喪告，且曰：「嫂骨立，懼不得活。」時詒甫解官汶上，家濟寧，遣子弟迎吾女，而吾兄弟乃北至天津，未相見也。居數月，女還汴，又再逾年，余始迎女至保定，得間輒欲覓死。素不習爲文，慟其夫早死，乃學把筆爲夫行狀，以求文於當世能言之士。余悲其志之慤，而思所以弛其哀，乃追爲之銘。

星次無子，有二女皆幼。其長女，吾爲許字太湖余氏，直隸候補道文炳之次孫。文炳，吾友也。星次死以光緒十七年五月，其葬在武陟某地，以十八年十一月。至廿二年，弟茂生生子，以爲星次後。銘曰：

孰不夭閼，於子則酷。孰後必昌，而子獨駁。既優以生，又速之成。謂遠於到，而固不贏。厥積彌加，而流不遐。顛而更牙，報其是耶？孤煢靡依，天乎其奈何！

誥封一品夫人葉母徐夫人墓誌銘

夫人懷寧徐氏。父大咸，武安縣典史，咸豐四年，粤盗陷武安，以身殉城，予雲騎尉世職。夫人以道光廿七年年廿一歸葉氏，爲誥封光禄大夫、布政使銜河南南汝光兵備道諱某之家婦，誥授光禄大夫、陜西巡撫諱某之配，而今直隸候補道某之母也。於重親爲孝婦，於夫爲良嬪，於子爲賢母。自初迄終，生長貴富，被服飲食，以儉爲榮。大盛不矜，小約不卑。始來歸，祖姑趙太夫人春秋高，方伯公時守南陽，命子孫婦更休番上娱侍親舍。夫人宴語從容，趙太夫人大歡。及趙太夫人遘疾，夫人昕夕在視，方伯公稱其至性。咸豐元年，方伯公遭趙太夫人之喪，盡室歸懷寧。未幾，粤盗轍擾安徽，懷寧附郭縣一夕數遷，夫人轉徙惶遽，而卮匜甘滑，必躬必虔，不假他手。方伯公還汴服官，夫人率先介婦承事尊章，馨羞潔膳，不怠益謹。既移所以事趙太夫人者以事舅姑，及姑某太夫人卒，則又并心一力以敬事君舅。先後色養廿餘載。中丞公少離二親從軍旅，不内憂子職缺者，夫人力也。

其後，中丞公已補清河道，夫人猶留汴侍親。久之，方伯公趨令北之官所，於是移所以事舅姑者以賓事中丞公。中丞公自保定至陝西，自按察使至巡撫，夫人一隨左右。中丞公時或盛怒，夫人屏息潛伺，紆徐諧婉，譬解萬方，威霽愉還，乃後退止。中丞公勤官事，肩寄任，不内顧家者，夫人匡助爲多。夫人慈惠謙約，服御無文綺之飾，言容無急遽之節，助貧振難，力不遺餘。而自勑益嚴，不逾寸尺。中丞公既捐館舍，又移所以匡助中丞公者以誡勑良子。觀察奉母來官直隸，直隸中丞舊地，寄惠猶在，夫人安之。於是夫人老矣，持操如初。觀察持身持事，望實崇起，上下允洽，緊夫人之教訓也。

光緒廿年，夫人年七十，觀察稱觴召客，夫人以爲汰也，而禁約之。資性沖挹，隆於慈孝，厚德載物，内外和宜，用能備享成勞，膺受多福，圖史所記，罕與倫比。以光緒廿二年八月考終正寢，春秋七十有二。先是夫人康强無疾，觀察如天津白事大府，而夫人暴得疾，二日遂不起。觀察扶服歸，不及視含斂。用是哀恤深至，泣血呼號。既息而息，則以幽堂之刻，宜有以圖永久。於是以狀授汝綸，使爲之銘。其葬以某年某月日，卜兆於某地。丈夫子五人，殤者二人，觀察其冢嗣也；次元澤，官郎中，先夫人卒；次元佐，孽也。女一人，適同里姜保治。孫二人，崇質、崇樸。銘曰：

朝潔而飧，夕衽之安；一瞬不在側，周呼使前。違離旬日遂終天。天乎人乎，知乎聞乎？孰聞孰知？勿滅性以悲。生受成福，没有聲施。方伯之婦，中丞之妻，觀察之母，實永貞於兹，世世萬子孫利賴之。

送陳伯平太守入覲序

揚子雲云：「古者高餓顯，下禄隱。」或曰：「禄餓之於隱顯，迹而已，高且下焉，無以爲也。」或曰：「以厲夫尸素者也。」

夫禄隱之於尸素也異趨，尸素者食焉而不事其事，有難而循循焉避之者也。禄隱者蓋有意乎其事矣，而或從而尼之，甚乃摧之以敗其成也，排之以危其生也，而禄焉者自如也，以敗且危者任之天，以若尼若摧若排者任之人，不以厝吾意也。然卒不能事其事，則以是爲隱焉而已。士各有時，於是時也，雖使古所稱志介者當焉，亦不遽激而爲餓也。不遽激而爲餓而且餓，雖餓不顯矣。時其難也，尸素者循循焉避之，禄隱者於此，又不惟餓之一塗也。蓋有湯鑊以徇之者矣，有乞假以援之者矣，有陽狂以逃之者矣，有厲啞以報之者矣，有師旅以興之者矣，有繾綣以從之者矣，有委蛇以俟之者矣，有艱貞以維之者矣，有濡忍以悲之者矣，亦有窮餓以持之者矣。是故時乎餓而餓，不知其顯也，時乎禄而禄，不必於隱也。夫何高下之紛紛乎？揚子之爲是論也，爲東方生言之也。東方生之拙夷而工惠也，淺之乎論夷、惠也。或降且辱焉，或不焉，孔子論定之矣，斯揚子所從折中也。雖然，揚子之持論如此，即其身之出處，宜有以實其言矣。漢之祚潛移，而揚子之禄焉者自如焉。後之知揚子者，顧以謂揚子之視勢利蓋泊如也。

或曰：「揚子之道，合於箕子之『明夷』。」或曰：「於時爲不可去，必去，則揚子所知小矣。」是二説者，其於所云「高餓顯下禄隱」之恉，其亦有合乎？不乎？此殆未易以迹求也。由揚子之言，以觀揚子之道，苟其於勢利泊如也，雖時乎其難，而不必於餓也。況時之不遽激而爲餓者乎？

保定知府長沙陳伯平仕有道之時，出入有名績，揚子之言與其道皆不足比附吾伯平。而伯平鄉者之論議，嘗有取於汝綸之蚤退。今伯平政成入覲，而先奉其母夫人歸長沙，或者殆將不出乎？士之慕望伯平者合文辭以寵其行，汝綸爲之舉揚子之説以進，亦謂吾二人之相與，固不必遇之以迹乎？伯平有弟曰覲虞，與余游最親以善，是行也，與伯平俱南，將以知府待闕於浙江，伯平其以吾言示之，且以爲何如也？

光緒廿三年六月朔桐城吴汝綸敬上。

【輯評】賀濤評：先生所見者大，不以早退爲高，論雖奇創，實則通澈和平，故以横絶古今之文，而婉曲乃爾。

吴闓生評：「蓋有湯鑊以循之者矣」，時在承平，而公已有危之之懼，故著論悚切如此。

潘藜閣七十壽序

國家岸江海開關，通市海國，遣重臣分領海事，而上海、天津最爲南北都會。上海遥隷江南，去京師遠，不專决事，事以故稀簡。天津則大臣旌節所駐地，卅年來，中國取資西法，開新造大事，咸集於天津，方外商旅，朝夕請事，地又近京師，内外取决，視上海劇且十倍。官其地者，非有長才，更變多，則或毛髮事失機宜，至胥一國受其敝，往往然也。知府之爲官，上海所無，獨天津有之。其職通上下，關中外，安邇綏遠，迹微勢鉅，利害所繫，驚創譎變，自大臣及關道思有所未通，議有所未符，諮諏訪問，皆將於知府焉决之。而知府或老於仕宦，不暇問五洲之遐邇有約諸國之何名；或新進後生，不親見同治以來，國家交鄰輕重得失之已事，驟當其任而不知所以堪之。於是中外議者，一責望於大臣關道，不復論知府之有無也。

光緒廿三年，吾友潘君藜閣以保定遺缺知府補天津知府，於是君年七十矣。衆謀所以壽君者，皆曰："潘君自少官江南，居上海最久，佐上海關道有勞最著。後改官天津又廿年，嘗歷任宣府緣邊州縣，所至有績，而官滿輒還天津，與聞海政，信可謂才長而更變多者也。同治以來，鄰國交際之已事，皆所目接而心識，五洲遐邇有約諸國之人才風教，皆所飫聞厭見而習知也。以是而爲政於通市之都會，足以堪其事，大臣關道之有遺漏，足以備顧問，知府於是得其人，議者不得視其官若無有。"大凡衆所稱願具如是。是足以壽潘君矣。

汝綸交潘君久，獨於潘君不能無私望也。蓋自甲午用兵以後，外國之使益驕，吾國困於因循，無以易乎其故，士大夫衆知中外之不可以復隙也，則一切以濡忍容納之。夫不習外國之情勢，而謬欲相抗以武勇，是之謂僨强。僨强則爲國生事，生事不可也。不習外國之情勢，而一切以濡忍容納，是之謂尪弱，尪弱則爲外國所輕，且益召侮，召侮愈不可也。凡與國之交，無過强弱二策，今二策皆不可，則所處殆益難。雖然，因變赴勢以曲中其窾郤，當必有在。譬之操錢入市，物有定價，問價者不能得，或過焉，或損焉，則賈者且百售其欺，得其價則相視以解。此固大臣關道之所有事，而知府與有責焉者也。潘君通敏英斷，觀時變，且老而始莅事，其有以得其要領矣。汝綸遠隔數百里外，不獲躋堂稱壽，與觀新政，他日從君游，尚當操几杖負墻避席而敬問之。

【輯評】

賀濤評：雄駿，簡峻。

又：「知府之爲官」三句似未老。

吴闓生評：「夫不習外國之情勢」，謀國偉略，於閑談出之。後來庚子之禍，已若預見。

鄭筠似八十壽序

往余在曾文正公幕下，則聞鄭君筠似畿輔能吏也，顧未及一見其人。後十餘年，余爲冀州，鄭君奉檄來攝武邑，武邑於冀，枝縣也，於是與君始相識。每過州相存問，見其爲人，龐眉方口，威重縝密，余益以是信其能。武邑書院廢久矣，君至則議興復之。募富人出錢，建講堂齋舍爲屋若干楹，寸椽片石，皆稱量自心，左規右度，務底精好，而後即安。工既訖功，以餘財爲子本，收其息入爲用。手定教條，聚生徒，購書迎師，恣使問學。故事：攝縣率一年爲限。余爲請於大府，留君三年，以竟其事。自初迄終，經畫井井，於是武邑之俗大化。君生平未一補官，唯在武邑爲最久，他所臨莅，滿一歲輒代去，不能大有施爲。觀所粗試於武邑者如此，則其中之所蓄，其未出而盡試者多矣。

畿輔自曾文正公、今相國合肥李公相繼爲政，勸厲吏治，州縣賢有名者大氐簡拔薦擢以去，有起而秉節開府，得重名於京朝者。君在衆中，治行不爲後人，遇上官又盡明哲，宜若可奮起而有以自見矣。顧獨浮沉三四十年未一補官，其故何也？往余在官時嘗戲語人曰：「事貴能持久，吾入官廿許年，不遷一階，不加一秩，出視同列，如立衢街觀行路，來者輒過，無肩隨者，不可謂能久矣乎？」君笑曰：「視待闕四十年未一真除者何如？」蓋君初入仕以舉人教習，教習途最隘，當補官輒爲他途所捷得，故宦久不遂如此。世輒言用人當擇賢俊，此妄也。國家補官，自有資序，不能因一士賢否變紊經法，勢自宜耳。雖上官好賢，曷益哉？

雖然，人各有以自得，世所好美，一人不能專也。君雖未一補官，自始仕至今數十年，所見仕宦間升沉顯晦榮辱之變，不可一二指數，其與君比肩班立，未幾得意高遷以去者有矣，或方遷而年不少待，或既遷復跌一落不再起，甚乃慼慼以夭閼其生者，前後相望不絶也。而君晏然猶昔，既老而不衰。余棄官且十年，君猶執板參謁長吏，數數攝劇縣。談者追論君舊事，已如隔世，而君康强純固，方與後生少年揖讓唯諾，見君者輒疑君尚是五六十歲人。然則君雖浮沉一世，無所得於時，其視世之方歡遽戚，勤一世以覬所欲有，有之而不能久其生以饗焉者，其得失果何如也？

光緒某年某月爲君八十生辰，前期君賓客子姓謀所以壽君者，君固不許，既而曰「吳子知我，若必壽我者，唯得吳子文爲可」。於是衆相率來請，遂書汝綸所知於君者，以爲君壽。

【輯評】

賀濤評：滑稽。

送季方伯序

國家專閫之任，寄之督撫，而常儲其選於兩司。布政之視按察，相差也，而劇易懸絶，按察使治理效乃擢布政，每行省巡撫缺，必於布政乎取之，故布政，遷階也。督撫之任有内政，有外政。内政者踵常途已耳，受成事已耳，一平世三公優爲之，顧不足以治外。外政之成也，有長駕遠馭之才焉，有締交伐謀之智焉，有折衝禦侮之威焉，有尊主庇民之術焉，有開物成務之能焉，有轉移風會之用焉，有陶鑄人才之器焉，有日新月盛之績焉，有取長翼短之益焉，非得文武幹略能撥亂持世變之材，未有能充乎其任者也。今國家之勢急外政矣，言者顧謂其本在内。海上兵罷，世之號能内政者，朝廷往往拔而置之督撫、兩司，專其責以治内，而内卒不加治。凡内治云者，非今之所謂踵常途、受成事而已也，蓋必振民之窮而使之富焉，必開民之愚而使之智焉。今之内治者，無所謂富民之道也，能不害其生斯賢矣；無所謂智民之道也，能成就之使取科弟於有司斯才矣。民固窮也，吏雖不之害，其窮猶若也。民固愚也，雖成就之使掇科弟，其愚猶若也。又況不能成就之反害之者天下比比也。循是不變，窮益窮，愚益愚。今外國之強大者，專以富智爲事，吾日率吾窮且愚之民以與富智者角，其勢之不敵，不煩言而決矣。而所以富智民者，其道必資乎外國之新學。是故外政之不修，欲求内之獨治，不可得也。督撫之任兼内外，布政則專職乎内，外之不修，吾無責焉。繇其爲督撫之遷階也，故必兼明乎外政，而後望與實孚，而有以裕乎其用。雖然，能此者罕矣！

光緒廿有三年六月，朝命以直隸按察使江陰季公爲福建布政使。公之内政既聞乎朝廷矣，今且慮材屬役，議興建學堂，以講明外國之新學，議甫集而遷命下，衆謂新學且中輟也，公則毅然獨任，手定其規制而後授代。識者於是知公之外政，又將大有立於世也，其繼是而膺專閫之任，有不優衍而綽裕者乎！始公自長蘆運司遷福建按察使，未行，改直隸，今又有福建之遷。或曰：「公大父督閩浙有遺惠，天固將用公跐前美也。」或曰：「閩褊迫，不足展公能，宜有後命。」公皆無成心也。且行，謂汝綸曰：「何以贈我？」遂書公之明於外政者以爲天下賀。

【輯評】

賀濤評：幹旋絶有力。

《八家文鈔》：先生之文多經世閎識如此。

吴汝綸文集卷三

天演論序

嚴子幾道既譯英人赫胥黎所箸《天演論》，以示汝綸，曰：「爲我序之。」

天演者，西國格物家言也。其學以天擇、物競二義，綜萬彙之本原，考動植之蕃耗，言治者取焉，因物變遞嬗，深研乎質力聚散之幾，推極乎古今萬國盛衰興壞之由，而大歸以任天爲治。赫胥氏起而盡變故説，以爲天不可獨任，要貴以人持天。以人持天，必究極乎天賦之能，使人治日即乎新，而後其國永存，而種族賴以不墜，是之謂與天爭勝。而人之爭天而勝天者，又皆天事之所苞。是故天行人治，同歸天演。其爲書奥賾縱横，博涉乎希臘、竺乾、斯多噶、婆羅門、釋迦諸學，審同析異而取其衷，吾國之所創聞也。凡赫胥氏之道具如此，斯以信美矣！

抑汝綸之深有取於是書，則又以嚴子之雄於文，以爲赫胥氏之指趣，得嚴子乃益明。

自吾國之譯西書，未有能及嚴子者也。凡吾聖賢之教，上者道勝而文至，其次道稍卑矣，而文猶足以久，獨文之不足，斯其道不能以徒存。六藝尚已，晚周以來諸子，各自名家，其文多可喜。其大要有集録之書，有自箸之言。集録者篇各爲義，不相統貫，原於《詩》、《書》者也。自箸者建立一幹，枝葉扶疏，原於《易》、《春秋》者也。漢之士爭以撰箸相高，其尤者《太史公書》繼《春秋》而作，人治以著，揚子《太玄》擬《易》爲之，天行以闡。是皆所爲一幹而枝葉扶疏也。及唐中葉，而韓退之氏出，源本《詩》、《書》，一變而爲集録之體，宋以來宗之。是故漢氏多撰箸之編，唐宋多集録之文，其大略也。集録既多，而向之所爲撰箸之體，不復多見，間一有之，其文采不足以自發，知言者擯焉弗列也。獨近世所傳西人書，率皆一幹而衆枝，有合於漢氏之撰箸。又惜吾國之譯言者，大氐弇陋不文，不足傳載其義。夫撰箸之與集録，其體雖變，其要於文之能工，一而已。今議者謂西人之學，多吾所未聞，欲瀹民智，莫善於譯書。吾則以謂今西書之流入吾國，適當吾文學靡敝之時，士大夫相矜尚以爲學者，時文耳，公牘耳，説部耳。舍此三者，幾無所爲書。而是三者，固不足與於文學之事。今西書雖多新學，顧吾之士以其時文、公牘、説部之詞譯而傳之，有識者方鄙夷而不之顧，民智之瀹何由？此無他，文不足焉故也。文如幾道，可與言譯書矣。

往者，釋氏之入中國，中學未衰也。能者筆受，前後相望。顧其文自爲一類，不與中國同。今赫胥氏之道，未知於釋氏何如，然欲儕其書於太史氏、揚氏之列，吾知其難也。即欲儕之唐宋作者，吾亦知其難也。嚴子一文之，而其書乃駸駸與晚周諸子相上下，然則文顧不重耶？抑嚴子之譯是書，不惟自傳其文而已。蓋謂赫胥氏以人持天，以人治之日新衛其種族之説，其義富，其辭危，使讀焉者怵焉知變，於國論殆有助乎！是怡也，予又惑焉。凡爲書必與其時之學者相入，而後其效明。今學者方以時文、公牘、説部爲學，而嚴子乃欲進之以可久之詞，與晚周諸子相上下之書，吾懼其例馳而不相入也。雖然，嚴子之意，蓋將有待也，待而得其人，則吾民之智瀹矣。是又赫胥氏以人治歸天演之一義也歟？

【輯評】

賀濤評：古今中外著述，得此斷制，學者乃得心有所主。文之反復盡意似曾子固，而傲睨之概，俊逸之詞，則子固所無也。

祭翁大家文

惟節大家，宗鄰光映。在屬雖疏，我君所敬。惠在小子，年十而竟。一昔顧言，在耳猶聽。如何委化，百古一瞑。大家之兄，昔官西江。賓筵我君，以其子從。我君歸言：翁生齒弱。受經其姑，旁逮選學。姑始歸我，嫠乃兄恃。從兄於宦，若丈夫弟。節行既厲，兼學識才。求之閨闥，吾見則希。小子識之，九宗女師。兄死官下，歸骨京輦。微大家力，鬼羈室散。小子北試，登拜于堂。顧我一笑，謂嗣而翁。别廿載，問曠不聞。女兄之依，誰能恝分。姊喪甥窮，老乃顧我。相從羈旅，侍奉實惰。謂長壽愷，胡疾忽嬰。年豈不遐，我志不羸。烏乎！我君背棄，音徽已矣。見所敬禮，謦欬猶邇。大家今謝，典刑誰徵？猗嗟小子，於何諮承！

【輯評】賀濤評：以奥折之筆，運古質之詞，往往數十百言如一句，而接换伸縮在在不測。先生四言詩蓋獨有千古，即此短篇，已足駕韓、王而上之矣。

祭姚漪園文

烏乎！君年我齊，貌乃少我。我嘗戲君，弟畜其可。吾後百年，當一付君。孰云壯佼，一昔溘先。去秋飲君，法郎名釀。醉卧大吐，山摧泉放。遲明送君，不及前麾。孰云少别，而永長辭。君之爲縣，守時我即。郡十四屬，薦君弟一。人不暇給，君霈有餘。聽覽燕閑，出詩入書。我乖於時，君獨私好。單詞隻文，藏弆謂寶。施及我子，謂可濟美。召與游遨，宿疾盡已。得此於人，平生蓋寡。君今死矣，繼君誰者！喪車來臨，子泗妻沱。憑棺叙哀，不聞謂何。烏乎哀哉！

王中丞遺集序

齊河令王敬勛以其考中丞公遺集示汝綸，汝綸受讀之，既卒業，作而言曰：烏乎！世運之遷流，非深識之君子，其孰能蚤知於未然而謹持其變也哉？道光中，英吉利始稱兵犯海上，已而媾，天子慨然以海事爲憂。方是時，中國狃怢久安，法令毛析，部曹小吏，憑藉簿書，持中外百執事長短，國恩不究宣，民騷騷蘊亂。兵制尤窳敝，在位者懵不知改。爲其勢不可以復持久，譬之若聚鴻毛鑪炭之上而伏火其下也，特潛吹而未發耳。未幾，天下卒大亂，反者蜂午而起。賴義烈衆君子踵相躡芟薙之，大亂以平。凡變之既至，從後而挽之，使還其故，其勢逆而難。變之未來而預彌其郄，潛扶陰救，使久支不壞，其勢便以易。易爲而不爲，而後大變馴至。其有人焉踵相躡芟薙禍亂者，幸也，幸不可恃爲常也。前變之未來，相與維匡之，護之，開之，補之，而變無繇生矣。其視變起而爲之所者，用力少，成功大。然而莫之爲者，何也？無深識之君子，莫能蚤知於未然故也。夫變之既至，挽之使還其故，其勢故難矣。要其爲變，皆衆著於耳目之前，當之者無不知也。變之未來，衆人安坐而議，以爲太平無事耳。然而機伏於未形，禍蘖牙於未兆，一旦猝發，其患莫測也。是故變至而始知者，衆人也，變之未來而知之於先事者，非深識之君子，則錯愕而無以爲。中丞公撫吾皖七年，當英人新受款之後，上下額手相慰勞，幸危殆復安。公獨私憂深矉，若大禍之在眉睫。睹甿隸罷困不收卹，官吏奉文法唯謹，務苛小，寖失本意，於是思所以厚民生，阜財謐刑，使不散爲盜，而於整戎經武尤兢兢，數爲天子言之。文宗御極，應詔陳八事，皆隱憂禍變之可翹足待，欲急起爭救之，近今名奏議也。烏乎！若中丞公者，信可謂深識之君子，能蚤知未來之變，而謀所以謹持之者已。公既内召，又量移江右，上方嚮用公，而竟以疾不起。齊河幼孤，有兄蚤世。遺稿散佚，今掇拾殘遺爲若干卷。他所爲雜文詩歌，其言皆急本根，缺然不自足，尤零落不能什一，然大要章疏爲最箸云。今之世去公益遠，變亦愈甚，未有以已也。庶幾有蚤知而謀所以謹持之如公者乎？又墦穴之士所引領而跂望之者已。

【輯評】

賀濤評：遒緊矯變。

吴闓生評「烏乎世運之遷流」句：文作於庚子亂前，其時上下狃忕治安，以爲無事，公獨深思遠慮，欲謀所以維之，故詞意警湛如此。

平江吴氏兩世孝行贊

吴穎芝編修蔭培，其先世宋承節郎臨安府昌化縣巡使鋐，字聲甫，自休寧遷雁塘；傳十六世曰邦瓛，再遷吴縣；又五傳爲編修之祖，諱仁榮，附貢生，咸豐初元舉孝廉方正，不就。既没，以孝行旌門。生光禄寺署正銜廪貢生諱恩熙，編修之考也，亦以孝行旌。編修介滿城陳孝廉之焕徵文於汝綸曰：「吾宗也，自詭必當得一言。」乃爲贊曰：

仍世再儒潛不曜，以義業家家績劭，公多陰德子維肖。厥聲天飛天有詔，曰余汝嘉維世孝，旌門表幽未云報。振古愷弟神所勞，不於其躬後則燾，侍從中禁文虎豹。出當犖犖收儒效，君親一源以躬教，鉅流滿海一泓導。

會里朱氏族譜序

會里之朱，遷自新安。其先世有曰瓌者，仕南唐李氏，官制置茶院，嘗以兵三千戍婺源，因家焉。子孫最爲蕃衍，徽國文公其後也。徽國五世祖曰維甫，維甫兄曰維則，維則十一傳，當宋元之際始遷桐城，仍世三徙而居會里。會里朱氏既與徽國同祖茶院，茶院後裔分散東南數行省，而徽國之後，新安、建陽皆立博士。明嘉靖中，諸博士會合四行省廿一縣之朱聯爲一譜，是時會里朱氏尚未能别爲譜，逮萬曆世，會里譜始具。是後朱氏長老，時時修葺。蓋自始居會里，傳五六百年，族姓源流，具在圖牒矣。獨茶院已上叙次派别，頗多疏失，今爲考正，著在左方。

朱曹姓以國氏，自儀父至桓公，竟春秋後滅於楚，遂去邑爲朱氏。或曰：邾後改爲鄒。鄒氏，邾苗裔也。朱之先殆小邾乎？或曰：小邾之後别爲郳氏，而《虞夏書》有朱虎，得氏前二邾且千餘歲。二邾未亡，《魯論》有朱張，朱之世系遼遠矣。戰國時魏有朱亥，齊有朱毛，楚有朱英，秦楚時有朱雞石，漢初朱氏侯者三人：鄡侯都昌、進侯中邑、潩侯偃陵。見於漢史者：家，魯人；建，楚人；買臣，會稽吴人；大司農邑，廬江舒人；贛，潁川人；　雲，魯人，徙平陵；　博，杜陵人。朱氏始居沛國相縣，其後分散，或居吴郡丹陽，或居譙郡永城，或居義陽。居義陽者，傳或言其本宋氏，國亡奔碭，改宋爲朱。漢光武時有尚書令暉，暉孫冀州刺史穆及建義大將軍祐，皆南陽宛人，皆義陽派也。司馬晉有平西將軍燾，生豫州刺史序，序生益州刺史諶，諶子荆州都督修之，皆暉後改宋爲朱者也。居吴郡者祖都昌侯軫，其後爲買臣，三國吴有前將軍桓，桓子大都督異，異從父驃騎將軍據。至唐有諫議大夫子奢，皆吴人。其别子居上虞、錢唐、山陰。上虞有儁，漢太尉，儁子晧，豫章太守；始居錢唐者賓，漢光禄勛，賓者，雲八世孫也。其後有巽之，齊吴平令，生異，梁侍中，唐有倉部郎中延慶者，異曾孫也；　山陰有凱之，晉左衛將軍，生揚州主簿濤，濤生百年晉亡，隱會稽南山。曰山陰，曰錢唐，曰上虞，皆吴徙也，而錢唐最盛。廬江舒之朱，自大司農邑後無聞人，至唐季乃有延壽者爲壽州刺史，奉國軍節度使。而朱氏最本者沛國相縣漢大司馬長史詡，生新息侯浮。其後有司徒質，生三子，長禹爲司隸校尉，青州刺史，坐黨錮被禍，子孫避地丹陽，由是爲丹陽朱氏。三國吴有安國將軍治丹陽，故鄣人丹陽派也。質次子卓，留處沛國，司馬晉有建威將軍騰，生西陽太守綽。綽二子齡石、超石，猶居沛。而騰裔孫建，後周太子洗馬，生隋睢陽太守僧寧，僧寧，唐宰相敬則大父也，居譙郡永城，爲永城朱氏。其後有光啓，爲户部尚書。曰永城，曰丹陽，皆沛國之别也，而永城最盛。朱氏在唐爲相者二人，敬則相武后，居永城。朴相僖宗，居襄陽。襄陽之朱不知其本所起。司馬晉有廣威將軍伺者，安陸人，張昌之亂，割安陸東境而貫焉，襄陽其别也。又有太康朱氏，源於後漢朱岑，其姓不大箸。唐以前朱氏，略可考見者具如此。

自沛國而分者，丹陽、永城；自吴郡分者，上虞、錢唐、山陰；自安陸分者，襄陽；不遷而分者，廬江、太康；由他姓改者，義陽。凡朱氏十二望，而最本者沛國。由南唐已後，新安最盛，而本其始自永城，永城始自沛國焉。

今年會里續爲譜，其族長老惕齋、海門皆吾故人，介吾弟紹伯求吾文爲序。嘗讀歐陽公《與曾子固書》，考論曾氏至詳審，本歐陽公之恉，爲發其義，使復於朱氏。

【輯評】

《八家文鈔》：綜散分合，其法一本《史記》。

翁大家墓碣銘

大家宛平翁氏，年廿五嫁桐城諸生吴恩光爲繼室，嫁六月而寡，依母兄以居凡廿年，依姊黄太宜人凡廿五年，居姊喪三年，依恩光宗人汝綸十年，年八十三而卒。大家父霖，國學生，贈某官。恩光父雨梅，江西新淦知縣。

始，大家兄延緒由翰林院庶吉士散館爲江西武寧知縣，時粤盜未已，留其孥京師，挈幼子及大家以行，筐篋細碎，一倚辦大家。已而病數月，則官私大小，悉取大家可不。兄没官下，貧甚，大家力與經紀，卒持孤遺，水陸四千里歸骨先兆，遂依姊氏。久之，姊子煐奎補官石碑場鹽課大使，隨姊之官。嘗至天津，汝綸請歸老大家，曰：「吾不忍去吾姊。」姊卒三年，始依汝綸。

性摯識明，辭令嫻雅，年逾八十，猶勤女紅，刺繡文工甚，得者寶畜之，有得繡絹尺酬以一狐裘者。兄官武寧時所挈幼子立德，從先君子受學，後亦成進士。立德幼時，《十三經》、《文選》皆大家傳業。先君子歸自武寧，時時爲汝綸兄弟稱大家。汝綸迎養大家，猶先君子志也。

初，大家歸夫骨安徽，其族以前室祔葬。及疾作，顧言曰：「葬吾父母墓傍，姊子煐奎送吾喪。」皆如其言。大家嘗立後子曰敦駿，年十八殤，遂無後。其卒以光緒廿四年正月，在保定。其葬以是年八月，在京師東郊十里亮馬橋，父母墓西百步。兄子立德、姊子煐奎相與臨穴視窆。既窆，汝綸爲銘曰：

是閨闥中一文丈夫，過者下車，居者毋樵蘇！從父母兄，永奠厥居。

廣昌縣城隍神廟碑

邑子鍾念慈爲廣昌三年，政和歲豐，乃與邑父老賢俊謀葺城隍神祠而新之，以都司袁君占魁督其役，凡六閲月畢工，用錢三百萬。又裒其嬴餘，購地徵租，以持其敝。既成，以書告汝綸，求文爲記。汝綸乃爲禱祠報塞樂歌貽之，俾刻石以教肄侲子。其辭曰：

衃衃兮朱甍，肅肅兮回風。絜齋俟兮煇光，靈犀遲兮未渠降。繁會兮簫鼓，酒盈樽兮肉在俎。飛龍翩兮其來下，朱衣兮中央，曹掾侍兮雁鶩行。傅爰書兮聽直誓，將訟理兮階之側。山沈淪兮爲淵水，填閼兮成田莽，終古兮煩冤，靈安能兮盡聞。憤不舒兮可奈何？顧靈保兮有以爲。繡畫兮闗河，祖規兮孫隨，不騫兮不虧。忽百祅兮千怪，紛競進兮潛噬，目睒睗兮焉求，狻猊陸吼兮鱷鯢川游，雄雌兮首尾，中兀立兮餘幾。瀝肝心兮上訴，冀吾靈兮一瘖。彈厭四瀕兮紐絶綱，振威稜兮射天狼。火山兮刀樹，血池兮膏鑊，聚不若者兮殲之，亘吾圉兮清夷。儻若兹兮神武，蒙靈祐兮遍下宇。旱無乾兮水不溢，毒蟲遠遯兮猛鳥佗適。

擊靈鼓兮亨羔羊，歲時報祀兮罔有斁忘。

【輯評】

賀濤云：先生四言詩，皆空所依傍，自我作古，斯文乃仿《九歌》、《大招》、《招魂》而爲之，其盤鬱之勢，深婉之韻，詭怪之詞，足與之埒。

吴闓生評：「山沈淪兮爲淵」四句叫起下文。「繡畫兮山河」，敷天奇，憤鬱極一泄，非爲城隍作也。賀評「深婉」云云，尚有未盡。

通州范府君墓誌銘

通州范氏，有宋資政殿學士文正公之後也。當明之季，世有官九卿諱某者，見世亂告歸，守節著文，子孫化習。入國朝，皆劬學逃名不仕。傳至君祖考，代有詩歌寫藏在篋。君諱某字某，受學於父，亦有能詩聲。爲人孝慈天挺，潔清自將。始年十三，喪母，殯宫火起，焰上屋樑，君駭愕罔措，登柩叫號，人至火滅，抱扶下柩，氣絶不屬，良久乃蘇。喪除，以食貧，謀分父任荷，棄儒而賈，挾書哦誦市列，大驚市中人，主者改請授經温養，以濟州人。徐清惠公開藩兩浙，羅君幕下。心動思父，號泣謁歸，慰留百端，不顧徑去。徐公起家撫閩，書幣繼至，君不肯離親遠客，又畏避孝名，托辭教子，堅卧不赴。是時君三子皆尚幼，君由是蚤莫親舍，洎親没不出。其後，三子禀君彪訓，皆以成學知名。三子者，長當世，次鍾，次凱。而當世最箸，始出，通人張廉卿得之，狂喜爲書告汝綸曰：「公當賀我！」三子繼起，公卿好士者傳客之，得鮮衣美食，競歸獻君，君一斥不御，曰：「吾父所未嘗有，不敢有加也。」三子所入盡分之兄弟宗黨。交游間不私名一錢，曰：「此吾父夙志也。」臨財不苟受取，曰：「不敢隊吾父清德也。」病且作，晨過其友張師江，出番幣四十，令爲粥食餓者。師江怪君貧窶安得此，已而廉得之，則先一日有饋君幣固辭不獲者。其清峻好濟物多此類。且卒，顧言以復義莊爲誡。卒年七十有幾，光緒廿四年十二月也。祖諱某，某官；父諱持信，州學生。君娶成氏，能配君之孝。當世歲貢生，守高不應有司之試；鍾，進士，山東知縣；凱，選拔貢生，河南知縣。

君生長舊門，行義立身，世有法守，習成其性。受先世成書，傳付厥子，不負顧托，以恢廓前緒，世以爲難。既卒，邦人士友相與摭君孝行，列上有司，請旌門於朝，用誘進鄉里。當世以書及里長老舉孝事狀來告哀，且曰君以三月晦葬東郊新塋，敢請銘。汝綸則爲銘，銘曰：

前世儒後有文子，中優游弗躬厥美，尚得牽連傳示世。況文與行不中圮，如身承首下嬗趾，偉哉達者繼奮起。餘福不備不内餒，時之所榮又奄有，善行報施古孰比。舉孝旌門人所侈，孝子銜恤終莫慰，慰以此辭詔無止。

【輯評】

吴闓生評「三子繼起」句：文以孝親爲主，特於三子縈拂生情，倍饒風致。

裕壽泉中丞六十壽序 代

巡撫河南中丞裕公涖河南之三月，有詔遷盛京將軍，公聞命固辭。既入朝，又辭，久之，遂迴成命，還公於汴。

談者謂公有濟變大略，而河南無事，奉天與俄界，邊備旦夕警，朝廷聽公固讓，就夷易，避險難，殆非公馳驅報國本志也。或曰：不然，凡大臣受任，當内審己量宜稱，非可苟焉就遷擢爲榮觀而已。在昔汲長孺辭郡，請留禁闥，王宏中掌制，乞外自效，彼各求所信守，不顓顓順隨，誠自知明也。今百執在列者之於寵禄，來則受之，不聞辭免，往往才不充位，彼其駭異公也固宜。《記》曰：事君量而後入，不入而後量。公其有焉。

且夫夷險無常形，難易無成勢，今談疆事，於奉天輒動色相戒者，豈不以迫切俄患，非知兵習俄事不足勝任愉快也乎？兵者，經國之大業，應變赴機，彼有專能，非可强爲。公之始涖汴也，席未暖，餐未下咽，而皖邊亂作，禍且及汴。公新至，無兵無餉，空拳垂橐，不動聲色，殲鄰盜，折亂萌，此可謂知兵矣。雖然，兵凶戰危，晁錯有言：「以大爲小，以强爲弱，在俛仰之間耳。」故達識者慎之。今天下萬國，盡智極能以究兵事之變，而不輕用兵。俄又與我結約久，將帥臨邊勒兵，常持和節，雖不習俄事，中固自有之權利未應失也。萬一疆埸違言，主客責怨，近今故事，又皆諮禀乎國論，取決乎中旨，非疆臣所得專制。夫以治兵已效之能，當久和不戰之敵，不可謂「險」。加又事不專決，仰秉上裁，不可謂「難」。談者震慴奉天，未既其實已。

國家懷濡方外，同仁遐邇，四方行省，大氐華戎雜居，變端亟聞，獨河南至今遠人罕至，然殊鄰莫不甘心焉。自咸同以來，四方行省往來，承兵燹之後，一切與民更始，獨河南猶忕承平時故迹。文具張施，陽趨陰拒，老奸大蠹，窟穴其中，舞智自恣，吏治惰頹，而民氣愈益雕劫。夫民窮而無教，則抵死不顧法禁，吏方相與塗飾耳目，以投合乎當時之文法，此其勢至岌岌，内一不靖，則外患乘間并起。今一因循舊故，是畜亂宿禍，不可爲也。曠然大變，其始必使民衣食滋殖，樂生興事。其既也，必使之親上死長，不勸誘而之他。而其要歸，必爲之慎選良吏，一洗惰頽塗飾之痼習，而無劫持之以文網，庶其有以待未來之變乎！此殆非一手足之烈，歲月間可收績效者。語云：「泉竭中虛，池竭瀕乾。」夫瀕乾，内水猶若也，中虛則立枯矣。今奉天不治，「瀕乾」之説也；河南不治，「中虛」之禍也。此果孰夷而孰易耶？惟公前尹奉天，開藩直隸、四川，皆有良政，而直隸凡再至，治功尤彰以久。朝廷知公能以治直隸者治河南，用是改命還鎮，唯公亦審所自任，不復引急病讓夷爲嫌，夫豈耳食之徒坐而定其緩急者乎？公既還鎮逾月，介壽六十，畿輔僚寀之獲事公者咸相率徵詞於某。某以非才適承公後，懼前規之不隨也，述所聞以導揚盛美，所不辭云。

【校】

〔事君量而後入〕《禮記·少儀》作「事君者量而後入」。

【輯評】

《八家文鈔》：先生文不特詞旨淵懿高古而已，實有經濟當世之偉略，以故聲光並茂，蔚然有關世運。此文亦其一也。

柯敬孺六十壽序

儒之術，以用無不效爲量。難焉而沮，不可焉而自已，遷焉而失其故，雖命爲儒，而祇益詬厲，彼必非真儒。久矣夫真儒之不數數於天下，而其效不顯白於世也！汝綸自少釋褐游京師，見公卿大夫在廷百執事，凡由科弟起家者，無不命爲儒，從而叩之，亡如也。已而橐筆從軍，獲事通人，然後知儒之必效於世，大異於鄉者之爲。最後浮沉州縣，所見聞於僚友間起科弟命爲儒者，不可一二數，又怪儒之從宦，其績效何其少也？

膠州柯敬孺先生，簡靖而沈毅，多學而勇爲。自其尊人錡齋先生從閩儒者陳恭甫編修受學，學有經法，事具國史，先生能世其業，又從母夫人學爲詩歌。長而游諸侯，交天下賢士，所業益恢以邃。箸有《州山堂集》若干卷，《史記》、《漢書》皆有説。年逾五十，始以進士爲縣安徽。安徽群士爭慕趨之，交推互伏，以爲儒者也。而談者尤盛稱先生貴池清賦之政。其言曰，先生始爲貴池，適今鄂撫于公來藩安徽，下令清賦。先生則手定教條，詳延父老勾考綜核，奸猾吏洗手奉法，爲之八閲月，賦籍堅定。於是貴池一縣歲增賦一萬數千金，盡安徽一行省六十州縣清賦奏課，先生獨爲第一。賦所增入，於一行省六十州縣得四之一焉，而縣民所納賦反減其舊。蓋貴池田賦失額久，自粤盗儆擾，故籍盡失，至今卅餘年，胥吏倚欺隱爲生者至二百餘家，滂逮城坊，士庶皆有染。令始下，沮事之議百端，不可，則盤互把持，又不可，則連豪民，通長吏，飛謗相傾，先生一不動，持益堅，卒底於成。既成而後，一縣士民乃始交口稱頌，皆曰：「活我者柯公也！」號其賦册曰「柯公册」，用志不忘。已而先生幕客過貴池界上，入市飲食，市人不取直，曰：「此賢君之人，何直之可言！」其遺愛至如此。又曰：「先生去貴池任太湖，承饑饉之後，一意與民休息，課農藝桑，興水利，修學養士，其視貴池之治若出兩人。」蓋貴池以嚴聞，而太湖則用寬爲治云。

汝綸曰：凡儒之效之大異於俗吏所爲者，其皆出於此乎？使吏之治，一毗於剛與柔，則必無以因時適變。能試於貴池，用之太湖則折矣；政行於太湖，施之貴池則弛矣。此遷焉而失其故也。清賦非令典也，事本起於秦，秦始令黔首自實田。其後宋熙寧中乃有方田均稅手實諸法，尤爲世譏病。而邵堯夫語其徒乃曰：「此賢者所宜盡力時也。」今大吏以清賦爲美名，而不知其爲閭閻滋病。爲州縣者才不足堪事，或廢格不行，或稍稍行之而遽止，此所以令下三年，而六十州縣僅倍於貴池一縣者二三，而閭閻騷然，煩費不可以臆計。吏其士者，稍能自愛，則皆難而沮，不可而自已。如先生之增於官而減於民者，百不一二人焉。得非所謂賢者之盡力者乎？夫能盡力於病民之政而厝之於不病，如此而有不能因時適變，以神明其剛柔之用者乎？此汝綸嚮所不數數見者也。以是樂與兩邑人傳道之。

雖然先生之治在兩邑，先生之業則遍傳乎江介，非郡邑可限。今年八月，先生六十生辰，安徽群士之傳業先生者，咸介吾友方倫叔徵余文爲壽。余與先生有連，昔柳子厚送崔群云：「吾與崔君有外黨之睦，然吾不以是合之。」汝綸不佞，竊附子厚之義，爲測論真儒者之效如此。異時先生官益尊，效亦益廣，皆不足爲先生言，獨先生千秋大業，必且繼世入國史。汝綸雖老矣，儻得南歸故土，肩隨群士一聞餘論，所忻慕焉。請以此文爲他日相見之贄，其可也？

贈内閣學士東海關道劉公墓誌銘

公諱含芳，字薌林，貴池劉氏，廣東巡撫瑞芬之從父弟也。大學士肅毅伯合肥李公始誓師上海，巡撫公實從在軍，主軍械。公少孤，往依巡撫公。已而去從程忠烈。忠烈戰驟勝有威，每戰，公輒隨軍往觀，膽氣英壯。李相公籍公名，檄公轉運軍械。蘇州既克，設局蘇城，兵攻常州，移局無錫，北征任、賴、張總愚等賊，移局清江、蔣壩、張秋、濟南，隨軍所向。

賊平，累官江蘇知府。逾年，從李相公軍入陜。相公移督直隸，公治軍械天津，遂以道員留直隸補用，是後凡十有四年，不離軍械。

自軍事起，海内諸軍大氐守中國舊法，獨李相公所部用外國械器。外國械器歲變更，新興則故嬗，李公求之至勤，聞一新械出，必疾購博儲，以肆將士。公能助成英略，凡各國歲出若干械，械若干類，一械析之材大小若干具，名物標識皆外國語文，繚戾詰屈難記，公對客口别指列，如數家珍。同時諸將帥皆李公元從立功士，或貽書論難新械理法，或習用便求多自予。公日與詰辨，諸公初多齟齬，後卒以此服公。公既久治軍械，因益窮覽西國製器、練技、簡閲之法。西士來游者，吾文武吏習西事者，遇輒諮諏討論行軍禦敵攻守機宜，盡得其要領。李相公嘗以人才論薦公，稱公久治軍械，講求外國練兵製造諸學，既博既精，臨事有膽識，朝廷嘉之。

李公興立海軍於旅順、大連灣、威海，築炮壘、武庫、船澳，設學堂造士，通電綫，製藥彈，凡所經畫，資公之力爲多。光緒九年，始立魚雷軍，以公統之。而旅順、威海防守諸工以次興，公又兼其任。明年，遂去軍械，移屯旅順。是後凡十有一年不離旅順。在旅順，海陸諸將恃公爲蓍龜，凡有緩急，必先諮度而後從事。於是又兼海軍及緣海水陸營務處。嘗一攝津海關道數月，自請還旅順。十七年，補甘肅安肅道，李公奏留旅順。十八年，補東海關道，仍留旅順，逾年乃到官。初旅順、威海皆荒島，公營構十年，至是屹爲重鎮。

公始以孤童從軍，能自力於學，急世要務，識時通變，又盡心公牘文字。隨李相公至天津凡廿五年，主軍械十四年，屯旅順十一年，遇所治辦，搏揖神志，貫徹事始終，不顧問流俗誹譽。蓋名實之眩疑於世也久，近百年來，世以蹈常守故爲賢，以媚俗避難爲智。曾文正公起，一洗舊習，破庸論，冥心孤往，艱苦百折，以濟世持變，其於文牘，鉅細親裁，必切中事機，會不爲顢頇膚説。自江忠烈、胡文忠已來，至李相公，皆祖其風尚。李公去位，文正治事之學歇絶於天下矣。而交際外國，討軍實，長駕遠馭，李相公尤擅專能，能過於前數公。操國柄卅年，四方吏士爲僚屬去來者，或聞譽藹鬱，臨事不副名，或爲小官有聲，大受則蹶，李公一不假借。其間才足戡事任，思深力沈，不要功利，自爲不巧合取時譽如公者，三數人而已。皆隨李公久，嘗所擠掇而成就之者，外論者不能識也。

公到官數月，日本衅起，政府以李相公爲非，不用其議。於是公所營構旅順、威海諸要隘皆失守。公在烟臺，持危定難功爲多。而山東巡撫故李公所拔識，亦駐烟臺，方附政府傾李公，謂公李公與也，齮齕之異甚。久之，詗刺無所得，顧心弗善也。嘗約與公死守，已而自避去，益愧媢，構公於政府百端。和議定，李公内召，公知不容於時，且引退。李公以謂時多難，人才少，貽書慰留。公居數月，竟謝病歸，歸數年，病卒，光緒某年某月日也，年幾十幾。

既卒，前在旅順海陸諸將存者及僚吏遂者凡卌有二人，具公功績，請直隸總督奏上。得旨，宣付史館立傳，贈内閣學士，蔭一子入監讀書，期滿以知縣選用。公四男子：世琰，殤；世珍、世瓊、世璘。二女子，適候選道員建德舉人周學熙、太倉舉人顧思義。娶俞氏，繼娶郝氏，皆封夫人。側室李氏、黄氏。曾祖某，祖某，父某，三世皆以公貴，贈如其官。公性義俠，朋友死，輒經紀其家。既與從父兄巡撫公合置義田贍族，又倡修池州孔子廟，他義事多棄財爲之。世珍等將以某年月日葬某所，汝綸爲銘，銘曰：

世如波騰，才若草横。究極力用艱厥成，抉去下比蟬翼輕。衆杙挺挺，謂我楹兮。天祚我室，永不傾兮。十盲噍一瞭，汝何故明兮？公縱不死，安能功兮？烏虖！

【輯評】

賀濤評：李文忠之受謗，以當時忌之者多，而曉事之人少也，先生嘗引以爲恨。劉公既没，先生向其家索取事狀作爲此文，不但爲劉公及文忠辯謗，以自泄其憤，蓋欲破天下之愚也。

又評「蓋名實之眩疑於世也久」段：將叙公之不得志而去，先發此論，下文云云，乃益令人抑鬱不平。

吴闓生評「李公去位，文正治事之學歇絶於天下矣」：李相見此文，使人傳語先公曰：「文章極似曾公，曾公治事之學難絶，而文章之傳固未絶也。」聞者以爲佳話。

又評「而山東巡撫故李公所拔識」句：時山東巡撫爲李秉衡，先公作此文時，秉衡勢方盛，方倫叔來書，引《慶曆聖德詩》爲戒。先公答之曰：「此國之大事，不敢曲諱。然亦願知好之勿宣播也。」今此書已佚。

又評「世如波騰」云：公此等銘詞，足以横絶百世。

龍泉園志跋

古今好山水者衆矣，而謝康樂、柳柳州名獨箸，豈非以文采照爛，足與山水相發哉？顧遁栖之士，又往往棄離言説爲高，何也？夫山水之美，奥如淵如，入之既深，其精神意趣，與彼之峻且清者冥合爲一，即人世間震耳駭目，極曹偶所睎慕之事，曾不足當其一眄，則無問言説有若無，其風尚一而已。

雖然，聳當世則以風，詒後世則以文，人往矣，聲迹絶矣，聞其風者愛之，則願傳之，而不傳則悵悒爾矣，相與低徊故處爾矣。又久之，故處邈焉，則無聞爾矣，不其惜與夫？是故遁栖之士不自文，必將於其徒友之文者賴焉。

畿之東有高士曰李江觀瀾者，以進士爲郎，已而棄去，入薊州之龍泉山，爲園以居曰「龍泉園」。既一年，其友曰王晉之竹舫者，亦棄官相從以隱，園於龍泉之側，曰「問青園」。二園者，比相次也，而龍泉特勝。當是時，京師名公卿多高此兩人，兩人之風既聳動當世矣。其道皆有以自得，其文翰時時散落人間，好事者收弆焉，顧非其意所極，讀焉者無以見其趣操之高，然則二先生之風，其殆寖息矣乎？

薊之士有李髯者，二先生之徒友也，善爲詩，從游於龍泉、問青間，最習且舊，懼園之久且無聞也，志其勝者焉。志成而園内外一草木、一巖石，皆若爲二先生者出也。而二先生亦怳然若常游偃乎園間。斯文之有賴者類已，抑李髯之意其猶未忘言説者耶？後之覽者，其能追二先生之髣髴耶？嗚乎！謝、柳之餉遺遠已。

【輯評】

賀濤評：此文蓋歎兩先生之文采不足自彰，而此志亦不足賴也。低回往復，有弦外之音。

裕制軍六十壽序 代

尚書裕公，以國家世臣，自樞廷出臨畿甸。畿甸爲某舊所領地，文武士元從者多皖人。公既與某交善，又自始出陳臬皖疆，洎後秉節開府，凡十許年未嘗離皖，視皖人士若一家然。臨畿甸逾年，與其配赫舍里夫人同登六十，諸子及寮寀咸謀稱壽，公固不許。皖之吏茲土者，將校在軍者，自以爲獲私於公，不可以嘿已，則相與走京師謁辭爲壽。某維公方廣集忠益以毗輔國家，皖人士之獲私於公，蓋不足爲公道也。

凡天子大臣，皆與國休戚一體，而世臣隆替，則運會升降，恒必繇之。公之先世，從龍入關，代有簪紱，及公高祖資政公，實誕育孝淑睿皇后，膺三等承恩公之封。曾祖榮禄公與弟敬慎公宣力中外，爲天子親臣，不專倚外戚爲重。群從子姓，多登顯秩。至公烈考，巡撫湖北，受任危難。棄養之日，公兄弟皆孤窮無藉，家駸駸不振矣。已而皆秉母教，持身持官，焯有譽問，而公尤以肅謹見重當時。今公用清德宿望，當封圻師長之任，而公兄壽泉中丞同時開府中州，旄節相望，弟壽田尚書，控馭藩服，累奉衡文之命。門庭貴盛，開國以來未之倫比也。而公壽已六十，風采英壯，猶似中年，爲國肩荷艱鉅，未有弛息。公又多子，諸子長者已繼爲令僕，有聲於時，稚者或承襲世爵，流恩後昆。前世之廕庥，及身之通顯，後嗣之鼎貴，大福具美，他人求其一端且不可必得，公盡備有之。古史論列公侯，爲撰世家，如公者可以無愧矣。

昔漢之金、張親近寵貴，至於七世内侍，漢史榮之，以爲美談，謂其比於外戚。夫非國家隆盛，根本深固，安能使功臣戚里世世被恩澤承衛天子也乎？今時方多事，傳曰「主憂臣辱」，爵位愈高，責望愈大。公固不懈於位，亦世忠孝，某獨顧視公諸子之振振濟美，因以興百年樹人之感也。我國家景運綿長，其猶當漢武、宣之盛時乎？祝公壽考，益不能不抃喜而爲國家頌也。不其褘矣！

【輯評】

吴闓生評「某獨顧視公諸子」句：文若曰國家大難，公及身或可自全，諸子殆必不免。然孰料不期年間，公已躬嬰其禍也，可概也已。

方曉峯八十壽序

貴池方雲畊以知縣待闕保定，嘗見材於上官，已而罹所後母憂。服闋，則向之材雲畊者皆已去，後來者不能知雲畊，雲畊奔走其間，往往不合，由是鬱鬱。間過余言：「吾之汲汲於求禄也，子得毋非議我乎？吾二親今年已八十，望吾仕益勤，吾欲少得而歸爲親壽，塞其望也，顧久不得，吾無以慰吾親，慚可言耶！」余告之曰：「子慚宜也，凡仕宦得失，賢者不以攖其心。獨父母之於子，雖豪傑亦不能不以之戚喜。孟子言：親之欲其貴，愛之欲其富。韓退之大儒也，爲詩誡子，獨舉通顯之事歆動之，其述歐陽詹事，以爲詹在側，雖無離憂，父母不樂也。詹在京師，雖有離憂，父母樂也。豈惟歐陽氏，凡父母盡然。近代曾文正公，閎達偉人也，望子得科弟，以賜廕舉人爲耻。此皆人之至情，故昔人親在不擇禄爲此。」雖然，求禄以養者，情也；禄之得不得，得遲若速不齊者，時也。時者，非可以力而變。不可變而强欲變，君子謂之不知時。時逆順相倚若環然，人莫不喜順而惡逆，天則異是。庸人喜順，天不稍靳也，獨好用逆焉者淬厲賢哲。艱難困厄，庸人畏焉，賢者亦豈有樂於是？時適相直，則相與安之，因以自擴其識，遍歷乎生平所未更之變，以增長其能，以爲異日緩急之用。庸庸者雖身歷之，亦無能有以自裨益，天亦以是靳之不輕予也。且時之爲道，固未有往而不返，詘而不信者也。是故知道之士，莫大乎安時。吾聞子之親，孝義者聞於閭里，今老矣，而康强如少年，夫婦樂善不倦，殆非知道而安時者不能然也。知道矣，安時矣，其於子之禄仕蚤莫，又安能以動其心毫末也哉？子持吾言歸獻子之親，因以爲親壽，吾知子之親必且以吾爲知言，子又安用慚爲？

仁和王尚書七十壽序 代

大臣之職，以容物爲量。自唐之牛、李結黨相傾，薦紳被禍，人才衰耗，而唐社以墟。宋世范、呂交惡，黨論遂起而不可復止。歐陽永叔一代宗師，區區典禮空議，至爲言路所不容。而王荆公以奥學鴻文，得君至專，鋭意變法興治，時論既群起而攻，後之議者，且以宋之傾危蔽罪新法。及若秦檜、賈似道，史家尤詆爲誤國權奸矣。乃或見亮於後賢，謂爲救時良相，或歎譽於敵國之興主，而深器其才，何詭異至如此？此人雖秉心殊趣，操術不同，要皆倚辦一時，乘權據勢，顧盛則群倫慕仰，如水赴壑，衰則庸人夫婦隨聲而詈辱之，豈倚伏之理固然歟？抑國之善敗，有時非可以人力推挽與？亡意亦其器量所極，不能納異爲同，有以致此者也。

今軍機大臣、户部尚書仁和王公，性通識明，老於政事，其遇物無同異一接以和，葢器量有過絶人者。中外敭歷，再直樞廷。故嘗受知於沈文定公，其初入政府與文定同列，而尤爲恭忠親王所倚任，會異論寖起，公乃見幾謝歸。及再入執政，人望益隆。於時朝政屢更，豪士競起，新舊乘除，而公以一身周旋衆變，黨仇畛分，無不容納，人亦無忌嫉之者。古所謂「其心休休」者，公殆其倫歟！使公處牛李、范吕之際，必不激而爲朋黨之禍；使公當歐、王之任，必不見訾於衆多之口；使公入南宋之朝，不爲秦、賈之專，亦必無其訽厲之辱，晰也。

某獲交於公，至篤且舊。初督湖廣，公爲湖北按察使，始識公而薦之朝。逮公由湘撫召入樞廷，某近在畿輔，戮力交歡。甲午兵起，朝命自雲貴總督召公北歸，助某視師。某既内召，公實受代。某在畿輔久，兼治軍海上，事緒浩穰，部曲星列棋置，公至，一躡故迹，文武吏士不知帥之易也。今公去畿輔又年餘矣，某舊時部曲及文武吏士嘗事公者，猶思公德不衰。以公今兹十一月某日登壽七十，僉謀走京師取文壽公，某不得辭也。則本公之獨有得於容物之量者推論之，俾進獻於公。蓋大臣之納異爲同，非直爲榮名而已。才之爲類，至不一也，必容納異類，而後善類盡植，善類盡植，而後緩急足倚。某老矣，尚庶幾因我公盛德，一見人才之振興也夫。

鹽山賈先生八十壽序

鹽山賈生恩紱始從余游，治《儀禮》，有家法，既别而舉於鄉，顧時時來省余，每見，輒道其尊人賈先生相慕望異甚。今年詒書，言先生正八十，親故欲爲壽，一謝絶不許。恩紱以先生之暱好余也，求余文，將持歸以獻。余未及爲，恩紱則又來謁而固以請。蓋以文爲壽，知言者每病其非古，余嘗以爲不然。禮之用，因時爲變，今之上壽親堂，豈不賢於古之冠子之禮乎？冠子而字之則有辭矣，奉觴上壽，稱辭而祝嘏其親，獨何爲不可？若乃文之體製之起於近今，以此爲非古，則韓、柳氏之文之所爲贈序者，故亦起於唐世，非前古所有也。凡文之能者，亦各用當時之體，追古風而爲之辭爾，豈必古人有之而吾乃爲之也哉？獨言之非實而施之非情所安，則固不可。今恩紱之稱先生既不敢溢其實，而余於先生又有情不能嘿已者，尚安得以不文辭？

恩紱曰：「吾父少勤苦，躬鉏薪，以餘力治學，學皆冥獲，無師友之助。既成，而邑先達孫蓮塘侍郎、劉南莊先生咸相引重。生無它好，獨孜孜文學，以爲至樂。今八十矣，神明不衰，時作細字，鋒畫韶腴類少年。天既以壽耉報有德，顧惟不遇，子又不肖，缺然無以慰其親。願賜之一言。」恩紱之稱先生如此，可謂無溢量矣。雖然，遇不遇何足道！天所矜異而不可必得者，年爾。使先生得遇於時，或且若身焦思，耗損其天得，欲自適於文字間，而年已不逮，以此易彼，未必先生所願也。世日益廢學，余少時見鄉里前輩終身讀書，至老不厭怠，多與先生事相類，蓋皆有樂於是。近今後生，中歲以往，輒束書不觀，彼則何由得樂？恩紱思所以慰其親，亦惟親先生所至樂者加之意而已。

余未得一識先生。往年恩紱持先生所爲文一篇示余，傳命委余審訂。是時先生七十餘，不自滿，假過而取決於余。余何以得此於先生哉？鹽山與山東之陽信鄰接，異時余弟詒甫嘗攝陽信令，余往省弟，道過鹽山，未及一訪先生。余弟既去，而先生適授經陽信，寄書恩紱，道余弟去思不容口。恩紱亟以告余。余弟拙，宦不見知於時，先生獨傳播其政聲，非其心之昵好余，視余喜戚若在己，不言此於父子間也。夫以先生之篤學老壽，顧獨昵好余，與爲喜戚如此，而余於先生之壽，乃反靳區區之一文，以爲非人情。故於恩紱之請，不能不答其意。恩紱學《禮》有得，因并論上壽、冠子今古異宜之義，使歸質於先生，亦因以取決焉。

記校勘古文辭類纂後

姚選《古文辭》舊有康、吴二刻，而吴本特勝，惜元板久毁。好是書者將謀付石印。余既爲是正譌奪，遂徧考古今文史同異，記其犖犖大者，間復兼糾康本違失，俾覽者慎擇焉。姚選特入辭賦門，最得韓公論文尊揚、馬本意。而《楚辭》至爲難讀，因頗發其恉趣著於編，用質後君子。學問之道之益於世者，博矣，獨沾沾爲此，殆《爾雅》注蟲魚者比也。雖然，欲治文事者，儻亦有取於斯。

胡問渠墓誌銘

胡生問渠名源清，直隸永年縣人。今山東按察使胡公景桂之冢嗣也。以優貢生充八旗官學教習，期滿得訓導，不就，入資爲内閣中書。光緒廿有五年八月之望，卒於京師，得年卅有三。自始至今，凡居京師八九年。按察公視學甘肅，嘗侍母挈弟妹到官，已復還京師。按察公遭憂家居，服除爲侍御史，出知寧夏府，擢寧夏兵備道，及今兹陳臬濟南，生率常在京師，不隨侍，亦不以家室自隨。按察公中外仕宦，夫人時還里居，性素嚴，生歲時歸覲，約束妻子，盡瘁於孝弟。還京師，僇力於世故，於朋友摯以和，長老多折節與交。其卒也，哭之多哀戚若失親子弟然。妻王氏聞赴，自濟南奔京師，迎喪歸永年，將以明年某月日葬胡氏先兆。子長生、長順，皆幼。卒之日，妻妾皆有遺腹及生云云。

始生與邯鄲李生景濂同謁余受學，李生痛生甚，狀生行乞銘。汝綸曰：京師人才林藪也。士去閭巷壥穴來游處，觀國光耀，若脫泥沙而雲飛焉。而外行省方面吏亦各往往遣子弟宦學京師爲中詗，高或鐫磨事業，奮發以有爲。其他廣交游，識形勢，追榮趨變，以扶進家聲者，不可選紀也。生於其間，獨逡逡爲退讓君子，眷厚窮交，不顓造請高門。出爲賢士夫，入爲良子弟，衆見其進而未止也，而竟中道夭死。悲夫！銘曰：

不贏其年，尚芘賴其嗣人。父兮母兮，能無悔恨以悲？於戲！

【輯評】

《八家文鈔》：高古特出。

吳闓生評「不顓造請高門」句：非不造請也，但不顓顓事此而已。此古文用字法。

誥封太夫人陳母熊太夫人墓誌銘

雲南迤東兵備道署雲南布政使陳啓泰伯平，既遭母夫人之憂，自長沙撰事狀爲書抵保定，徵銘於汝綸曰：「將以某年月日葬某所。」

汝綸讀其狀曰：「太夫人善化熊氏，年十九繼室於贈公諱某。先是贈公之王父諱某爲山西某官，數輦家貲財給官用，家由此多宿逋。太夫人既受家政，綜核細碎，出内有經，諸子或攜或嬰，室無婢嫗，烹飪、煩撋、翦製之事，一自己手，晨先衆興，晦後家息，時未幾，盡償逋負，舅姑以是歸其能。叔嘗有官逋，追呼急，禍且傾家損門望，贈公又遠客，舉室惶遽不知所爲。太夫人從容定議，請鬻宅以償。宅故太夫人與贈公夫婦勠力銖寸累積而得者，至是折券已債，一夕盡。贈公歸，以是義其決。太夫人生丈夫子五人、女子子二人而寡。寡時長子啓泰才十六歲耳。太夫人斥佩服資諸兒使學，幼者躬授之經。卜葬贈公，迎養母氏，娶婦嫁子，以次營辦。居雖敝，灑埽必潔，衣食雖麤惡，賓祭必豐。十年而有子通朝籍，又十年而中外就養，饗有豐禄，家駸駸光大矣。而所至必誡敕其子以廉介續祖風，以惠愛爲國，利養元元。屢斥千金振他行省饑饉，而躬儉素一如寒畯家，一刀一鑷，往往五六十年物。宗姻黨里，以是服其善教。光緒廿五年正月朔日卒，壽七十有七。」狀所列具如是。是宜銘。銘曰：

猗夫人，禀惠純。毓名家，嬪德門。生五子，三有聞。長兵備，攝大藩。守三郡，以能遷。起侍御，天下傳。恩封母，太夫人。次文黻，爲吏循。史有紀，墓有文。季文璣，郡守官。多聞識，佳翩翩。餘二人，半亡存。推已顯，知皆賢。本曷由？母教然。初在約，能自振。後處豐，儉又仁。教諸子，敕申申。卒所就，爲勞臣。最懿淑，琢貞珉。告後昆，陳氏阡。

光禄大夫刑部左侍郎袁文誠公神道碑

公姓袁氏，諱某字某，河南項城縣人。咸豐初，廣西盜洪秀全等反，天子詔各行省在籍大臣治團練，其在朝者遣歸其鄉。於時團練紛起，於湖南則曾文正公，於安徽則吕文節公及今大學士合肥李公父子，於河南則袁端敏公爲最箸云。公端敏公冢子也，道光卅年進士，改翰林院庶吉士，咸豐二年授編修，三年謁假歸覲，端敏公請留公助治軍，天子許之。是後端敏公三奉詔督師，公一隨軍，軍中呼爲少帥。當是時，南則粤盜，北則群捻，二寇蔓延交通，鉤聯根據。端敏公提一旅饑軍，浮寄淮潁，揗拄賊間，不摧不折，十有餘年，中外恃賴，公與有勞焉。

端敏公不使子弟與將士分功，有功輒寢不奏。七年，欽差大臣勝保始論列公潁亳間戰狀，天子嘉之，加侍講銜花翎。後會諸軍破賊於太和，河南巡撫恒福上其功，賞伊勒圖巴圖魯。會端敏公奏事至，手詔批答曰：「汝子奮勇衝鋒，可嘉也。」九年，端敏公奉召還朝，公隨入，充文淵閣校理。順天鄉試同考官。未幾，端敏公再出視師，仍命公赴軍。入對，温語移晷。十年六月，會攻定遠，幫辦軍務。穆騰阿移書端敏論公功，端敏持不可，疏言仍世受國恩，死無以報，臣子不敢與諸將爭爵賞。優詔褒美，且誡曰：「後有功績無引嫌！」端敏公卒堅持初節不變，故公在端敏軍中功最多，終不得論。十一年會克鳳陽、定遠，有旨「遇缺題奏」，則文宗特簡也。同治元年，擢翰林院侍講轉侍讀，遷詹事府右春坊右庶子。其秋，端敏公謝病，詔公留撫其衆，丁繼母憂歸。而端敏公復起視師，又詔公佐軍。逾年端敏公薨，擢公侍講學士。是時，淮上已平，兵事粗定，公雖在憂，感上恩知，急自效，上疏言八事，其一爲屯田。久之不報。其明年，復抗言：「臣前所條淮南北募民屯墾，議未即行，請詣京師，與廷臣面論事可否。」詔責公「過自信」，又坐擅發馹遞，左遷鴻臚寺少卿。

公侍端敏公在軍久，積功勞，寖爲上知，忠悃勃鬱，思得當以報君國。而户部尚書羅惇衍、順天府尹蔣琦齡又先後薦公才可大用。會群捻張總愚竄畿輔，公以端敏公治軍久，志事未竟，今皖豫諸將多先臣舊部，請赴軍自效。詔赴合肥李公軍。李公以爲行營翼長，盡護諸將。諸將或淮或皖豫，咸與公交歡。寇平，詔嘉公克成端敏未竟志，還公侍講學士，加三品銜。又以公志在治軍自效，命赴左文襄公軍。文襄優禮而靳之權，朝廷知公可倚，命管西征糧餉，得專奏事。十一年，擢少詹事，轉詹事，賞頭品頂戴。十三年，升内閣學士兼禮部侍郎銜。大軍出關，詔公襄左公轉餉，遷户部左侍郎，兼管三庫事務，稍重其權。以與左公議異。光緒元年，召公入。公自少隨端敏公治軍，端敏薨，先後佐李公、左公，不離軍旅廿餘年，至是始謝兵事。朝廷且大用公，命兼署吏部右侍郎，二年調刑部左侍郎，充順天武鄉試正考官。

公性疏朗，好持議，議皆國之大事。在官必舉職，官户部時欲仿古人國計簿，月一册，使出入相準，絶奸欺，未成，移刑部。在刑部，日與曹司治律，獄必再三反。是時中外多言臺灣海門户，當以時經畫，絶外國覬覦。公建議設臺灣巡撫，專責成，而省福建巡撫官并其任於總督。廷議從之，它所言多遠慮，類如此。

於是河南旱饑，詔公往賑。時公私耗竭，公所以籌策之百端，事垂竣而公遽卒，光緒四年四月六日也。遺疏入，優詔矜卹，賜祭葬，予謚文誠。卒後五月，河南巡撫疏言：「去年災，故刑部左侍郎袁某麤衣糲食，旦夕憂勞，拊循饑民，雜處吏胥間。其乞貸各行省書，讀者淚下。卒之日，饑民婦孺皆痛哭失聲，請河南省城建專祠，其陳州則附祀端敏公祠。」詔從之。已而安徽、江蘇所在請附祀端敏祠，子世勛用廕補户部員外郎。

初端敏公與曾文正公交，善其治軍，聲勢相倚，曾公以故人子視公。汝綸嘗見公於曾文正坐中，聽其論議，飈發瀾翻，甚可偉也。曾公殂謝，左文襄公、合肥李相公并負天下重望，公於左公不爲苟同，於李親善矣，至持議亦不盡合。而朝廷卒嚮用公者，以公忠誠有以孚格上下也。公始隨端敏公積苦兵間，後慟父功不成，輒欲以兵事自效。周旋李、左軍中，卒未一信其所志，而勞勩於振災以死。死時春秋五十有三，曾不登於中壽。悲夫！

端敏公諱某。自端敏已上三世，皆以端敏公貴，贈漕運總督。公前後二母皆陳氏，娶王氏，皆一品夫人。側室楊氏以子世勛貴，贈淑人。女二人，皆適士族。孫三人，克紹、克益、克忠。光緒六年七月葬公陳州城南之袁氏新阡。廿三年三月，王夫人祔。又二年，公從兄之子慰庭侍郎巡撫山東，謂汝綸曰：「公墓碑未有刻，子無用辭。」乃爲銘曰：

抑抑端敏，以子隨軍，子父蹈危，而功不論。光光文誠，用忠爲孝，平進九列，而志未效。才之不究，壽亦豈多，垂成天厄，况人謂何？維後之昌，維宗之强，世其孝忠，以永不亡。

【輯評】

賀濤評：長篇文字須多用提筆束筆，觀此文可見。

吴闓生評「維後之昌」四句：末四語專爲慰庭而發，乃全篇精神之所注也。慰庭方爲東撫，其野心公已逆見之。

贈道員直隸州知州陳公墓碑

公諱釁舉，字序賓，石埭陳氏。少以諸生師事宗人虎臣徵君艾，艾治宋儒者義理之學，負重望於鄉縣。曾文正公治軍，所至收召賢俊，至江南，甚優禮艾。公避寇轉徙，久之，客艾所，艾進言公於文正，文正用公管江西建昌鹽釐，徵入倍舊額。閩邊民販鹽爲亂，鈎聯粤盜，張甚。江西吏以五百人屬公往討，公曰：「彼聚黨横行，倚粤盜爲聲援，今如此以五百人往，徒損威，何益？」辭不往。後他人往，竟遇害。文正聞，獨大偉公。公因請裁建昌鹽釐局，節經費，文正從之。改用公管榷。萍鄉有亂軍劫榷局，榷錢盡失。陳松如者，虎臣徵君弟也，方提調江西牙釐。江西牙釐，文正公嘗疏爭於朝，主客異心，松如又方介，與江西吏忤。有爲蜚語者，謂公松如從子，侵牟榷錢，詭以劫失。聞江西吏，信之，文正公又督師去江南，公禍且不測。會今相國合肥李公代文正，聞公事，喟曰：「是不嘗用廉能著聲耶？安得此？」既直君冤，復喟曰：「幾陷此賢！」當是時，曾、李交歡聞天下，兩軍吏士相通流，李公由是檄公還江寧，使在軍主計。後李公治軍山東、河南，持節鎮湖南、北，視師陝西，移直隸，駐旌麾天津，廿餘年，公一隨軍主計，不他徙。在天津，與劉含芳、吴汝綸、張子偉數人者尤相善。

公爲人沖夷澹定，在禍不慄，見利不趨，於事尤劇，尤能悉心綜核。顧不樂仕宦，在軍累官河南直隸州知州，殊無意往。已老，僚友强之入引見，改發直隸，且持版參銜入仕矣，逾年遂以疾卒，卒時年五十有一，光緒九年閏五月六日也。顧言誡子孫讀書，守先緒，毋妄覬寵策。李公疏聞，詔贈道員，廕一子，以州判注選，給銀五十兩治喪，直隸、江南、湖北所在祀淮軍昭忠祠。

公在軍主計廿餘年，手所出内數百千大萬，軍中將吏，愿黠新舊，交薄厚不同，言及公，無不服其清潔。雖嘗被公裁抑，皆斂退遜謝無怨。光緒初，直隸、山西大旱饑，振救之費傾天下。李公一委任公，芒粒無漏失。海防議起，李公規畫益遠，費益蕃，餉源益絀，劑盈虚挹注，軍用取給不匱乏，公之力爲多。公卒後，李公用公子惟彦嗣主軍計，檄曰「勿墜家聲」，其重公如此。

公好學，熟於《資治通鑑》。喜方書，治疾多效。配沈氏，封淑人，慈儉有禮，處豐約不變，後公一年卒。公曾祖策，江蘇蕭縣典史。祖楚寶，浙江典史。父鶴齡。祖、父皆以公貴，贈如其官。子惟喬，早卒；惟彦，貴州開州知州署黎平知府；惟庚、惟壬并縣學生；惟壬，蔭州判以知縣用；惟真、惟奎。孫九人。某年某月葬其所，越若干年，惟彦詒書徵銘。汝綸與公同客天津，相友善者也，最爲知公。銘曰：

昔公執友，曰劉張予。暇輒走語，語忘所趨。後散四乖，日朐往來。謂盛當復，而公先萎。張劉相次，盡於一紀。雖予憖遺，曩游邈矣。三子在世，有顯有晦，既出世間，誰與控揣？惟善有後，於天可必，有子翼飛，公其不㘾。

江安傅君墓表

往余從曾文正公客金陵，聞江安傅君好聚書，書多舊本精槧，遂與往還，得異書輒從君借校。是時江表新脱寇亂，書多散亡，人持書入市，量衡石求，售價輕賤如雞毛比，行者掉頭不顧。君職事冗，俸入薄少，獨節縮他用，有贏剩盡斥以買書，不少遴。以故藏書至富，入則窟處書中，出則所至以車若船載書自隨。於是金陵朋游中擁書多者，自莫徵君子偲外，衆輒推傅氏。

其後，余宦游畿甸，而君遠涉關隴從左文襄公軍，不相見者數年。及再見君天津，則君已老頹，書故在。方僦居斗室，室無内主，聚從子若諸孫五六學僮，蓬頭敝蹝，嘯歌諷詠其中，人書雜揉。時余至則相從考問章句，余故心異之，以謂天津囂市中無有也。未幾，則聞君嚮所聚五六學僮者連歲收科弟以去。又久之，則皆以文學有名公卿間。蓋今貴州學使翰林院編修曰增湑者，君冢孫；戊戌庶常曰增湘者，君弟三孫也。而君弟二孫增濬，從子世鈞，亦皆舉孝廉有聲。傅氏駸駸鼎貴矣。迴憶僦屋天津時蓬頭敝蹝若翁傍，豈知其後各騰達如此！

或曰：「君所聚書留貽子若孫，固宜有是。」或曰：「君之留貽鬱且厚，不專在書。」蓋傳所稱藏書家多矣，或及身而失者有焉。或一傳再傳，書益散亂，子孫持書入市價，十百不能一二者有焉。淩雜缺脱，半在半不在者有焉。或不幸遇火患盡於一炬，或兵燹毀棄又往往有焉。以余所聞見，聊城楊氏、濰徐氏、定州王氏、欒亭史氏，家多宋元舊刻，子孫有秩於朝，或取甲乙科第，亦云盛矣。其尤箸者武强賀氏，能盡讀家所藏書，以述作自表見，世號爲文章家。其在蜀則江安傅氏，其流亞云。夫藏書一也，或書放絶不守，或仍世有名位而功不在書，或盡發先世之藏，睎慕成名於後世，其子孫之自爲得且失不同如此，則謂其祖父留貽，闊狹縣絶，顧專在所聚書未必然也。

君爲人孝慈端愨，無文飾，好抍救人，與人語，唯恐傷之，見人有過不面折，積誠感之，使自悔，或遌侮欺，不校也。常縣小刃胸臆前，象「忍」字，用自警省。少好讀書擊劍，其友王祉蕃孝廉，曾文正公試蜀時所得士也，文正視師江南，馳書召王君，且曰：「鄉邑有賢士夫可與俱來。」王君則以君東，既至，與莫子偲徵君、涂朗軒制軍、黎蒓齋觀察、今蜀中周玉山方伯交善。已而左文襄公聞君賢，撰書辭備禮招君西。居久之，辭去，復東從合肥李相公於天津。自同治已來，曾、左、李三公狎主兵事，進退天下士，君於任事勇，不顧望避就，於名若利獨逡逡退讓，若有羞畏然，故三帥交辟更召，爭先得。而數十年不進一階，官終北河通判。古人有言「位不稱德者有後」，君殆其人已。斯乃君之所以留貽子若孫，而子孫所由鼎貴也歟！

周公爲津海關道時，請公自助，一夕卒，年六十四。君諱城，字勵生，祖鳳齡，父登奎，以君貴，贈如其官。子世榕，有父風。二子在翰林，不尊己居榮，方以知縣待闕保定，用吏能顯。世鋆殤。世銓、世鐸，候選州判。女二人，皆適士族。孫八人，曾孫五人。余客保定，與知縣君游，增濬、增湘又從余問學。君之卒也，歸葬於長寧之岩峰寺。既葬之十有三年，而知縣君徵文刻石，遂書君之留貽以有後者，具著其本末，俾後有考焉。

【輯評】

賀濤評：有謂此文傷繁者，先生以爲知言。然敘藏書事極酣恣，其豪情逸趣，自足動人。

誥封夫人張方伯夫人墓表

夫人桐城董氏。父舉人思陶，能詩，有《比竹集》行世，官定遠教諭，洪、楊之亂徇節死官下，屍不得，刻木寓象以葬。夫人年廿一嫁今江西布政使張公紹華，太保文和公五世孫也，逮事祖舅姑。張、董世姻，夫人於祖姑董太夫人，其屬則兄孫女也。伯姒董夫人，在母家亦群從姊弟。比歸，上下歡洽，舅姑交賀。咸豐三年，桐城陷賊，祖舅殉難，贈公父子隨喪在賊中，布政公夜縋城逃，繩絕，墜城外死人上，傷足，以手行，遇樵人，内笭箵中負入山，以免。

已而贈公亦脱歸。未幾，定遠赴至，家國禍釁，一門艱厄，生事擱窮，憂傷劬瘁。於時重親在堂，契闊供養，六親仰則，盡室歸仁。布政公奔走險艱，不分心内顧，夫人有力焉。江表亂定，布政公連取甲乙科弟，仕宦中外，自吏部郎改官道員，署大順廣兵備道，補通永兵備道，擢江西按察使，就遷布政使，家駸駸隆起矣。光緒廿二年二月，夫人方南發從公江西按察任所，不幸得疾，道卒天津，春秋六十有七，以某年月日歸葬某所。

夫人生長名家，來嬪舊門，擩染忠孝，明慎儀法，在難不悚，處豐不驕。布政公居室雍和，鉅細躬裁，夫人佐以簡肅。時人爲之語曰：「張氏諸子，慈父嚴母。」子二：誠，癸巳江南舉人，户部員外郎；承聲，分部郎中。冢孫家騮齒弱，有文。夫人性淑德豐，食報未終，劬躬餘祉，庶委在此。

【輯評】

《八家文鈔》：矜練中特著風趣。

李勤恪公墓銘 代

公合肥李氏，諱某字某。曾祖贈光禄大夫，諱某。祖贈光禄大夫，諱某。父贈光禄大夫，刑部郎中，諱某。刑部府君有子六人，公爲之長，以選拔貢生爲知縣湖南，至武昌見總督宫傅裕泰公，公奇之曰：「他日繼吾位業，必李令也。」歷署永定、益陽，益陽不至，以洪秀全圍長沙改署善化，守南門天心閣有功。曾文正公出治軍，檄公主餉餫。在軍積歲，遂自江西吉南贛寧道調廣東督糧道，就遷廣東按察使、布政使。是後爲巡撫者三：湖南、江蘇、浙江，而江蘇不至。爲總督者四：湖廣、四川、漕運、兩廣，而四川、漕運，至皆數月輒別徙。前後督湖廣最久，再署任，再實任。丁太夫人憂，去官家居六年，再起督漕，遂督粤。凡爲楚督十有二年，粤督七年。告歸，又五年，薨於里弟，享年七十有九。上聞震悼，予謚勤恪，子十一人，某某，官某某官，餘未仕。孫六人，曾孫三人。

往年，某視師中原，拜楚督之命，以公往署，兵事平，某歸鎮受代，公始撫浙。居二年，某被命征黔征陝，公又來署楚督。逮某量移直隸，遂以楚督授公。兄弟更代累年，太夫人不移武昌官所，蓋聖朝之優寵臣家至矣。時人便謂朝廷緣某簿立功伐，賚及元兄，此過論也。始某與公皆師事曾文正，而公從文正軍獨久，文正數稱公能，嘗疏上公績狀，而胡文忠薦公之疏亦至。文宗以胡所請特優，手詔批答曾疏謂「已可胡奏」。文忠欲得公自助，文正惜不予。江西牙釐、廣東榷餉，皆軍中重任，文正一倚辦公。是時朝廷求人，輒視文正所左右，公以此平進開府。其後膺疆寄久，習知民情僞、事可否利病，所至斂抑才智，投合經法，無近功顯名，而士夫虚憍浮囂之習盡屏不用。顧公一出以和，不甚爲時怨妒，其亦往往見詆者，則由某非才而久負重，有以牽累而中傷之也。在楚督時，忌者尋端齮齕，會以憂去，猶窮竟黨與，卒不得公絲髪咎，戾乃止。及在粤，遇日本構釁，傾資以濟海防。和議成，國論大譁，公亦乞骸骨歸矣。

方事之未定，公貽書戒某，約事已共告歸。某自念柄用久，當與國休戚，不敢歸難後人。故公歸徜徉山水數年，而某獨留不去。今公已殂謝，某亦頽老，適來粤繼公後，循覽前政，輒用慨然。諸子將葬公於合肥東鄉大劉村，以夫人某氏祔。弟某謹掇公官位治行志事本末，勒石幽隧，用告後千百載來者。

【輯評】賀濤評：局法、筆法一由心造，而動合自然，與道大適，老年化境也。

深州風土記敘録

昔韓退之不肯作史。區區用才於一州一縣，搜討故實，窮年恒歲，則豪傑有志之士慮，皆擯棄而不爲。深州自明以來，志乘少可因襲，州中故人曩以修志諉，既不獲讓，則爲之捃摭前載，網羅放失，庶幾辨章乎文獻，傳信乎一方。牽於官學人事之擾，婁作婁輟，迄於今兹，補葺於亂離之餘，乃克成書。凡卅九萬餘言，都廿二篇，篇大者析爲數卷，窮日力於此，良可惜已。顧吾文不足行遠焉，敢謬附於昔人。

周秦到今，地制不常，名號數更，域分不區，人文曷條。纂《疆域弟一》。

常山東迤，散爲鴻原，人河故瀆在焉，後沙唐滋，前阻漳濱，中有虖它，決徙爲患。纂《河渠弟二》。

河棄而去，民田其土，雜植果隋，强半潟鹵，取之有制，民用不擾，國朝定法，多襲明故。纂《賦役弟三》。

尊事素王，立學其傍，轡被聖文，開我顓蒙，學失道散，以愚長亂，廟祀雖嚴，序塾雖殷，自同獠蠻，異學之不如儒乎儒乎！纂《學校弟四》。

恒瀛東西，其地四戰。五胡繼唐，割裂畔换。有明家禍，陳夾虖它，後隸近郊，中竊之憂。大清隆平，偃革休兵。粤盜剽輕，殲我忠良。流寇再讙，墨守以完。維廿六載，畿甸亂起，乘輿蒙塵，顛覆四海。黔黎喁喁，司牧伊主，不慎召戎，慎退强虜。纂《兵事弟五》。

前世分職，後多變革，考録官簿，人亦附著。纂《歷代官制弟六》。

明及昭代，官吏差備，譜其年月，不知蓋闕。纂《明以來職官表弟七》。

吏賢能者，祀名宦祠，未祀而有績，孰軒輊之？并列名宦，爲後之規。纂《名宦弟八》。

著作之才，代不多有，漢晉諸崔，蔚爲選首。洎乎隋唐，孫、魏、李、張，并轡聯鑣，與崔抗行。明清作者，蓋不逮古，一卷之成，未忍割舍。有録無書，不可選數。先士精爽，儻式憑此。纂《藝文弟九》。

故城廢亭，津渡鎮堡。考古攸資，甄録示後。村墟宅墓，憑吊之處。魏齊寺觀，閲歲逾千，名勝遺留，有裨觀游。纂《古迹弟十》。

典籍散亡，證之碑刻。鄉曲時有，六朝舊迹，近代掌故，逾時而湮，佚在貞珉，或補方聞。纂《金石弟十一》。

安平之崔，古之箸姓，漢唐千載，系久愈盛。表其枝別，讀史者資焉。爰及庶氏，并逮時賢，開茲譜學，以餉州人。纂《人譜弟十二》。

州在前明，代有聞者，尚侍卿貳，後先踵武。我朝寖微，幽潛弗耀，百年顯宦，劉張暨趙。附著科第，盛衰有考。纂《薦紳表弟十三》。

榮顯於時，出入有立，考覽遺績，光於篇笈。纂《名臣弟十四》。

士有文采，川澤爲輝，百樸一秀，孤英在枝。斂英入實，乃荷道德。皓首一經，亦云有得。西學東來，始明季晚。雜揉造化，算數焉本。士不一流，州盡有之。纂《文學弟十五》。

燕趙慷慨，高上節俠，明季義死，僵屍鱗接。我皇威遠，臣力師武，爪士濯征，歸榮牖下，咸同再駭，毒我閭里。纂《武節弟十六》。

賢人位高，於民曠遼，吏於郡邑，惠虐立效，出宦迹箸，可祭於社。纂《吏迹弟十七》。

考爲天經，中庸鮮能，秉彝之好，鄉縣孰稱，推仁滂逮，任邺是宏。纂《孝義弟十八》。

詩畫一藝耳。成名則艱，寓公聲高，勝迹斯留。纂《流寓弟十九》。

門内治失，婦不染學，天挺清淑，乃鍾賢孝，緣夫及子，垂聲在史，貞信之節，皭若霜雪，身輕義重，激爲英烈。纂《列女弟廿》。

川原莽蒼，怪麗非寶，磅礴鬱結，泄爲殷阜，物土之宜，爰居爰有。纂《物産弟廿一》。

維深州既升爲直隸，三縣來屬，與州而四。自漢元到今，餘二千歲，遺聞故事，散在諸史傳記，文物富，聲明備，厥有佚墜，間見於金石文字，既綴輯而條次之矣，獨有書無圖，覽者病諸。異時，天算宗工海寧李公薦其弟子方柏氏態，私聘不可，白之疆帥，移書同文，以使事來爲州測繪，刻以再期，主人憒眊，三月而罷，後遂莫能圖。惜哉，惜哉！謹譜明以來州縣修志諸君姓名年世，考其終始，因論列今所纂目次，爲《深州風土記·叙録弟廿二》。

【輯評】

《八家文鈔》：公此等文，自馬、揚外，無能爲之者。

馬佳公夢蓮詩存序 寶琳

馬佳公定州之治，今湖廣總督張公在翰林時既爲之碑，公子理藩尚書紹祺，副都統、駐藏大臣紹誠，又寫定公遺詩藏傳之爲世業。今年余居都下，尚書一季户部郎紹彝、兵部郎紹英奉公詩謁序於是。

都統公有子世善方奉命出守衢州，而是時京師久淪陷，天子蒙塵，畿内州縣多蹂於兵，求如馬佳公之吏績，邈不可復得，以是益重公遺文。公故不欲以詩人自居，題其集曰《詩存》，謂因詩存事。始公考禮部尚書勤直公立朝有風采，傳詩法於仁和金雨叔修撰甡，亦名其集曰《詩存》。公治行文術，多本之家學，其詩不爲浮靡麗艷，讀之懍懍乎孝忠人也。藴積厚則傳嬗也遠，宜公後之多賢哉！

國家以八旗禁旅取天下，遼瀋故家，世食舊德，寅亮登翼，代興更盛，漢諸臣不能及。唯天子亦嘉與旗人樸忠，數數以漸染漢官文弱習俗爲戒。自開國逮乾嘉，武功熚赫，盡出八旗。雖時時用儒業起，顧弟不專重。咸豐用兵，將卒始多漢人。是後滿蒙勛舊，流風遺澤，稍陵夷矣。及今兹之亂，談者至歸咎近臣無學。惜哉！惜哉！讀馬佳公遺詩，上溯勤直公家法，退考公子若孫名業之著白百年，世守蟬嫣不替乃如此。因益慨想國家隆平時世臣貴戚流衍之蕃且久，文武隨用，中外有立，是用暨聲教、振威稜有餘思焉。嗚乎！盛已夫！

【輯評】

賀濤評：離合禽縱，純以神行。

誥授武顯將軍總兵銜京城左營游擊王公墓碑

公諱燮，字襄臣，順天寧河縣人。曾祖剛節公錫朋，安徽壽春鎮總兵，道光廿一年死定海之難，卹廕騎都尉兼一雲騎尉。傳襲至公，又以難死。剛節公殉難，歲在辛丑；今公遇難，歲在庚子十日。十二子相配，六十年而復，公家仍世再死國變，若天數云。祖承泗，山西代州知州。父楫，蚤卒，卒時公年十一，兩弟皆嬰稚，母華太夫人勵節鞠三子，督使學。公學古爲詩歌文辭，年廿，補縣學生，屢以古學冠順天。廿五屬應試士，以貧故用襲職出身，而教其兩弟皆成進士。以久次補京城右營都司，管永定汛事。張勤果公曜一見奇之，勤果巡撫山東，將奏公自助，辭以母老不往。以勞遷左營游擊，加二品銜，以巡漕有績加總兵銜。倉場侍郎論薦公有文武才，引見，以參將升用。庚子，畿輔亂，遇難死。死後廿有四日，京師陷，兩宫出守。久之大臣以公死事上聞，照參將例賜卹。

公巡漕盡祛積弊，隱民既畏惡之。游擊宅在東便門外，通惠河南，始亂，亂民坼近畿鐵軌、斷電綫，以爲盡外國物也。公出，立馬郊原對衆言：「此皇家物，有敢截電綫一寸者，死！」軍民圜聽悚息。自是他電竿盡圮，獨東便一綫巋然存無恙。其後，亂民益横恣，紅帕首、手刀，連臂過市，大群千人，小群數百人，脅戕旗漢官，所至焚殺，屍交横衢巷。五月廿五日公馳馬渡河出巡漕，亂民抽刃圜擁公數帀，鼓噪讙譁，揮刀亂斫，俄頃間遂醢公。已，復舉公骸骨焚焉。家人從灰土中拾餘骨，歸葬某所先人兆次。

始，武强賀刑部濤居京師，以治古文名，學文者爭歸刑部，刑部數貽余書，稱公文也。後余至京師，公以所箸文見示，多可喜，嘗藏其文一首行縢中。與之語時事，多與人意合。已别，不復見。見公他兄弟多奇氣，恐其難免於亂世，謂公故坦夷，當幸全，及亂作而公竟慘死！公之祛漕弊，弊者故皆不便，要其禍不至若是酷，是類有連累而嫉害之者假手於亂民，以快其私憤，而其意殆不在公也，悲夫！

今兹余來京師，公少弟吏部君焯字某，爲余言：公遇難，所箸文盡失，但詩三卷在瓦礫間，余因以所藏文一首歸之。嗟乎！兄弟之累之痛於心也，甚矣哉！公妻某氏，子某。吏部請銘，余不可以辭，爲銘。銘曰：

唯愚藴亂智禍丁。公卿横死雞鶩輕，與及天枉夫奚驚！同根共本相虧成，飛幸綱脱伏羅嬰。丘淵夷實理亦常，獨從右職以文鳴。與骨灰燼邈盡亡，誰與憐者嚶友聲！

【輯評】

賀濤評「與之語時事，多與人意合」云：朝鮮之役，公獨是合肥；越南之役，則不以彭、左爲是。所謂「多與人意合者」，殆指此類。

祭李文忠公文

男闓生謹案：元稿輯韵下有「欲取彼長，使失所挾」八字，定本無。

嗚乎我公，國之蔡蓍。老謀長算，勤往謗歸。卒安天下，名故不隳。上海誓師，死地背水。賊籠全吴，王土無咫。望公旌旗，風靡氣死。乃疆乃理，南東漸海。分功金陵，牢讓不有。再清中原，卒事徒駭。群公環師，勞孰與齒。洗兵解甲，於京告功。出鎮荆楚，有事梁雍。偏陬么麿，褻我全鋒。詔衛郊畿，兼控海邦。於時天下，交口譽頌。大地五洲，强國麻立。挾其長技，款關競入。公一懷柔，談笑和輯。上自宫壼，親賢樞密。此韵依東坡。倚公扞城，棱威四讋。公功所積，謗亦叢集。衆聾獨昭，毁異安習。附者妒能，汙者横擊。期欲敗公，而國岌岌。開怨近鄰，敗若朽拉。出疆議和，遇刺及睫。生歸困讒，威脱權劫。銜命遠聘，環歷地圜。名王大豪，過禮益虔。下逮走卒，僮兒婦人。一見矜寵，闐道笑歡。國威新挫，由公而尊。歸復傷讒，功不得論。命聽外政，通蔽柔驕。又以謗退，不近愈疏。廣州之行，我聞有命。維匡彌縫，不隕國問。禍變卒發，鑾輅蒙塵。有詔敕公，「旋乾轉坤」。四字，詔語。勇入九軍，定盟珠槃。還我天下，再厝之安。在咸同世，中興四佐。曾公稱首，次胡次左。公師曾公，與爲唱和。聳身山立，視世少可。曾公即世，鉅艱獨荷。强力忍詢，旁無助我。鄙儒小拘，持冰入火。有舌燒城，用忌藴禍。閎毅之謀，敗於叢脞。幾如是爲，而國不挫。蓋公外交，厥有專美。五洲推高，屈一二指。維昔三賢，治兵方内。及若交鄰，皆所未逮。公功與并，益以馭外。遠撫長駕，翳獨公最。彼昏不寤，撓成使敗。已敗縮手，救乃公恃。今之媾和，存亡攸繫。沮事之議，尚兹紛起。一任譽毁，爰竣爰濟。謚公曰「忠」，公論斯在。我承凶問，戒車在行。一市竊語，交走相驚。曰：「吾且死，賴公有生。公今已矣，誰與嗣公！」不佞在門，或仕或止，迹疏意親，謂公知己。彌天一棺，傷曷云已！粗述碩休，用侑歆祀。尚饗！

【輯評】

賀濤評：李公薨，斯文先出，而李公之生平亦以斯文而定。先生撰左公碑，注意其得名。此文論李，又注意其得謗。知左之得名，即知李之得謗；知李之得謗，即知左之得名。讀此兩文國論亦定。

《八家文鈔》：嶽峙淵泓，俯視一切。

丁維屏編修所輯萬國地理序

丁君譯此書，文甚簡直明贍，於學術研習爲善本，使初學之士粗知國於五洲者若是之多，亦稍戢其虛憍之見，而於天演家所謂「物競」、「天擇」二義，或者其有惕於中，是亦進化之一助也。盛衰存亡，何常之有！綜數十年百年觀之，往往有小弱易而强大者。今之列强，其鋒殆不可犯，數十百年之後，又安知今之僅僅自立者，不起而與目前所謂强國更盛代興，而莫測荆凡之孰存亡也？獨并世者不及待耳，嗚乎！

【校】題〔丁維屏〕「屏」誤，當作「魯」。

【輯評】《八家文鈔》：奇情遠想，憤慨而出。今未三十年，而如俄如德，當時强大之國，轉瞬皆已破壞。讀先生此文，可謂有前識矣。

原富序

嚴子既譯斯密氏所箸計學書，名之曰《原富》，俾汝綸序之。斯密氏是書歐美傳習已久，吾國未之前聞。嚴子之譯，不可以已也。

蓋國無時而不需財，而危敗之後爲尤急。國之庶政，非財不立，國不可一日而無政，則財不可一日不周於用，故曰國無時而不需財。及至危敗，財必大耗，欲振厲圖存，雖財已耗，愈不能不用，故曰危敗之後尤急。中國士大夫以言利爲諱，又忕習於重農抑商之舊説，於是生財之塗常隘，用財之數常多，而財之出於天地之間，往往遺棄而不理。吾棄財不理，則人之睨其傍者勢必攘臂而并爭，於是財非其財。吾棄財不理，而不給於用，則仍取給於隘生之塗，塗益隘而取益盡，於是上下交瘁而國非其國。財非其財，國非其國，則危敗之形立見。危敗之形見而不思變計，則相與束手熟視而無如何。思變矣，而不得所以變之之方，雖終日搶攘徬徨，交走駭愕，而卒無分毫之益。

中國自周漢到今，傳所稱理財之方，其高者則節用而已耳，下乃奪民財以益國用已耳。奪民財以益國用，前所謂取給於隘生之塗是矣，此自殆之術也。節用之説，施之安寧之世，能使百政廢缺不舉，而財聚留於不用之地。施之危敗之後，則節無可節，廢缺者不舉而亦無可聚留，循是不變，是坐困也。所謂變之之方者何也？取財之出於天地之間者，條而理之，使不遺棄而已矣。取財之出於天地之間者條理之使不遺棄，非必奇財傑智而後能也。然而不痛改諱言利之習，不破除重農抑商之故見，則財且遺棄於不知，夫安得而就理！是何也？以利爲諱，則無理財之學。重農抑商，則財之可理者少。夫商者，財之所以通也，農者，生財之一塗也。閉財之多塗，而使出於一，所謂隘也。其勢常處於不足，尚何通之可言！古之生財之塗博矣，博而不通則壅，故商興焉。禹之始治水也，既與益、稷予衆庶稻及他根食矣，又調有餘補不足，懋遷化居以通之，是商與農并興驗也。專農一塗，故不需商。

禹於九州田賦既等而次之，至其貢篚，則皆所鮮所多相通易之物。凡畋之所獵，漁之所獲，虞之所出，工之所作，丱人之所職，舉財之出於天地之間者，無不財取爲用，夫是故勸商。其每州之終，必紀諸水田輸，則皆商旅所以通之路也。是安有重農抑商之謬論乎？禹之理天下之財至纖悉，不專農如此，而丱利尤遠。蓋荆揚之金三品，至周而猶盛，故《詩》曰「大賂南金」。及漢武而後，乃稍衰歇。史公有言「豫章黄金，取之不足更費」，其證也。然上溯神禹時已二千年矣，禹之興丱利如此，又勤勤通九州田輸之水道如此，使神禹生今時，其從事於今之路礦，可意決也，况乃處危敗之後！則若周宣之考牧，衛文之通商惠工「騋牝三千」，蓋皆奉神禹爲師法，而可以利爲後而諱言之乎？

今國家方修新政，而苦財賂衰耗。説者謂五洲萬國我爲最富，是貧非吾患也。而嚴子之書適成於是時，此斯密氏言利書也，顧時若不滿於商，要非吾國抑商之説，故表而辨明之。世之君子，儻有取於西國計學家之言乎？則斯密氏之説具在。儻有取於中國之舊聞乎？則下走所陳，尚幾通人財幸焉。

【輯評】賀濤評「古之生財之途博矣」句：其説甚精，與牽引古義以比附西事者不同，然終非自造境界，蓋非先生文之至者。

《八家文鈔》：識議閎偉，巋然經世之言。

黄淑人墓銘

淑人諱學儀，字令媖，安化黄氏寧夏知府自元之弟之子，寧夏以爲己子。嫁爲今刑部員外郎湘鄉曾君廣鎔之妻，前兵部郎中諱紀鴻之介婦，而太傅文正公之孫婦也。太傅貴兼將相，而教其家如布衣，配歐陽侯夫人，以清德名江介最箸顯。汝綸少從事太傅幕府，習其家，聞兵部之配郭夫人續有壼彝，能承舅姑志。其後久之與曾氏曠絶。光緒二年，偕兵部同客故李相公所數月，顧不及問家事。今又廿六年，來京師見刑部君，聞其新失偶。已而刑部以淑人事狀來，受讀之，歎太傅家法至今未墜也。

淑人通《毛詩》、《小戴記》、《爾雅》、《文選》，能書畫，有詩集三卷。其事姑若夫翼翼然，持家政井井然，遇内外宗卑尊戚疏雍雍然。光緒庚子正月廿七日，以疾卒於京師，年若干。生男女各一人。男曰保能，生八年，有宿慧，淑人卒後五日亦殤。喪歸湖南，寧夏公爲卜葬地，與舅兵部墓域相望也。刑部君既喪良嬪，又失良子，慟之逾時不能弭。乃乞文於汝綸。

汝綸間獨以謂近五十年大清祚命，皆太傅公所輓而全，今太傅遺澤在天下者寖衰歇，獨其家風教累數傳尚遺存不休，是可喜也。《傳》曰「人亡政息」，又曰「君子之澤五世而斬」，蓋得其人繼守之，未可以世數限。不得其人，則亡而息不留也。若淑人者，其於太傅家法，非所謂得其人者耶？惜乎其蚤死也。今太傅客在者獨汝綸一人，刑部之請，宜不得辭，乃爲銘曰：

維古治本基刑家，晚乃高閥失婦模。陰教東漸悉荒遐，婉婉邦媛世豈多？毓德盛族嬪名夫，聖相三世綿前謨。施移嘉種光厥閭，中道抎折吁謂何！

【輯評】

《八家文鈔》：後幅慨深而神遠。

劉笠生詩序

吾縣自劉才父學博、姚姬傳郎中以詩學軌則傳後進，是後學詩者滋益，多客游四方，往往持詩卷贈人。天津徐菊人編修，外家桐城劉氏，嘗輯其外祖笠生先生遺詩六卷示汝綸，卷中唱和往還，如曾賓谷、吴山尊、侯青甫、湯雨生，皆海内名宿，而同縣詩人尤多。汝綸自少宦游，於邑里文獻不能多識，卷中諸老，不盡知其行義年，獨劉孟涂開、吴鐵蓮恩洋、方四鐵諸、吴春麓賡校、徐樗亭墩、葉伯華琚六七公，習聞其賢。而許農生丙椿、吴卓仁廷康皆大年，同治中尚健在。農生與先徵君游甚久，汝綸通籍，卓仁自浙中寄法書見賀，此年輩相及者。諸公各有遺集，今自孟涂集外，他皆不大傳。孟涂嘗受詩法於姚郎中者也，文學承傳，其淵源所自，顧不重與。菊人將刻先生詩，俾汝綸爲序。先生詩出，愛而讀者必多，無俟鄉縣後生之私譽。觀先生所與游，足以知其學矣。桐城多名山水，先生詩數數稱大龍，大龍尚非奇絶處。菊人念外家，他日過桐城，遍游龍眠、浮渡間，窮覽幽勝，登高而賦詩，其賞會且益瑰怪。汝綸幸倦游不死，岩壑之美好，尚當與菊人共樂之。

【輯評】

《八家文鈔》：後半奇逸妙遠不測。

吴闓生評：後半以山水喻文學，以大龍喻先生詩，委宛深微，用意使人不覺，文章奇妙處也。

謝衛樓所箸富國策序

千金之家，一朝中分，其入之半以償逋負，其平居被服飲食器用之費，嫁子娶婦、召賓上壽、喪紀葬薶之具，吊死問疾任卹之事，娭游玩好之需，自若其故，曾不少減削以佐其急。其償債所餘之半入，不一條理秩次使當其用，又不別治生産以增所本，無此，不惟家之子弟熟慮饑寒之立至而爭求自賑也，即鄰之人亦且深矉太息其傍，思欲進其少有以相資濟矣。美之儒有謝衛樓君者，吾國之一鄰人也。當吾外交紛紜，大增歲幣時，箸《富國策》四卷，而索余文爲序。謝君，謝君！子非將進所少有以資濟吾者乎？噫嘻乎！鄰之人亦既深矉太息其傍矣，家之主計者其如何？

【輯評】

《八家文鈔》：此文針切晚清時事而發，詞旨警悚異常。

吴闓生評：時大亂之後，太后方舉萬壽慶典，而中外百僚争求供獻珍琦，以希媚寵。故文中特著「召賓上壽」、「娭游玩妁」云云以見意。

周易象義辨正序

日本老儒曰根本通明者，聞余始至，使其徒奉手書及所箸《周易象義辨正》二册來見，副以日本刀。刀，國人入道正宗所鑄，八百年前物也。其書以余來爲喜，且曰：「周孔之

《易》，其傳在我邦矣。」余讀其《易説》，蓋箸述未竟卷，聞余來而亟相示。其大恉據《説卦》所列象爲説，其自喜者謂《説卦》「震爲龍」爲《乾》繇「六龍」發也。震爲長子主器，乾下乾上是太子世世繼位爲君，皇統一系之義，其稱《易》之「傳在我邦」者以此。

東士或非之曰：羲文作《易》，安能知千百載後有我邦之皇統一系而豫言之乎？

汝綸曰：不然。説經貴自適己意而已。昔柳子厚釋「乘桴」、説堯舜禪讓，其言皆絶異，然謂子厚不知經，故不可也。《易》之義至閎遠矣，惟讀焉者之所自取，故曰「仁者見之謂之仁，智者見之謂之智」。今日本之儒，用日本事迹爲説，此自於其所親見有取焉爾，又何等不可者？凡後世事迹前古所未見者，《易》之書皆若賅有之，患論世者謂《易》文於事無徵而棄置不講耳。國國援《易》以自證，而《易》之行遠矣。何者？《易》之書，天下之公書，非一國所得而私焉者也。且如歐美諸國，今皆稱爲文明，「文明」云者，《易》家言也。浸假歐美學者并能讀《易》，謂《易》所稱文明爲歐美發也，吾羲文之《易》不又遠行於歐美矣乎？然則日本儒家以日本事實明《易》，又有《説卦》所列象爲之證明，其言殆不爲過。

抑余有疑焉。余於古今説《易》家最服歐陽公，而根本氏顧不喜歐，謂爲「陋儒」矣。至論湯武革命，則頗同歐公，豈歐公之説故有不可盡棄者歟？抑《易》之爲説又非一人所得而私焉者歟？若乃筮法「四營」「十八變」等文，於《易》無關要義，根本氏既不取《易》爲卜筮之説，則此等可無置辨。昔之經生有入室操戈者，吾讀根本氏《易説》，竟持玩其所贈刀，悠然有會於《易傳》斷金之恉，繼今以往，吾且摩厲以須也乎！

【輯評】

賀濤評：語近詼諧，而義則通澈，文筆之譎詭，殆不可方物。

《八家文鈔》：持論閎通，必如是乃可以言《易》。

跋蔣湘帆尺牘

余過長崎，知事荒川君一見如故交。荒川有舊藏中國人蔣湘帆尺牘一册視余，屬爲題記。湘帆名衡，自署拙老人，在吾國未甚知名，而書甚工，竟流傳海外，爲識者所藏弆，似有天幸者。鄉曲儒生老死翰墨，名不出閭巷者，何可勝道？其事至可悲而爲者不止，前後相望不絶也。一藝之成，彼皆有以自得，不能執市人而共喻之，傳不傳豈足道哉！得其遺迹者，雖曠世殊域，皆流連慨慕不能已，亦氣類之相感者然也。觀西士之藝術，爭新炫異，日襮之五都之市以論定良窳，又别一風教矣。

金子濟民周易本義啓蒙纂要序

濟民，字伯成，已故，其徒三輪田編輯

朱子之《易》，獨行中國者五百餘年。當明世，歸熙甫氏始疑《易圖》，及我朝王而農、胡朏明、李剛主諸君，爲説益厲。顧朱子本不以圖説經，辨而去之，於朱學無損也。是後名儒猋起，競欲祧藏本義，據陸德明、李鼎祚所收録搜討虞、鄭、荀九家殘文佚象，號爲微學，學《易》者炫焉。自太史公父子以「紹明世，正《易傳》」相付受，後無繼述。兩漢言《易》家大氐以小數異術附會《易》文，不能究知作《易》閎恉，各據所傳習爲説。近世儒流，乃舍本經而高信之。其爲説支離僻晦，未有能逮《易本義》之潔約者，而後生末學，靡然共趨，群棄朱氏《易》若敝蹻焉。不其惑與！

余來日本，見説《易》者數家，多自立新義，最後岩村成充持其父之師金子濟民氏所箸《易本義纂要》十二卷、《啓蒙纂要》四卷示余，且屬爲序。余受讀之，其采集宋元以來諸家説率與朱氏相發，亦間取惠定宇、王伯申之言以自廣，又時傅己意與爲證明，信乎其能守朱氏專家之學者也。余惜朱《易》之久顯而遽晦，而海外儒家乃信守而闡揚之，若是其專且慤也，乃不辭而序之。

矢津昌永世界地理序

矢津君去年游吾國，出所箸《世界地理》書贈余，余倩學徒曉東文者譯之，久而未出。今來日本，則矢津君已諈諉兒子啓孫譯竟，而屬余爲序。西學日新，後出者勝。矢津君地理學名家，所箸書甚多，此編其後出者也。

蓋今世界能分土立名字者，六十有一國，矢津君皆能言其地域、風俗、物産，若國强弱。大率强者進取，弱者無如何；强者雖小必興，弱者雖大必削；强者長駕遠撫，弱者捧土地權利以贈送人。其尤寃苦，則弱國不自保，强者遥領之，謂之「領土」。偉哉！飛列濱、特蘭斯窪爾，彈丸地耳，不甘爲人領，奮起以犯强大國之鋒，雖勢不敵，要盡國雄也。特人喋血三載，竭强國智力所極，僅乃伏從之。嗚乎！烈哉！惜其起撮土不足自副其志，使特之君長若將率得席可爲之勢，有所憑藉，其所就可量也哉！印度、埃及故大國，後皆爲他國領土，摇手轉足不得，悲夫！悲夫！當其勢之未變，彼固安坐拱默，自謂無患也，夫庸知刀俎之日伺其側乎！然使其時得如特之君相者持之，吾又知其必有異也。强弱之勢，夫豈不以人乎哉？痛乎！悲夫！壬寅秋七月。

【輯評】

《八家文鈔》：沈鬱頓挫之文。

高橋白山詠經子史絶句千首跋

吾國近日欲令學徒研究西學，而甚苦吾國書過多，不能盡讀，將求綜核群書，提要拔萃，以省學徒日力，顧未能即得。吾來日本，高橋作衛君持其尊人白山翁所箸經子史絶句千首見示，每一書輒爲一絶句，平議精審，究極歸趣，使讀者未見其書皆能得其書梗概，可謂能廣搜約取，爲吾國學校所必需之作也。

夫書之用博矣！論者苦吾書多，今歐美各國圖書館所聚書多於吾國且數倍，視讀焉者能得要領否耳，盡取群書而節約之，陋矣！高橋翁博覽載籍，能文章，其言簡而盡，樸而不俚，斯難能也。余觀太史公叙述周秦諸子，輒能挈持綱要，隱括大歸。後世晁公武、陳振孫之徒，則持議不能無失。今高橋翁以韵語約之，豈非難之又難者哉！

作衛將重刻此書，俾余爲之跋尾。

岸田吟香萬國輿圖誌略序

岸田先生四十年前已涉海游吾國，及明治革新，則久居吾上海，創立《新報》，與吾士之名者交游。上海之有東報，其迹自先生發之。今年七十餘，尚摩印中國輿地圖。吾國留學生遍考日本所印中國輿圖，謂岸田圖本最善。今又爲《萬國輿圖附綴誌略》，譯爲華文，將以專行吾國。日本士夫僉言吾兩國相脣齒，若先生之用意，其愛助吾國何其至也！近日吾游地質局，局長官示余以日本礦山所得象齒變質石，爲言：象，熱帶所産，隔海不能來，蓋數萬年前，中國至日本未有海也。今測海在日本東者其深二萬餘尺，其西至中國才及百尺，此爲西海後成之證。又以植物考之，東海中所産草種類多，西乃草種少，亦一證也。由是言之，則吾與日本故一國，豈特脣齒之喻已乎？然則如先生之愛助吾國，豈過舉也乎？

高田忠周古籀篇序

中國古文字，今書完具可讀者獨《説文》。《説文》九千餘字，蓋略準漢尉律課學僮字數爲書，非謂都天下所有字盡於九千而已也。《凡將》、《訓纂》既久佚亡，許君一先生之言，殆亦不能無少違失，又閱時綿曠，傳寫時有譌奪。今拘學者奉許書如律令，字不見許書輒不敢行用，至劉字漢氏國姓，亦以今《説文》無有，意改爲「鐂」，不其惑歟！

日本高田忠周君示余所撰小學書，自三代彝鼎銘識，秦漢刻石、摹印、權量、瓦當、錢文，六朝、隋、唐篆隸碑額，一形之異，必摹寫甄録，於《説文》所列字外，凡得二萬八千餘字，除復字，得三千二百餘字。又往往糾正叔重謬誤，皆精研創獲，未嘗前有。凡爲書卅有二卷，故名《古籀篇》。余爲易之曰《文史甄微篇》，取許氏自叙所謂「廣業甄微」者贈也。其隸楷異者，續别爲篇。班孟堅稱古者書必同文。日本故自有國書，與中國文字别行一國，書文本不同。近今大學校率用歐洲英、德、法諸國文字教肄，其通中國文者蓋寡。其國民所謂普通學，僅用中國字一千三百文，謂已足用。論者方議更減，以便學僮。舉國宗尚歐文，其視吾國文，直如芻狗比。高田君獨爲之於舉國不爲之日，可不謂豪傑特立，不因循之君子矣乎！

夫博物格致機械之學，誠不能不取資於歐美，及若文字之學，則中國故特勝，萬國莫有能逮及者。後之君子有如高田君其人，當文化大同之日，必能折中而别白之，獨今之世，此論未渠定耳。抑所貴乎中國文字者，非徒能習知其字形而已，綴字爲文，而氣行乎其間，寄聲音神彩於文外，雖古之聖賢豪傑去吾世甚邈遠矣，一涉其書，而其人精神意氣若儼立在吾目中，况其宣揚王廷號令、治察之行於當時者哉！此殆非以語言爲文字者所可一旦暮而共喻之者已。文字盛衰，與國勢遠邇，世之變不可前知，未宜執塗之人而强與語。韓退之有言「凡爲文章，宜略識字」。世有治文術者，得高田君之書而研習之，庶幾其有益於多識也乎？高田君又有《説文注疏》、《字學淵海》二書，皆浩博，能成一家言。

【輯評】

《八家文鈔》：閎識偉議，得未曾有。

日本學制大綱序

余來日本，問教育家名稱最顯白者，衆詘信一二指必及伊澤修二君。其後數數相過從論教育，每多忠益。久之，伊澤君出所箸《日本學制大綱》見示，辭約而事核，全國學校若持籌而指數也，使吾國人得伊澤君是書，足不涉日域，可坐窺此邦學制之盛美，亦一快已。日本學校屢改而益進，其制盡取之歐美，近則取德國者獨多。興學才卅年，而國勢人才已駸駸與歐美埒。問其所由，則上下一心，殫力持久不退轉而已。其所以上下一心殫力持久不退轉者，蓋誠見西力東漸，不改用西人公學而死守吾窳敗舊法，則國必亡。亡國不可爲也，與爲亡國人奴虜僇辱、偷食息人間，不能共勊者比肩横肱坐立，則雖舊法完且好，吾猶將革變更新之，以救吾全國人類，使得與世界他强國相等夷，不俯屈也。而况其法之竄敗不可復用也哉！此日本取歐美新法立學之本意也。今學制大備，歐美人多艷稱之。其教育之增進國光榮非淺鮮已。伊澤君俾余序其書，爲具述其事效如此。

【輯評】

《八家文鈔》：筆力横健特甚，具見救世苦心。

冬至祠堂祝文

年月日，孝孫汝綸謹率宗長老子弟，敢用羊一豕一，昭告於始祖太一公暨歷代列祖之靈。汝綸出游廿有四年，兄弟皆已物故，今乃獨歸，恭逢冬至，敬薦祀事，伏望神靈眷顧，歆享陟降，格思在庭。子孫率貧困椎魯，仰維祖宗默佑，俾多生穎秀，能學有聞，永光此門楣。汝綸雖衰且老，幸後生能托神貺，克自樹立，儻庶幾猶及見之。尚饗！

【輯評】

《八家文鈔》：三篇高格皆在西漢以上。

顯揚祠祝文

孝孫某等，謹昭告於榮膺封贈列祖之靈。頃年以祭田入薄，祀事有闕。今因孝孫汝綸遠游新歸，乃大合族姓子孫，敬薦冬至時享。伏望神靈嘉與，歆此飲食，使世世子孫能用學行起家，出爲時用，我列祖亦永有寵光。尚饗！

節孝祠祝文

孝孫某等，謹昭告於歷代貞節顯祖妣之靈。士不敦名節久矣，閨門清淑，以節操自勵者，尚時時有之，是宗族之光曜也。今逢冬至令節，又值孝孫汝綸久游乍歸，大合族姓，薦兹祀事。伏望神靈來格來饗，更分此貞介清潔顧義不避死之氣，遺餉我後人，俾吾吴氏子孫，爲士者皆以名節相矜尚，浸成一姓風俗，無貽祖妣羞。尚饗！

武强賀偉堂先生八十有三壽序

昔太史公稱「天下言治生祖白圭」，白圭能「試有所長」。而白圭自言其術，則謂「猶伊尹、呂尚之謀，孫吳用兵，商鞅行法」。夫治生一小道，而圭推大之至如此，此何也？士苟有一長，足自立於時而成名於後世，則其中必有所獨得，而其行必各有孤詣，無大小一也。白圭之自擬伊、呂，殆非過言。

自董生立論，以「皇皇求財利」非卿大夫所有事，寖及晉代，賢雋遂至口不言錢，而傾身障簏，至取嗤鄙於世論。自是以來，命爲文儒，例以窮餓爲己職業。而元儒許魯齋「治生爲急」一言，學者至今用爲詬病。吾國持高論如此。及近世歐美之説盛興，則彼諸國朝野上下相與究通理財之學，學校教育無不以此爲兢兢，人以是富，國以是强。而世之拘學，顧猶以絕域不聞聖籍擯之，夫庸知其事之適符吾《大學》「平天下」之本計矣乎！

吾客北方久，習聞武强賀偉堂先生之風，以爲古之白圭者徒也。先生文儒也，自未冠已爲縣學生，及尊甫官大名教授，即以家人生産授先生。先生治生，一祖白圭，家以此起富。人謂先生薄衣食，忍耆欲，世所難能。至其權變決斷，仁能取予，强能有守，則時人不能盡識。其獨得而孤詣者，與謀國用兵行法，故異事而同趨者也。方今國用奇絀，財政失理，儻得如先生者爲之持籌而主計焉，財賂之贍給，可日月冀也。先生既篤老，而在廷百執求如先生其人，迄不可一得，惜哉！惜哉！

先生今年八十有三，余適南歸故里，先生子嘉栩走書數千里求言於余。余嘗以謂古者冠子爲禮，今則召客爲父母上壽，此今禮之賢於古者。嘉栩故從余游，今不遠數千里遣使奉書，求一言以壽其親，不可不答其意。又先生治生之學，足以應國家之須，而爲方外所交重，不可無以垂示來兹。余欲嘿，烏得而嘿也！

姚慕庭墓誌銘

君諱某，字慕庭，桐城姚氏。父某，有大名，宣宗朝官，終湖南按察使。按察公受學於從祖郎中君鼐，郎中受學於伯父編修君範。編修於按察爲曾祖，君其玄孫也。自編修至按察，姚氏世爲文章家。按察公卒湖南軍中，是時粤盜洪秀全俶擾東南，天下大亂，君奉母夫人流徙閩嶠。已而溷迹丞倅，求微禄養母。曾文正公帥江南，收召名家子孫教育之。君自江西以公事見文正，因獻所爲詩，文正留之，令就學獨山莫子偲友芝。子偲篤學能詩，文正故人也。君既師事子偲，其於詩獨有天得。其詩冲澹要眇，風韵邈遠，善言景物以寄托興趣，能兼取古人之長，自成其體。生平爲之至勤，不治他業，其視世貧富顯晦通塞，泊如也。以母老求禄仕，爲江西湖口知縣，調安福知縣，數年，安福人愛之。一日奉母棄官歸桐城，卜居挂車山下。汝綸聞其槖金少，私謂所親曰：「姚君殆將復出乎！」歸十三年，卒以貧不能供養，再出補安福，於是母夫人以天年終，憂服既闋，君亦垂垂老矣，猶以貧出謁，選得湖北竹山縣。大府廉其治狀，調南漳，既一年，復還竹山。君本無意仕宦，其始出以禄養老，而再出徒以貧困故，非其好也。在官時時思歸，既其中不自得，則一發之於詩。其詩皆抒寫性情，一無希望怨懟，其澹泊静定，蓋本天性然也。未幾，投劾去官，未歸而以疾卒，光緒廿六年二月廿九日也，得年六十有八。娶光氏，直隸布政使聰諧女，先君卒。子五人，永楷，縣學生，亦先君卒。永樸、永概，皆舉人，有名。君初任竹山，謁大府張孝達尚書，迎謂曰：「君名父之子，名子之父也。」側室生永保、永槮，皆幼。兩女婿同縣馬其昶、通州范當世，皆有文章名。孫四人，以光緒廿八年十二月某日葬桐城栲栳山下。

桐城自方侍郎苞以義理文章爲學，流風漸被，文無工拙，制行一準宋賢，君其選也。方侍郎顧不爲詩，至姚郎中乃以詩法教人。其徒方植之東樹，益推演姚氏緒論。自是桐城學詩者一以姚氏爲歸，視世所稱詩家若斷潢野潦，不足當正流也。大亂以後，業此者希，耳目所接，唯君一人，君没而桐城詩學幾乎熄也。夫豈一鄉縣之不幸，抑亦文學絶續之所係也夫！汝綸自少知君，申以姻好，銘不得辭，乃爲詩曰：

士藏其心，而迹不同。或身山林，有熱在中。或心幽遐，以仕宦終。君言云爾，蓋默自與。人外孤懷，老死官下。惟其詩篇，能永厥傳。子孫業之，不隕舊門。栲栳之山，其封若堂。我銘詔後，詩人之藏。

【輯評】《八家文鈔》：文境清遠，一如其人。

跋王畏甫遺文

右故友王畏甫遺文一卷。畏甫受學於先府君，汝綸兒時侍先府君側，與畏甫最親。其後同領鄉薦，同赴禮部試，晨夕聚處，每有述作，輒相與訂正。已而奔走乖分，不得合并，間一相見，不及問文字業。今歸里閭，畏甫即世已及五稔，其子持此卷見示，怳然憶兒時共几度侍先府君傍，如昨日事。而長逝者已不可復返，悲夫！悲夫！

李文忠公神道碑銘

公諱某，字少荃，晚自號儀叟，世爲安徽合肥縣人。姓李氏，其本許氏也。曾祖某、祖某，皆不仕；父某，進士，刑部郎中。三世皆以公貴，贈如公官爵。曾祖妣某氏，祖妣某氏，妣李氏，皆贈一等侯夫人。

公少受業曾文正公之門，道光丁未成進士，在翰林有聲。粤盜洪秀全據金陵，吕文節公爲安徽團練大臣，奏公自助。江忠烈公巡撫安徽，曾文正貽書江公，稱公「可屬大事」。其後將兵淮甸，久之無所就，乃棄去，從曾公軍江西。曾公既克安慶，且大舉東伐，會江蘇闕帥，朝廷諮訪曾公，曾公以公應，而上海薦紳亦來皖乞援師。於是公以福建延建邵遺缺道超授江蘇巡撫，召募淮士六千五百人，閉置西國汽舟中，穿賊地二千餘里抵上海，特起一軍，天下所謂淮軍也。是時三道出兵，曾忠襄公徑擣金陵，左文襄公進規浙江，公趨上海。獨公功先成。自上海誓師，至克復蘇州，凡廿閲月，大小數十戰，所向望風靡。公時時臨陣督戰，曾文正自謂不及也。蘇州既克，出境助平浙亂，分兵爲金陵軍聲援。金陵平，封一等肅毅伯。及提兵北定流寇，先後蕩平任柱、張總愚等，天下稱頌淮軍，公遂進位宰相。

國家制：相權在政府。公與曾公爲相，皆總督兼官，非真相。中外繫望，聲出政府上。政府亦倚辦二公。公尤鋭身當天下大任，雖權力有屬有不屬，其遇事勇爲，夷險一節，未嘗有所諉謝退讓畏避也。

於是公數平大難，有威風。以宰相總督湖廣，嘗帥軍一援陜西，未幾代曾公總督直隸。在直隸垂卅年，所經畫皆防海交鄰大計，思欲以西國新法導中國，利用之以求自强，一興亞洲。權力既有不屬，國勢積弱，人才希少，拘學恣意妒毀，必壞其成。公忍訽負重，不激不撓，誹譽、順逆、榮辱，一不顧問。知强弱相形，不一變革，不克自振拔。顧積習不反，先其重要，莫急兵備，參校彼己，常持和節，而育才尤兢兢云。

同治十一年，與曾公合疏，選學僮送往美國就學，歲百廿人。期以廿年學成，歲歸百廿人爲國效用。未幾，中學而輟，公爭不能得，隨遣生徒分出就學英、德、法諸國，前後踵相躡不絶。及建海軍，將校盡取才諸生中。初在上海，奏設外國學館，及駐節天津，奏設水師武備、管輪、電報、醫術諸學堂，海陸諸軍又各自立學堂，兵學寖盛。卒以財權不屬，不能大展功緒。

外國兵備，歲糜數千萬。吾政府初議倚公防海，歲止四百萬，其後不能如約。積十一年，僅購鐵甲兵艦二艘，海軍自此起。初公所部淮士，盡用外國兵械，後歷鎮南北，皆設局製造。聞歐美出一新器，必百方營購，備不虞。已而户部奏立制限不令購船械，及日本構兵，艦炮新舊不敵，以故敗。

公嘗奏稱：「國不可無備，備具矣，交顧不可失。」其交遠人，談笑嫚罵，陰陽闔開，接其風采，知爲蓋代英偉人也，事隨以定。英人馬加利在雲南徼外被殺，英使威妥瑪忿爭，至下旗出都，禍變岌岌。公請自往之罘留行，遂召集俄、德、美、法、倭、澳六國公使大會樂飲，往來談讌，親至英兵船閲習海戰，卒定議而歸。法兵入越南，公持和議，朝野異論鋒起，遂開戰。敵知公有備，無一兵犯北海，卒以交綏定和罷兵。甲午，朝鮮乞師定亂，遣將往，日本聞，亦以兵至，久相持不决。公方設謀解紛難，議者攘臂言戰，主謀者信之，王師熸焉。既敗，朝廷命公往日本議和，遇刺幾死，卒結約解兵紓國禍。已，又遣公使俄，遂歷聘歐美諸名國。自公始出治兵，至是四十餘年。國勢日益傾，外患日益危逼。公内固疆圉，外交强鄰，撦拄艱困，濟變振急，五洲交推，與德相畢士馬克、英相格蘭斯登并稱賢相。奉命遠使，於是公年七十五矣。國威新挫，輿櫬出疆，所至君臣不以勝敗易慮，敬禮有加，邦交益睦。使歸，命掌外部。已而出鎮兩廣。

庚子亂民肇釁，八國連兵内犯。有詔召公入，行至上海，道阻不得進。敵禍益急，兩宫蒙塵。公突入敵軍，動遭檢制，既至京，如陷重圍，孑然一老，與八國强兵相抗年餘。勍敵却退，還我京輦，而公亦以勞瘁致疾不起。及車駕自陝還京，公已不及見矣。訃聞，行在震悼，再遣親王賜祭，追贈太傅，進封一等侯，謚文忠，賜銀五千兩治喪，祀賢良祠，本籍及立功各行省及京師皆建專祠。子：刑部員外郎經述，賞四品京堂，襲封一等侯；工部員外郎經邁，賞四五品京堂；公初無子，以弟之子經方爲子，至是以記名道遇缺簡放，旋賞四品京堂。孫：户部員外郎國杰，以郎中即補；國燕、國煦，以員外郎分部行走；國熊、國燾，賜舉人。經述旋以毀卒。前夫人某氏。後夫人太湖趙氏，翰林修撰某官某之女，先公卒。側室某氏，封某號。

公生平嚴事曾文正公，出治軍、持國論，與曾公相首尾。其忠謀英斷，能使國重，是非成敗，不毫髮動心，一秉曾公學。曾公薨後，西國勢力益東注，若倒瓴水，不可遏止，國家一以故常待之。公獨邁往競進，導國先路，雖衆疑莫隨，而堅忍盡瘁，外國望之，如大厦一柱。既用西法勒習海陸軍，設防旅順、威海。財政不己屬，則興立招商輪船，建設各行省電綫，倡造鐵路，開采唐山煤礦、漠河金礦，皆成績昭著，與兵備表裏。其外交機智，能以弱勢驅策群强，使寖謀釋怨，謂國有人。任艱馭遠，前古無有。功高取忌。性闊達，喜謝謔，忌者益衆。公一不屑意，履晦履險，若無事然。生既不盡行其志，没而無與繼軌，以此，朝廷尤痛惜之。

公薨以光緒廿七年九月某日，享年七十有九。經方等將以廿九年二月某日葬公合肥某鄉某原，前葬以書抵汝綸曰：「先公曩以墓刻屬君，今葬有日，請踐諾。」乃爲銘曰：

國於瀛寰，强力競存。政法到今，變古一新。有拘不化，岌乎危艱。皇怵外患，歲逾六十。安其久故，不艾益急。篤生我公，遠撫宙合。横身頽流，挽使山立。有舌燒城，以國傾公。公傾國危，公徐正之。公在衆忌，公没誰嗣！最迹鑱辭，訊萬萬世。

李文忠公墓誌銘

光緒廿六年，畿甸亂，東西海八國連兵内犯，詔兩廣總督、大學士、一等肅毅伯合肥李公入朝。至上海，道阻不得前，則締合東南疆帥保衛封域，使不動摇。既，北禍益急，兩宫西狩，外國兵喋血京師。公孑身犯險難，入不測之敵軍，左右前後盡敵國人，動輒防檢。公掉舌摇筆，與衆强國勝兵相抵抗，日共外國使，敵軍將率爭議盟約條件可許不可許。敵益敬禮公，相誡歛手，不分毫忤觸。久之，相率退軍，宫庿復完如故時。於是朝野中外，交走相慶，皆曰：「肉吾等死骨使不化爲外國人者，公力也。」約定，兩宫還京有日矣，而公遽以勞勩告終。事聞，朝廷震悼，飾終有加禮，贈太傅，追封一等侯，謚文忠，子孫進官秩各有差。漢大臣京師立專祠自公始。外國使、敵軍將率在京者四十餘人，咸集吊唁，皆曰：「公定約時所設施，他人不能爲也。」當是時，國勢傾危，外國人尚心折公至如此，咨可謂難已！

始公起治軍上海，用外國兵械，肅清江蘇，與平金陵，歐美諸國聞知，已竦起加敬。既再提兵定中原流寇，宇内清夷，遂專力外事。在直隸最久，於外國政學、制法、兵備、財用、工商、藝業，無一不究討，尤盡心防禦。嘗言：「國家百用可省，獨練兵設備萬不可省。」於是用歐美兵法勒習所部淮將士，置局製造歐美兵器械，購鐵甲兵艦立海軍，建築大沽、旅順、威海營壘，開輪船招商公司，設各行省電綫，采開平煤井、漠河金礦，皆導國使猛進，與歐美强國競盛。以財權不屬，人才不興，卒牽於異議，靳饋餉不予，使不能竟所施爲。而西人顧交口稱頌，謂爲「東方畢士馬克」，五洲萬國，婦孺皆知公姓名，中國因之益重云。

公既盡心防禦，顧持重不肯開兵釁，待遇外國客，能時其剛柔張弛，使來説者自失本謀。國家每與外國生隙，公輒運計謀消弭之，以故數十年中外無事。甲午，日本構兵，主議者信新進少年謀畫，不用公計策，遂成戰禍。師既敗，朝廷命公往日本議和，遇刺不死，卒定和而還。未幾，遣公歷聘歐美諸國，諸國人聞公威望久，所至禮遇逾等，忘我敗挫，交益睦親。蓋公持國事四十餘年，所與外國共事者皆一國之選，今大率物故，後之執事，開諸故老，皆愛敬公。及八國定盟京師，其使臣大將多少年，其視公皆丈人行也，公舊望足相讋服，故兵雖勝而不敢驕，和議以此成益易。

公薨以廿七年九月某日，壽七十有九。公諱某字某，道光丁未翰林。自祖以上皆不仕。父某，進士，刑部郎中，多隱德，粤盜起，治兵鄉里，功未竟而卒。三世贈如公官。郎中與曾文正公爲同歲生，故公少受學曾公。其用兵方略，爲國决大計，處榮悴顯晦，事成敗不易常度，得於曾公者爲多。夫人某氏。繼室太湖趙氏，父翰林修撰某官某也。公子經述，毀卒；經方、經邁以廿九年二月某日葬公某所，後夫人趙氏祔。公始無恙時，嘗以身後碑誌諈諉汝綸，汝綸不敢忘。銘曰：

猗惟我公，一國之命。命屢瀕危，恃公而振。公之振之，不恤險艱。談笑詼謿，而厝之安。已安忘危，壞成使虧。安成公忌，危虧公毀。誰毀誰譽，視之亡如。獨其閎聲，荒遐憚驚。苞禍在心，逆折其萌。讒口百車，莫掩公功。朝有顯命，謚公曰忠。公壽八十，壯采故在。浩氣雄心，入土不壞。埋詩幽宫，永貞罔害。

【輯評】

賀濤評：祭文專言公之被謗，蓋慨中國人之不曉事也。此篇則絶不言其被謗，專論外人之傾服，而謗者之不曉事，益可於言外見之，其寄慨尤深。銘辭乃自明其作意。

又評：祭文言被謗，墓銘言外人傾服，神道碑言人必壞其成，不能大展功能，然已能搘柱艱困。三篇用意不同，雖同言一事而精神各别。